Rabe 52

Der nordische Rabe

Der Rabe

Magazin für jede Art von Literatur

Von Heinrich Detering und Stephan Opitz herausgegeben

Der Rabe
erscheint drei- bis viermal im Jahr
in jeweils einmaliger Ausgabe und Auflage
und nur im Buchhandel.
Nach- und Hinweise am Schluß.
Umschlagzeichnung von Volker Kriegel.
Frontispiz von Nikolaus Heidelbach

Erstausgabe im Frühjahr 1998

Filme: Höhn, Oberhasli
Satz: Fotosatz Michel, Gießen
Herstellung: Ebner Ulm
ISBN 3 251 10052 1

Der Süden ist sehr eindrucksvoll, aber der Norden auch.
Gottfried Benn an Friedrich Oelze,
18. April 1952

If you're travelling in the north country fair
Where the winds hit heavy on the borderline
Remember me to one who lives there
She once was a true love of mine Bob Dylan

»... ich gehe nun ein bißchen nach Dänemark.«
»Nach Dänemark?«
»Ja. Und ich verspreche mir Gutes davon. Ich bin aus Zufall noch niemals hinaufgelangt, so nah ich während meiner ganzen Jugend der Grenze war, und dennoch habe ich das Land von jeher gekannt und geliebt.«
Thomas Mann

Wenn von dem Sturm nicht mehr die Eich' hier rauschet,
Keine Lispel mehr wehn von dieser Weide:
Dann sind Lieder noch, die vom Herzen kamen,
Gingen zu Herzen.
Klopstock an der Kieler Förde

Edvard Grieg spielt streunenden Nordmännern »Solveigs Lied« vor und stimmt sie damit sanftmütig.
HANS TRAXLER

Inhalt

Nordische Raben (1)
Himmelssuche

Aus der Edda

Allvater waltet,   Alben verstehen,
Wanen wissen,   Nornen weisen…

Die Asen ahnten   übles Verhängnis,
Verwirrt von widrigem   Winken der Seherin…

Auf hob sich Hugin,   den Himmel zu suchen…

Aus dem Altnordischen von Karl Simrock

Was ist eigentlich mit der Kunst los?

Von Lars Gustafsson

Acht jugoslawische und deutsche Frauen spendeten zusammen einen Liter Blut für die »in der letzten Zeit mehr und mehr beachtete« amerikanische Künstlerin Jenny Holzer. Das Blut wurde, gemischt mit roter Druckfarbe, für eine verbale Manifestation auf der ersten Seite der Sonntagsbeilage der ›Süddeutschen Zeitung‹ benutzt.

Jan Håfström füllte die Galerie Thiel in Stockholm mit einer Unzahl schmutziger Lumpen an, jeder einzelne hinter Glas in einer Schachtel plaziert.

Die Wahrheit ist sehr einfach: Die weitaus meiste Kunst, welche die westlichen Länder, will sagen Amerika, Europa und Australien, in unserer Epoche produzieren, ist von Unsicherheit, schwacher Kreativität und einem Unvermögen zu überzeugen geprägt. Kein einigermaßen vernünftiger Mensch setzt sein Vertrauen länger in diese Demonstrationen ohne Demonstrandum. Ein anspruchsvolles *Gestikulieren* hat den Platz des Bildes im allgemeinen Bewußtsein übernommen.

›Sixty Minutes‹, das populärste Fernsehmagazin der USA, erlaubte sich vor einiger Zeit, ganz schlicht und frech zu fragen, ob nicht die gesamte zeitgenössische Kunst ein anspruchsvoller Bluff sei. Zu einheimischen Beispielen von belanglosem Sensationalismus – Kruzifix, eingelegt im Urin des Künstlers – gesellen sich ausländische, wie etwa die katastrophale Biennale von 1993, vollkommen zusammengestaucht von der internationalen Kunstkritik. Die Redakteure von ›Sixty Minutes‹ begegneten, kurz gesagt, diesen und anderen Beispielen mit all jenen gemeinen Argumenten und Fragen, die Kunstkritiker routinemäßig als vulgär und uniformiert abfertigen: Das ist ohne jeden Sinn. Das könnte jeder gemacht haben. Das ist Sensationslust ohne Substanz.

Reichlich unterhaltend war hierbei natürlich zu hören, wie sich Geschmacksrichter bei Interviews immer mehr in immer unmöglichere Trapeznummern verstiegen, um die angegriffenen Kunstwerke zu verteidigen. Wie die ›New York Times‹ in einem Kommentar ein paar Tage später betonte, war nicht das, was gezeigt und gesagt wurde, interessant, sondern allein die Tatsache, daß die Redakteure die allgemeine Stimmungslage völlig richtig so beurteilten, daß die Möglichkeit zu einem derartigen Programm jetzt gegeben war, ohne augenblicklich als Reaktionär und Dunkelmann zurechtgewiesen zu werden. Bekannterweise verabscheuen die Amerikaner, für ungebildete und dickhäutige *rednecks* und *hillbillies* gehalten zu werden.

Doch geht es nicht länger darum, ein im Grunde positives Publikum mit pädagogischen Mitteln von der gültigen Art Picassos, Profile zu malen, zu überzeugen. Das Mißtrauen ist heutzutage auch in den Kreisen groß, die sich sehr für Kunst interessieren und normalerweise mehr davon verstehen wollen. Das *Museum of Modern Art* in New York ist dabei, das sehr wichtige Lunchpublikum zu verlieren, diese bildungshungrigen und ambitionierten Businessmen aus den Bürokomplexen Manhattans, die früher um die Mittagszeit mit einem kurzen Ausstellungsbesuch relaxten. Der offizielle Kunstbetrieb in den USA verliert gerade sein traditionelles Publikum – man erlebt ihn nämlich als steril, sensationalistisch und im Grunde uninteressant. Das wirkliche Interesse an Bildern geht andere Wege, in Richtung auf *computer art* und *virtual reality*. Nicht Ikonophobien, sondern die neuen Bildwelten stehen auf dem Programm.

Die Kunst, also nicht die Bildende Kunst, sondern die übersubventionierte und vor Konkurrenz geschützte Kunst in öffentlichen Räumen ist dabei, in seichtem Gewässer zu stranden.

Sie gestikuliert und treibt andauernde Selbstreferenz; sie versucht die Arbeit zu erledigen, für welche sprachliche Sätze so viel besser geeignet sind. Und natürlich versäumt sie vollständig das, was nach klassischer Doktrin (von Petrarca bis Hegel) die Malerei auszeichnet: eine Arbeit zu erledigen, die man nicht mit sprachlichen Mitteln ausführen kann.

Prekär an der Situation ist auch, daß *Konzeptkunst* und verwandte demonstrative Kunstgriffe im Gegensatz dazu offensichtlich vollkommen unfähig sind, ohne verbale Basis zu existieren. Die Kunstwerke werden zum Überbau der verbalen Hervorbringungen des Künstlers oder Kritikers.

Im Bewußtsein des Risikos, für kraß gehalten zu werden, muß ich wenigstens den Faktor benennen, der vielleicht am allermeisten zum toten Punkt der Bildkunst beiträgt: das Fehlen eines normal funktionierenden Marktes mit den entsprechenden sozialökonomischen Folgen. Die Konzeptleute leben in einem institutionell geschützten Milieu. Oder wie Diderot in einem seiner Salonfeuilletons sagt: Genausowenig wie man über alles schreiben kann, kann man alles malen.

Über Jan Håfströms Ausstellung elegant verpackter Lumpen in Stockholm schrieb z. B. eine zeitgenössische Kritikerin, Professorin Margaretha Rossholm-Lagerlöf: »In Håfströms fleckigen Stoffen gibt es weder Willen noch Steuerung; daß sie eine andere Dimension eröffnen, beruht nicht darauf, daß jemand wußte, wie sie das tun könnten, sondern nur darauf, *daß* sie so funktionieren. Da der gewaltige Anspruch nicht mir gilt, mir nicht gelten kann, wirkt das Fragment befreiend für mich – Befreiung von Anrede, Befreiung davon, Mitwirkender zu sein; ein vollkommen schwindelerregendes Erlebnis eigentlich, da es so schwer zu erreichen ist.«

Was hier ausgesagt wird, ist so leicht nicht zu begreifen. Aber wenn ich nicht vollkommen schief gewickelt bin, dann will die Professorin sagen, daß Håfströms Ausstellung deswegen ein schwindelerregendes Erlebnis ist, weil sie völlig uninteressant ist. Die Professorin gehört offenbar zu den gottbegnadeten Menschen, denen nie langweilig ist. Wir können nur gratulieren. Was ist hier eigentlich los? Wohin ist die Kunst unterwegs?

Das ist nicht so leicht zu beantworten, aber ein paar lose zusammenhängende Gedanken sollen hier angedeutet werden.

Meine Praxis mit philosophischer Semantik hat mich gelehrt, daß viele (aber um Gottes willen nicht alle) Wahrheiten, die für sprachliche Sätze Gültigkeit haben, ziemlich unverdorben für die Theorie bildlicher Aussagen genutzt werden können. Eine solche Wahrheit ist – Studenten lernen sie normalerweise ziemlich früh –, daß Selbstreferenz selten zu etwas führt. In schweren Fällen zu Paradoxa (die interessant sein können), aber in der Regel zu Belanglosigkeiten. Der Satz »Dieser Satz hat fünf Worte« ist wahr, aber reichlich ohne Belang. Er verrichtet keine Arbeit, die eine transfinite Menge anderer Sätze nicht auch verrichten könnte. Z. B. »Dieser Satz hat jetzt sechs Worte«.

Normalerweise brauchen Bilder uns nicht darüber aufzuklären, daß sie Bilder sind.

Der gewaltige Aufwand, den die moderne Institutionskunst mit diesen Ikonophobien treibt, ist schwer zu erklären. Philosophen wie Goodman und Wollheim, und genaugenommen lange vor ihnen Maler wie Turner und Kandinsky, haben über Generationen hinweg völlig zufriedenstellend dargelegt, warum Sinn (und, mehr generell: Sinnhaftigkeit) in der darstellenden Kunst nicht auf ›Gleichheit mit dem Abzubildenden‹ reduziert werden kann. Paul Signacs bekannte Worte von 1898 über Turner stehen für sich: »Turner beweist für mich, daß wir uns von jedem Gedanken an Nachahmung oder Kopie der Natur freimachen müssen.«

Überhaupt ein Aufheben davon zu machen, daß Kunst mit Bildern arbeitet (die entweder sich selbst oder etwas mehr als sich selbst darstellen), kommt mir ähnlich uninteressant vor wie der Hinweis darauf, daß sowohl Pfarrer wie Börsenmakler sich des Telefons zu bedienen wissen.

Mehrere Beurteiler wiesen auf die Ausstellung *Der zerbrochene Spiegel* hin, eine kritische Inventur der *Möglichkeiten der Malerei,* die ein Zeichen der Erholung moderner Kunst vom selbstreferentiellen Gestikulieren sei. Ich kenne die Ausstellung, die anscheinend zum katastrophalen Leerlauf der Biennale in angenehmem Kontrast steht, nur aus einigermaßen gut informierten Zeitungsartikeln. Was einem sofort in die Augen sticht, auch bei dieser Lektüre, ist der selbstreferentielle Zug. Auch hier ist reichlich häufig von »Metamalerei« die Rede (Günter Förg, Gerhard Richter) oder von »verspielten« Inventuren bisheriger Arten zu malen. Ich beziehe Kenntnis davon, daß jemand, der Jim Shaw heißt, *Thrift Store Paintings* ausstellt, womit eine Sammlung solcher naiver Amateurbilder gemeint ist, die man in einfacheren Geschäften kaufen kann. Na klar, sagt der Interessierte so ganz für sich, aber das hier ist nicht die große befreiende *Malerei,* sondern ein neuer Aufguß der ausgeleierten Lehre von Ikonophobie und Selbstreferenz.

Es gibt keinen Grund zu glauben, daß Künstler dümmer als andere Menschen sind. Sie können billigerweise nicht herumsitzen und darüber trauern, daß Kanarienvögel, die nur abgebildet sind, nicht singen können. Der Grund der Bilderkrise kann also nicht in einer Art metaphysischer Enttäuschung darüber liegen, daß das Bild kein Stellvertreter der Wirklichkeit zu sein vermag. Wie der Kluge einsieht, sind auch Bilder Wirklichkeit.

Wir müssen woanders eine Erklärung suchen.

Eine eigentümliche Idee, die vermutlich eine Art Rolle in der modernen Bilderkrise spielt, lautet, daß bestimmte Malarten andere Malarten unmöglich machen, also ungefähr so, als ob der Verbrennungsmotor die Dampfmaschine unmöglich gemacht hätte.

Doch es ist ziemlich reiner Schwindel, einen Entwicklungsbegriff für die darstellende Kunst zu benutzen, der einen vernünftigen Grund nur dann hat, wenn wir von Gleich- oder Wechselstromgeneratoren sprechen. Daß wir das spätere Ding anstelle des vorigen benutzen, hat nur mit den ökonomischen Bedingungen zu tun. Nichts in der Welt kann uns daran hindern, Dampfmaschinen zu bauen und zu benutzen, wenn wir die Kosten dafür übernehmen, und natürlich gibt es Menschen, die genau das tun.

Ich wunderte mich ziemlich, als Maria Lind, eine normalerweise reife und im Urteil sichere Kunstkritikerin, in einem Artikel in ›Svenska Dagbladet‹ einen malerisch wirklich interessanten Künstler, Peter Dahl nämlich, reichlich abzufertigen schien, und zwar mit dem Argument, daß dessen Künstlertum nur auf Malerei als Technik beruhe. Worauf, bei der bleichen Hölle, sollte es denn sonst beruhen? So etwas zu sagen ist ähnlich komisch wie zu versuchen, einen Dichter wie Tomas Tranströmer mit dem Argument kleinzukriegen, seine Tätigkeit beruhe auf dem langjährigen Gebrauch poetischer Technik. Die einzige Pointe, die ich einer solch verwunderlichen Reaktion abgewinnen kann, ist, daß die Malerei Peter Dahls (es handelt sich in der Tat um solche) nicht den visuellen Überbau einer verbalen Basis ausmacht.

In der Kunst ist natürlich alles möglich.

Darüber schrieb Wassilij Kandinsky, ein Mann, den man auch heutzutage wohl kaum als verstockten Reaktionär bezeichnen kann: »So stellt sich die Frage: Müssen wir nicht ganz davon Abstand nehmen, Gegenstände abzubilden, sollten wir nicht das ganze Gerümpel in alle vier Winde streuen und das Abstrakte vollständig enthüllen? Dieser Frage kann man nicht länger ausweichen. Aber sie findet sofort ihre Antwort, wenn wir an das Verhältnis denken, das zwischen den beiden klanglichen Komponenten der Form (des Gegenstandes und des Abstrakten) besteht. Ein im Bild wiedergegebener Gegenstand ruft immer eine innere Vibration hervor, und zwar auf die gleiche Weise wie ein Wort (ein Baum, ein Himmel, ein Mensch). Von dieser Möglichkeit Abstand zu nehmen, würde die Ausdrucksmittel, die zur Verfügung stehen, unnötig einschränken. Zumindest gilt das heutzutage. Auf der anderen Seite hat so eine Antwort eine sehr begrenzte Gültigkeit. Die Kunst kennt nur eine absolute Antwort auf alle Fragen, die mit einem ›Muß‹ beginnen: Es gibt kein ›Muß‹ in der ewigen Freiheit der Kunst. Die Kunst flieht jedes ›Muß‹ wie der Tag die Nacht flieht.« (Über das Geistige in der Kunst, 1910.)

Natürlich gibt es da auch noch soziale Faktoren. Daß wir in einer Bilderschwemme leben, kann man mit ziemlicher Berechtigung behaupten. Moderne Techniken, elektronische Animation, Computermalerei usw. usf. ermöglichen auch einem ziemlich unausgebildeten Bildermacher, z. B. in einer Werbeagentur, Effekte hervorzurufen, die einen Veronese zu langem Nachdenken gezwungen hätten. Meine Kinder befinden sich beim Fernsehen in einem veritablen Fluß lustiger, phantasievoller, lebendiger Transformationen und Animationen durch Bilderelemente, die bei weitem das übertreffen, wovon ein Arcimboldo träumen konnte. Durch ein paar einfache Programmumschreibungen in meinem Superpaint-Programm bringe ich die Maschine dazu, abstrakte aleatorische Muster zu entwerfen, die genauso spannend sind wie alles, was die Museen in dieser Richtung hergeben. Doch, das ist spannend. Ich will nun nicht behaupten (denn das würde im Gegensatz zu dem stehen, was ich oben ausgeführt habe), daß diese Möglichkeiten den abstrakten Expressionismus obsolet machen würden. Aber einiges wird dadurch trivialer. Wenn wir nun noch die ungeheuren Möglichkeiten dazutun, die sich der Kunst als *virtual reality* innerhalb der Grenzbereiche von Architektur und Bild eröffnen, dann sehen wir natürlich leicht ein, daß die Krise der Kunst nur eine Krise für langweilige Institutionen und ihre verbalen Beifallklatscher ist. Die wirklichen Entwicklungen finden woanders statt. Und zwar in Richtung auf eine immer größere Konzentration auf das Bild und dessen Verwandlungen.

Befragt, warum sie mit dem Computer male, antwortete vor einiger Zeit eine von Schwedens besten Pionierinnen auf diesem Gebiet ungefähr so, daß sie das deswegen tue, weil sie hier eine Gegend entdeckt habe, in welcher noch nicht alles ausprobiert sei.

Klar, daß ein solcher Anspruch erheblich größere Autorität beanspruchen kann als die vollkommen toten Ansprüche der traurigen, alten Konzeptbande, die zum hundertsten Mal einen blutigen Ziegenkopf in einer Badewanne versenken und damit behaupten, etwas für Bosnien zu tun.

Allerdings ist das Interessanteste in diesem Zusammenhang nicht der Anspruch, sondern das Paradoxon: Die technischen Gebiete, die das Bild zu trivialisieren scheinen, sind gleichzeitig diejenigen, die es erneuern.

Aus dem Schwedischen von Stephan Opitz

Die Reise nach Siglufjördur

Von Tomas Tranströmer

Ich will von vier Gedichten erzählen, die auf die eine oder andere Weise mit dieser Insel verbunden sind.

Meine erste Auslandsreise führte nach Island. Das ist schon sehr lange her: Es war im Sommer 1951. Ich fuhr zusammen mit einem Schulkameraden, Sven Lindqvist, der Artikel für eine Zeitung schreiben sollte. Sven war neunzehn und schon damals ein begabter Reporter. Ich war zwanzig und hatte gerade eben zwei (2!) Gedichte in einer Literaturzeitschrift veröffentlicht. Wir reisten billig, im Achterraum eines Lastschiffes mit schweren Heringstonnen von Göteborg nach Siglufjördur.

Wir verließen den Hafen von Göteborg bei schlechtem Wetter. Sven war vollgepumpt mit Tabletten gegen Seekrankheit, die ich abgelehnt hatte, weil ich von meiner natürlichen Widerstandskraft überzeugt war: ein fataler Irrtum.

Eine Stunde später wurde ich von einem isländischen Besatzungsmitglied aufgesammelt, als ich völlig erledigt auf allen vieren herumkroch und die Decksplanken anbrüllte. Er schleppte mich in die Kajüte, in der ich die folgenden vier Tage in der Horizontale verbrachte.

Ich lag in der Koje und grübelte über einer sapphischen Strophe. Ich stellte mir vor, ich sei in einem großen, stillen Wald in einer schwedischen Sommernacht. Ich war oft durch den Wald gegangen und hatte mich danach gesehnt, draußen auf dem Meer zu sein. Nun war ich auf dem Meer und sehnte mich inständig nach dem Wald. Die sapphischen Rhythmen strömten langsam hervor:

> Still wacht die Waldameise, sieht in nichts hin-
> ein. Und nichts ist zu hören als vom dunklen
> Laub die Tropfen, nächtliches Raunen tief im
> Canyon des Sommers.

Tannen, wie Zeiger eines Uhrwerks, stehen
schroff. Die Ameise gleitet in des Berges
Schatten. Schrie ein Vogel? Die Wolkenfuhre
beginnt zu rollen.

Es wurde eine Art Anti-Meeresgedicht. Es sollte auch lange dauern, bis ich wieder richtige Bäume zu sehen bekam.

Schließlich beruhigte sich das Meer. Ich wankte hinauf an Deck. Islands Küste war in Sicht. Eine Möwe glitt vorbei und schielte mich herablassend an. Wie ein altnordischer Skalde schmiedete ich augenblicklich eine Strophe und murmelte vor mich hin:

Siech sitz' ich
auf der Steuerbordseite,
klamm, und die Kälte kratzt.

Lächelnd die Möwe
fliegt längsseits
des schwankenden Schiffes.

Wie man sieht, war das im großen und ganzen im Versmaß *Ljoðahláttr* gemurmelt, der Stabreim vielleicht etwas übertrieben. Dieses harmlose Gedicht wurde nie aufgeschrieben, aber aus irgendeinem Grund ist es mir im Gedächtnis geblieben.

Das Gedicht Nummer drei kann ich leider nicht vorstellen, weil es niemals geschrieben wurde. Es gehört zu den nicht wenigen Projekten, die allzu groß sind, um das Tageslicht zu erblicken. Das Thema war zu gewaltig: Island. Und zwar in erster Linie Island als geologisches Phänomen.

Sven und ich hatten uns auf die Reise vorbereitet, indem wir die alte isländische Literatur gelesen hatten. Aber wir waren darin an keiner Stelle auch nur auf irgend etwas gestoßen, was uns auf die Begegnung mit der isländischen Geologie vorbereitet hätte. Offensichtlich waren die alten Dichter blind, wenn es um die heimischen Steine ging.

Wir hatten uns von Siglufjördur nach Akureyri begeben und von da ins Myvatn-Gebiet. Es war eine große geologische Offenbarung. Aus irgendeinem Grund hatte ich es für selbstverständlich gehalten, daß der Steinboden, das Fundament des Daseins, in allen Ländern ungefähr der gleiche sei. Aber hier waren wir auf einem völlig anderen Planeten. Die Steine waren buntgesprenkelt wie Korallen. Die Erde kochte, und die Steine lebten. Man mußte darüber schreiben. Aber nein... Es war unmöglich. Alle Entwürfe wurden vernichtet.

Ich will schließen mit einem Gedicht, das nicht vernichtet wurde, meinem einzigen, in dem Island ausdrücklich genannt wird. Es ist eher ein Prosastück, das ich sehr schnell niedergeschrieben habe. Das Ganze geschah innerhalb einer halben Stunde. Ungewöhnlich schmerzfrei für einen Mann, der sonst Jahre mit ein und demselben Gedicht zubringt.

Es war mein zweiter Besuch auf Island 1980. Eine Autorenreise für Lesungen und Kontakte. Ich wohnte im »Haus des Nordens«. Der Besuch war kurz und verlief anders als geplant, weil ich Reykjavík nicht verlassen konnte. Es stürmte und schneite zu heftig. Einen ganzen Tag lang hatten wir einen richtigen Orkan. Ich lasse das Gedicht erzählen. Es wurde niedergeschrieben, während seine Motive vor dem Fenster wüteten.

Isländischer Orkan

Kein Erdstoß, aber Himmelsbeben. Turner hätte es malen können, festgezurrt. Ein einsamer Handschuh wirbelte eben vorbei, Kilometer entfernt von seiner Hand. Ich werde mich durchkämpfen im Gegenwind zu dem Haus da auf der anderen Seite des Feldes. Ich flattre im Orkan. Ich werde geröntgt, das Skelett reicht sein Abschiedsgesuch ein. Die Panik wächst, während ich hinüberkreuze, ich geh unter, ich geh unter und ertrinke auf trockenem Land! Wie schwer es ist, alles, was ich plötzlich zu schleppen habe, wie schwer es dem Schmetterling ist, einen Schleppkahn zu ziehen! Endlich hindurch. Ein letzter Kampf mit der Tür. Und jetzt drinnen. Und jetzt drinnen. Hinter der großen Glasscheibe. Was für eine wunderbare und großartige

Erfindung doch das Glas ist – nah zu sein, ohne zusammenzustoßen … Draußen rast eine Horde durchsichtiger Sprinter riesengroß über die Lavafläche. Aber ich flattre nicht mehr. Ich sitze hinter dem Glas, still, mein eignes Porträt.

Aus dem Schwedischen von Karin Hoff
Versübertragungen von Heinrich Detering

Tiefsee-Distichon
ROBERT GERNHARDT

Das Meer

Von Lennart Sjögren

Das Meer wie es von neuem sich hebt
steigt hoch aus seinem Wasser
und sammelt sich in uns zu einem Baum.
Es erbaut eine Säule über sich selbst
und schießt mit voller Kraft hinauf
zersplittert
und bohrt sich im Fall in einen Regenbogen hinein
es zerstäubt in uns – es macht uns zu anderen
schüttelt sich in einer Laubkrone über uns
und seine eigne Verwunderung.

Schaufenster des Meeres, wo die Waren des Lebens ausgestellt
sind
und ein Stein der das schwere Glas durchschlägt.
Natürlich braucht uns das Meer nicht
natürlich hat es an seiner eignen Verwunderung genug
und an allen Nachkommen ringsum,
eine breitgelagerte Muttersau ist es
mit Strömungen die sie nähren.
Das Meer eine Sau nennen sei abschätzig sagen manche
sie verstehen nicht das Breitgelagerte
aus dem das Leben erwächst
und das sich langsam auf die Seite wälzt.
Das Meer und alle Motoren des Menschen darauf
eine Weile jetzt steuerlos, in denen die Zylinder, die
Naben frei
die Neuigkeiten von den ständigen Entdeckungen mit sich
führen.

Die Pferde des Meeres
aber nicht die dressierten in den Paraden
oder die reinrassigen ins Uniformierte gezwungen
das die Lügen verdeckt. Nur die ungezähmten
mit freien Rücken und schnellen Bissen.
Plötzlich
stand alles still, vollkommen still
und hörbar wird der warme Puls unter der
Schädeldecke eines Neugeborenen.

Die Lungen des Wassers wie sie atmen
und die Schulterblätter wie sie sich langsam bewegen,
die Eingeweide und ihre Funktionen.
Wie tief ist nicht der Herzschlag des Meeres
und die Zähne die weiß noch durch die Nacht leuchten.

In meinem Zutrauen steckt auch meine Furcht
deshalb fordere ich das Unmögliche
ich binde Garben aus dem Laub das durch meinen Körper fällt
ich multipliziere das Meer mit dem Meer
bis die Schreibblätter wie Fruchtkörbchen aufbrechen.

All diese Versuche müssen als Fehlschläge enden.

Nicht die Größe des Meeres ist es die mich verlockt
das Maß seiner Ausdehnungen die zwischen den Stränden ruhen.
Eines Tages hebt es sich ganz ohne Namen
ohne jede Andeutung einer Figuration,
es hält sein leeres Tuch hoch
auf dem sich Reste eines Gesichts abzeichnen
ein menschliches Gesicht ist es
ein tierisches – und mehr noch.
Es ist gequält und wieder sinkt es in seine eigene Mitte hinab.
Das Auge im Wasser.

Ein kleinerer Tümpel kann es sein ohne Grund
der die Nächte zu Freunden hat
zu dem die Sterne kommen um jenen Durst zu löschen
der sie durch Ewigkeiten allmählich verzehrt,
ein Sumpf kann es sein über den die Welt hinabgebeugt sitzt
und ihr Haar kämmt und kämmt.
Nicht der Körper des Meeres ist es der mich verlockt
es ist das Auge –
das einzelne große Auge
das feingeschliffen in seinem Oval liegt
und ständig unsern Bewegungen folgt.
Unsern Schweiß sammelt es – und es ist als wäre es nichts
unsre Glaubensbekenntnisse sammelt es – und es ist
als wäre es nichts
unsre Buchführungsnummern sammelt es – und es ist
als wäre es nichts.

Aus dem Schwedischen von Klaus-Jürgen Liedtke

Von Göttermet und Adlerscheiße oder Warum es gute und schlechte Dichter gibt

Von Thomas Krömmelbein

Warum gelingen manchen wunderbare Gedichte, während die anderer erbärmlich schlecht sind? Eine zugegebenermaßen banale Frage, wissen wir doch längst um Antworten à la »Begabung, Talent« und deren Gegenteil. Sicher muß eine gewisse Begabung nicht gerade hinderlich sein, aber woher kommt sie und warum ist sie so vielen versagt geblieben (denken wir mal ganz ruhig an unsere eigenen literarischen Jugendergüsse)? Und wieder wären wir scheinbar um eine Antwort nicht verlegen, haben wir doch schon von »Veranlagung, Vererbung« und dito gehört. Wischen wir getrost alle neuzeitlichen Erklärungen vom Tisch und hören einmal auf die Alten: Dichtkunst kommt buchstäblich von oben; ist nichts Geringeres als ein Göttergeschenk. Ich gebe zwar zu, diese Antwort erklärt auch nicht allzuviel, aber immerhin ist damit eine wundersame Geschichte verbunden. Und ich meine hier wohlgemerkt nicht den christlichen Gott, der – soviel ich weiß – sich nie direkt ins Handwerk der Dichter eingemischt hat. Dem einen hat er's gegeben, dem anderen nur in kleiner Dosis, warum, bleibt sein Geheimnis. Und damit ist dieser Gott aus unserer Geschichte.

Es sollte den Völkern des Nordens vorbehalten bleiben, eine vorläufig definitive Antwort gefunden zu haben. In der Weltgeschichte werden sie meist undifferenziert als rohe, barbarische Wikingerpiraten gebrandmarkt, doch gab es bei ihnen große Dichter. Nicht alle natürlich, aber erstaunlich viele. Wo sie gingen und standen, kamen den meisten kompliziert gebaute Strophen in den Mund, jedenfalls nach dem Zeugnis der Isländersagas – ein einzigartiges Phänomen der Literaturgeschichte. Besonders die Isländer taten sich in der Kunst des Verseschmiedens hervor, und die haben sich irgendwann einmal gefragt, woher diese Fertigkeit eigentlich kommt. Und sie erzählten folgende Geschichte, die, wie sinnig, mit einem Trinkgelage bei den Göttern beginnt. Und bei dieser Geschichte geht es auch (und heftig) um Diebstahl, Mord, Geschlechtsverkehr, Alkoholmißbrauch – und eben Dichtkunst, eine Kombination mit schwerwiegenden Folgen, seinerzeit bis heute (wobei ich den Mord dabei für unsere Zeit einmal ausschließe).

Die Geschichte des Dichtermets, und wie er zu den Menschen kam, erzählt der große Isländer Snorri Sturluson in seinem Lehrbuch für junge, angehende Skalden, *Prosa-* und *Snorra-Edda* genannt, die er um 1220 verfaßte. Snorri war ein Mann zwar zweifelhaften Charakters, aber ein großer Gelehrter und Dichter (Arno Schmidt sagt sehr weise, daß man sich das Erdendasein eines Dichters lieber nicht besehen sollte).

Die Geschichte geht so, daß die Götter zu Ehren des angereisten Meeresdämons Aegir besagtes Gelage geben. Aegir wird neben Bragi gesetzt, und er muß als Gott der Dichtkunst schließlich um die Herkunft des Dichtermets wissen. Bragi erzählt, daß nach dem Krieg zwischen den Asen und den Wanen beide Parteien als Friedenssymbol in ein Gefäß spucken und aus dem Auswurf die Asen einen überaus klugen Menschen namens Kwasir formen. Der reist jetzt allzuviel in der Welt herum und kommt so zu zwei hinterhältigen Zwergen, die ihn erschlagen, sein Blut in drei Gefäßen auffangen und mit Honig vermischen, und so heißt es bei Snorri, »daß man den nur zu trinken braucht, um Skalde oder Gelehrter zu werden«. Damit verläßt Kwasir unsere Geschichte, und es bleibt nur noch anzumerken, daß er bis heute weiterlebt als das russische Getränk Kwaß, eine gegorene Flüssigkeit aus Brot und Malz, das etwas aus der Mode geraten ist. Die verräterischen Zwerge laden den Riesen Gillung und seine Frau ein, und da es hinterhältige Wesen sind, lassen sie Gillung im Meer ertrinken. Das reizt natürlich dessen Sohn namens Suttung zur Rache, indem er die Zwerge seinerseits auf einer Schäre aussetzt. Da die nicht lebensmüde sind, bieten sie Suttung den Met an als Buße für den Mord an seinem Vater. Der willigt ein, und fortan hütet Suttungs Tochter Gunnlöd den kostbaren Met in deren Höhlenwohnung (Riesen und Zwerge hausen in der nordischen Mythologie bevorzugt in Höhlen). So weit, so gut, oder eben auch nicht, denn noch haben wir (die Götter und Menschenkinder) nichts vom Met abbekommen, und so kommt nun endlich Odin in die Geschichte. Auch er ein Gott mit zwielichtigen Zügen, aber hier wollen wir nicht kleinlich sein, immerhin brachte er uns ja die Dichtungsgabe. Die Vorgeschichte des Diebstahls ist etwas kompliziert, ich übergehe sie einfach und überlasse das Ganze der Interpretationskunst der Fachgelehrten; nur soviel sei gesagt, daß Odin inkognito (was er ja sehr gerne tat, denken wir z. B. an den ›Wanderer‹ im *Ring der Nibelungen* – und Wagner hat ja ganz ordentlich den nordischen Nibelungenstoff in seiner Tetralogie geplündert, und Fouqués *Held des Nordens* obendrein) bei einem Bauern arbeitet und als Lohn für seine Knechtsdienste einen Schluck vom Met einfordert. Nun geht der Bauer mit Odin zu Suttung, der natürlich nichts herausrücken will. Odin gelingt es schließlich mit einer List, in Suttungs Berghöhle einzudringen (der ist gerade nicht anwesend): Er läßt ein Loch in die Wand bohren und kriecht in Schlangengestalt in die Höhle, verführt dessen Tochter Gunnlöd, der er drei Nächte beiliegt, und die naive Riesin verspricht ihm für seine Liebesdienste drei Züge vom Met (auch das ist ein schöner Zug dieser Mythe, daß hier einmal der Mann bezahlt wird und nicht die Frau). Odin säuft natürlich alle drei Bottiche leer. Die Geschichte vom Dichtermet endet mit den Worten Snorris:

Darauf nahm er Adlergestalt an und flog mit großer Eile davon. Als aber Suttung den Flug des Adlers sah, nahm er selbst Adlergestalt an und flog ihm nach. Und als die Asen sahen, wo Odin flog, stellten sie ihre Schüsseln in den Hof hinaus, und als Odin nach Asgard geflogen kam, da spie er den Met in die Schüsseln. Da war ihm Suttung so nah gekommen, daß er ihn fast erreicht hätte, und so ließ Odin einigen Met hinten herausfahren, um den man sich nicht zu kümmern brauchte; den konnte jeder haben, der wollte, und wir nennen das den »Dichterlingsanteil«. Suttungs Met aber gab Odin den Asen und denjenigen unter den Menschen, welche dichten konnten. Aus diesem Grund nennen wir die Dichtkunst den »Fang Odins«, seinen »Fund« oder »Trunk«; die »Gabe« oder den »Trunk der Asen«.

Den »Trunk der Asen« genossen die alten Skandinavier reichlich; schon die profane Wirkung des Trankes war gewaltig. So warnt der anonyme Dichter des Edda-Liedes *Hávamál* (das sind die ›Lieder des Hohen‹, womit Odin gemeint ist) nachdrücklich vor allzu reichlichem Alkoholgenuß und erinnert sich an Odins Großtat:

So wohl bekommt,
wie mancher es meint,
den Erdensöhnen das Bier nicht;
denn je mehr man trinkt,
desto weniger ist der Mann
Herr seines Geistes.

Der über Biergelagen allzulang verweilt,
heißt »Reiher der Vergessenheit«;
er stiehlt dem Mann die Besinnung;
mit des Vogels Gefieder war
ich einst gefesselt
im Hofe der Gunnlöd.

Da sind wir wieder beim Gunnlöd-Beischläfer Odin und seiner Kulturtat. Die Wirkung des Trankes war schon in mittelalterlichen Zeiten unvergleichlich. Einer der großen Dichter Islands im noch heidnischen 10. Jahrhundert, den Odins Met begabte, war Egill Skallgrímsson, ein großer Säufer, Totschläger und begnadeter Dichter (er hatte das Glück, nichts vom hinten herausgefahrenen Anteil abbekommen zu haben). Seine Geschichte erzählt die *Saga von Egill, dem Sohn des Skallagrim,* und nicht wenige meinen, daß diese Dichterbiographie auch von Snorri stammt.

Egill nun hatte schon in jüngsten Jahren das Talent, überall anzuecken (heute würden wir vom Drama des begabten Kindes sprechen). Diese Geschichte beginnt so, daß Egills Vater samt seinen Hausgenossen zu einem Gelage eingeladen wird, nur Egill nicht, denn wie der weise Vater zu ihm sagt: »Du wirst nicht mitgehen, denn du verstehst es nicht, dich in einer größeren Gesellschaft zu bewegen, wenn dort kräftig getrunken wird; mit dir, scheint es, ist es auch dann schwer auszukommen, wenn du nichts getrunken hast.« Eine erstaunliche Replik, denn Egill ist zu diesem Zeitpunkt gerade mal drei Jahre alt, auch wenn die Saga eilig anfügt, daß er da schon die Stärke eines Sechs- bis Siebenjährigen besitzt. Egill aber läßt sich nichts sagen und setzt heimlich seinem Vater nach. Dreist betritt er die Halle des Gastgebers mit den heftig biertrinkenden Männern und wird entsprechend den Gepflogenheiten der Zeit vom Gastgeber willkommen geheißen. In der Saga ist weiter davon die Rede, daß als Unterhaltung beim Bier die Männer anfingen, Strophen zu dichten. Und auch der junge Egill spricht eine Strophe:

Dreist kam ich zum Herd Yngvars
der den Männern das »Bett des Glanz-
Riemens des Heidekrauts« als Gabe gibt;
– Lust hatte ich, ihn zu treffen –;
Verteiler des »strahlend-gewundenen
Landes der Schlange«! Nie wirst du
einen dreijährigen Lieder-Schmied
finden, der besser ist als ich.

Natürlich ist diese kleine Episode eine Fiktion, aber allemal vom Sagaverfasser hübsch erfunden, ein solch erstaunliches Zeugnis der Dichtkunst einem dreijährigen betrunkenen Knaben in den Mund zu legen, der wohl kaum in der Lage sein dürfte, eine mit schwierigen Reimforderungen gespickte Skaldenstrophe aus dem Stegreif zu dichten, trotz reichlicher Ladung mit dem »Trank der Asen«. Die Strophe ist aber auch ein schönes Zeugnis der ausladenden Bildersprache, bei der Substantiva nominell umschrieben werden. Diese »norrönen Metaphern« nannte Jorge Luis Borges »eine der unverfrorensten Verirrungen, die die Geschichte der Literatur verzeichnet«. Darüber kann man geteilter Meinung sein, die beiden Umschreibungen (in altnordischer Terminologie als Kenning bezeichnet) in unserer Strophe sind durchaus gelungen, vor allem der anschauliche Vergleich der Schlange als »Glanz-Riemen des Heidekrauts«. Das »Bett« der Schlange ist das Gold, das sich der Skalde vom freigebigen Gastgeber als Lohn für seine Dichtung erhofft, meist in Form von goldenen Armringen, worauf die zweite Kenning, nicht minder treffend, zielt: »strahlend-gewundenes Gold«. Und in weiterer Assoziation verbinden sich diese Gold-Kenningar mit der Mythe vom Dichter-Met, womit wir wieder am Ausgangspunkt unserer Geschichte wären, kam Odin doch in Schlangengestalt zur Gunnlöd und raubte den Dichtung erzwingenden Met. Egill aber dankte dem Asengott zeitlebens mit großer Dichtung und wurde zum bedeutendsten Skalden seiner Zeit und des skandinavischen Mittelalters.

Postkarten aus Finnland

Von Dirk von Petersdorff

Familie Jäger,

danke für das Gastrecht im Haus, ich sitze auf der Veranda, habe die toten Wespen unter dem Glasdach zusammengefegt; im Gerätehaus war ein altes Wespennest. Was ist das für ein Symbol unter dem Giebel? Die Fichten sind höher als auf den Fotos, die Küchenwand ist weiter verharzt. Ich komme langsam zur Ruhe, habe hier Kirschen stehen, durch den Baumvorhang schwappt der See, ich komme zur Ruhe, werde noch schwimmen, Gruß

*

Liebe Mutter,

ein Vorhang aus Birken und Fichten, aus Buchen und Schilfgras – dazwischen der See. Eine Fichtenreihe spiegelt sich, jetzt am Vormittag ist das Wasser gewellt, und die Bäume verlieren den Umriß. Jede Welle trägt ein Stück Fichte, Flecken vom Himmel leuchten. Das Schilf franst aus, Streifen im Wasser, grün – gezackt – denn Wind kommt auf – punktiert den See. Ich erhole mich gut. Habt Ihr den Rollstuhl von der Kasse bekommen?

*

Hej,

die Wolken sind Klumpen, schieben sich vor, die Bäume fransen im Wasser aus. Das Schilfgras ist dicht, aus langen Schwingen gemacht. Eine Kiefer hält sich am Felsen. Die Birkenstämme zerfurcht, graue Scharten, Spalten, Harz kommt durch, in Stücken bricht Rinde weg. Und die Wolken quellen wie Berge, zerfallen, während ich salzige Kekse esse, noch von der Fähre. Vorm Haus steht ein Kamin aus Backstein, der aus dem Bild fällt.

Liebster Ordinarius,

Gruß aus dem Norden. Ein leise schwankender Steg. Das Land am Ende des Puruvesi ist nur ein Strich, bewaldet. Die eine Hälfte des Bildes ist Himmel, die andere Wasser. Ich lese hier kaum, nur etwas Marc Aurel, eine Stelle: »Heraklit, der über den Weltuntergang durch Feuer so viele naturphilosophische Betrachtungen angestellt hatte, starb an Wassersucht, den Körper in Rindsdünger gehüllt.« Langsam zieht eine Wolkenbank herauf, bringt Schatten, bis bald

*

Hallo Patenkind,

von dem Haus am See habe ich Dir erzählt. Wasserläufer essen Wasserflöhe, Schwalben essen Wasserläufer. Im Ufersaum wohnt eine Schlange. Eine Eidechse sitzt auf dem Steg – versteckt sich viel zu spät, springt zwischen die Planken, schwupp! Am Abend klappern Enten rundherum die Stege ab, äugen nach Brot – die wissen immer gleich Bescheid –, rudern eilig heran – oder drehen ab. Und dann ist Nacht. Danke für die Fotos von der Einschulung

*

Mein Freund,

hier in der Nähe gibt es eine Felsmalerei, an einem steilen Seeufer, rot in den Stein geritzt. Es ist eine Jagdszene, und das Herz des Tieres ist ein Kreuz. Ich bin selten unterwegs, der nächste Ort ist Mikkeli, ziemlich geometrisch. Die Straßen sind gewölbt, dehnen sich, Wälder und Seen, ewige Wiederkehr sozusagen, hinter einer aufgegebenen Tankstelle, Stahlgerüst, verlorene Zapfsäulen, Staub, muß ich abbiegen, Gruß aus Finnland

*

Malerin,

was heißt hier Licht? Kiefernlicht? Birkenlicht? Schauernde Seen? Holzbänke unterm Holzdach, und ich habe Holz gehackt. Jetzt ist Abend, ich hole Wasser, mit schlenkernden roten Eimern, die Platten hinunter zum See. Auf nackten Sohlen, der Wald gegenüber verläuft und wird schwarz, aber was heißt das schon? Die Fichten sind in der Nacht hell, rauschen, und Wolken schichten sich wie Träume. Tod den Installationen! Dein

*

Liebster Ordinarius,

die Seele hat gewissermaßen eine Kugelform: Sofern sie sich weder nach irgendeiner Seite hinausdehnt noch in sich selbst zurückzieht, weder verflüchtigt noch erliegt, wird sie leuchten; noch eine Stelle aus Marc Aurel. Jetzt sind die Wolken verstreut, eine Straße löst sich auf, Gebirge schichten sich empor und fließen, Berge und Täler und Nichts – was man so denkt, beim Zusehn und Nachsehn der Wolken, schleppend, bis dann

*

Ach,

das Ufer ist Wald, hingestreckt, in den Mulden Himmel. Und ein Finger fährt die Silhouette nach. Wind fällt auf den See, und ein Schauder geht über die Haut, das junge Gras am Ufersaum kräuselt sich leicht. So steht es mit mir. Eine Motorsäge frißt sich in die Stille. (Ich hacke mein Holz selber, jeden Abend, habe viel zu viel davon, es ist warm, den Ofen brauche ich kaum.) Wind fährt durch die Schwingen, die Haare des Schilfgrases. Gruß

*

Verehrter Herr,

Sie haben mich gewarnt, aber es ist nicht so schlimm. Nur im Schlafzimmer unter dem Dach sind jeden Abend Mücken, natürlich unsichtbar. Ich lasse die kleine Taschenlampe an, sitze mit Brille im Bett, starr – langsam werden sie aktiv, in der Schwärze. Ihr Summen ist schwer zu orten, manchmal erst kurz vor dem Stich zu hören. Wenn man zu früh schlägt, verschwinden sie – für eine Weile. Dann wieder das Sirren – wo? – rechts oder links? – irgendwann sirren die Ohren. Mein Rücken schmerzt, Gruß

*

Liebe Mutter,

ganz selten kommt ein Boot vorbei, der Finne winkt, ich winke auch, Schwalben streifen das Wasser. Es ist Abend, der Himmel fast weiß. Von hinten nach vorn: ein schwarzer Streifen Wald, in den Spitzen noch Licht; ein dunkler Streifen Wasser; ein Streifen gerötet; die Wellen des Bootes. Und neben mir Schilf. Hier am Steg ist der See noch blau – Spiegelachse – die Gräser laufen im Wasser weiter. Die Spitzen zittern etwas. Zu Hause alles in Ordnung?

*

Hej,

die Natur zuckt hier nicht mit der Wimper. Sympathisch sind mir die Wasserläufer – zipp – überall und – zipp – nirgends. Am Rande Europas – zipp – die Oberfläche bewegt sich kaum – wenn sie springen. Die Fichtenreihe auf den Felsen gegenüber ist mir nun ziemlich vertraut, auch die kleine Insel im See, die eigentlich nur ein Fels ist. Die Wolken färben sich ein, ich packe, die Natur macht weiter, morgen muß ich wieder weg. Dein

Finland

Von Monthy Python

Finland, Finland, Finland
The country where I want to be
Pony trekking or camping
Or just watching TV
Finland, Finland, Finland
It's the country for me

You're so near to Russia
So far from Japan
Quite a long way from Cairo
Lots of miles from Vietnam

Finland, Finland, Finland
The country where I want to be
Eating breakfast or dinner
Or snack lunch in the hall
Finland, Finland, Finland
Finland has it all

You're so sadly neglected
And often ignored
A poor second to Belgium
When going abroad

Finland, Finland, Finland
The country where I quite want to be
Your mountains so lofty
Your treetops so tall
Finland, Finland, Finland
Finland has it all

Finland has it all…

Villanella I

Von Lars Gustafsson

Der Leib erinnert. Doch sah die Seele Bilder nur.
Lust aller Leiber, der scharfen Nägel jäher Schmerz.
Das Kalte und das äußerst Heiße kann Seele nicht bewahren.

Und nicht einmal von Schmerzen war einer auszutauschen.
Schorfig das Knie, die Wespe sticht im Gras. Keiner dem andern
gleich.
Der Leib erinnert. Doch sah die Seele Bilder nur.

Und jede Stunde etwas scharf und etwas weich als wäre
sie so gemacht. Kein Duft der Liebe gleicht dem andern.
Das Kalte und das äußerst Heiße kann Seele nicht bewahren.

Wir tranken öfters Tee an diesem Tisch, der als
paar rotte Stücke Teakholz heute noch sich zeigt.
Der Leib erinnert. Doch sah die Seele Bilder nur.

Aus jenen damals warmen Tagen ein rottes Holzstück bloß.
Lust und der Schmerz sind aller Logik bar.
Das Kalte und das äußerst Heiße kann Seele nicht bewahren.

Irr gehen wir im Wald, darüber lauter Vögel Zug.
Was Leiber wußten, war der Vogelschar Musik.
Der Leib erinnert. Doch sah die Seele Bilder nur.
Das allzu Kalte und das allzu Heiße kann keine Seele sparen.

Aus dem Schwedischen von Stephan Opitz

Brief an den Teufel

Von Jens Smærup Sørensen

Herzlichen Dank für Ihr Angebot bezüglich des Ankaufs meiner Seele. Es ist bereits eine Woche her, seit ich es erhielt, und wenn ich Ihnen nicht sogleich geantwortet habe, nehmen Sie es bitte als Beweis dafür, daß eine solche Angelegenheit, meiner Meinung nach, natürlich gründlich überlegt sein will. Im folgenden erlaube ich mir darzulegen, welche Gedanken ich mir diesbezüglich gemacht habe; zuallererst möchte ich jedoch betonen, daß Ihr freundliches Schreiben einem Mann wie mir, der sich in jeder Beziehung für mittelmäßig hält, außerordentlich schmeichelt. Ungeachtet dessen, ob es uns gelingt, eine Einigung über die Bedingungen der von Ihnen gemachten Übernahme zu erzielen, sollten Sie wissen, daß allein schon die Möglichkeit, mit einer Person Ihres über jeden Zweifel erhabenen Ansehens in ernsthafte Verhandlungen zu treten, wohl immer eine Sternstunde in meinem Leben sein wird.

Hätten Sie es angebracht gefunden, vor – sagen wir – zehn oder zwölf Jahren oder wenigstens vor fünfzehn, zwanzig Jahren mit mir in Verbindung zu treten, ich hätte keine Bedenken gehabt, sofort und ohne Zögern ja zu sagen. Hieraus dürfen Sie jedoch nicht schlußfolgern, daß ich nun, sozusagen von vornherein, skeptischer bin, geschweige denn einer solchen Abmachung ablehnend gegenüberstehe, andererseits läßt sich jedoch nicht bestreiten, daß man mit zunehmendem Alter dazu neigt, etwas vorsichtiger zu werden, bevor man Verträge mit so weitreichenden Folgen abschließt. Ich fürchte, in meinem Falle hat ein verhängnisvoller Autokauf vor einigen Jahren eine solche Tendenz geradezu verstärkt, und ich möchte Sie daher bitten zu entschuldigen, wenn Ihnen einige meiner Bemerkungen und Vorschläge zur Abfassung eines etwaigen Vertrages vielleicht penibel erscheinen mögen.

Wie man es vernünftigerweise von Ihnen nicht anders erwartet, befassen Sie sich in Ihrem Schreiben fast ausschließlich mit der Frage nach dem Preis des obengenannten unveräußerlichen Besitzes. Ich werde auch sogleich darauf eingehen, um darüber hinaus ein paar zusätzliche Punkte anzuführen, die nach meinem Dafürhalten von gewissem Interesse sind.

Sie sehen sich also imstande, mir eine aus drei verschiedenen Leistungskategorien bestehende Entschädigung anzubieten, und da Sie betonen, daß alle drei in unbegrenztem Umfang zur Verfügung stehen, kann eine Bemerkung hinsichtlich ihres Stellenwertes wohl als überflüssig angesehen werden. Ich werde deshalb in der von Ihnen gewählten Reihenfolge darauf eingehen.

Was die Frauen betrifft, muß ich gleich zu Anfang einräumen, daß die volle Ausnutzung Ihrer freimütigen Begünstigungen kaum zur Sprache kommt. Zwar ist das weibliche Geschlecht natürlich weiterhin das Objekt meiner uneingeschränkten Wertschätzung, aber das, was Sie so eindrucksvoll als »freien Zugang zu Frauen aus aller Welt« bezeichnen, erfüllt mich nicht mehr mit einem Verlangen nach jener unkontrollierten Natur, wie es in meinen jüngeren Tagen zweifellos der Fall war. Im Augenblick kommen gerade eben drei oder vier Vertreter des betreffenden Geschlechts ernsthaft als Lustobjekt in Betracht. Drei davon gehören zum engsten Bekanntenkreis von mir und meiner Frau. Die vierte, die ich nicht unerwähnt lassen möchte, ist eine bekannte Fernsehansagerin, aber ich kann nicht dafür garantieren, daß ich es nicht doch letzten Endes vorziehe, den außergewöhnlich unkomplizierten Charakter dieser einseitigen und teilweise anonymen Beziehung aufrechtzuerhalten. Ein ähnlicher Vorbehalt gilt jedoch keinesfalls für die drei Erstgenannten, dagegen etwas anderes, besonders im Fall der einen, die ich bestimmt zuerst aufsuchen würde, denn sie ist bedauerlicherweise mit dem Mann verheiratet, den ich seit Jahren zu meinen besten Freunden zählen darf. Daher wäre es für mich eine erhebliche Erleichterung, wenn Sie sich persönlich dafür einsetzen könnten, daß das Verhältnis zu ihr aufrechterhalten bleibt, ohne daß dabei sein Vertrauen zu mir Schaden nimmt. Anderenfalls könnte nämlich auch die Beziehung zu ihrer minderjährigen Tochter, für die ich immer eine ausgesprochene Schwäche gehabt habe, zur Einschränkung meiner Handlungsfreiheit führen. Viele Ehescheidungen sind wohl auch für die Kinder von Vorteil, dessenungeachtet gibt es aber Beispiele, daß diese sich im Stich gelassen fühlen oder, daraus folgend, ein gleichgültiges Verhalten an den Tag legen; gerade in der unmittelbaren Nachbarschaft sind wir Zeuge eines solchen Falles geworden, wo der Sohn kurze Zeit nach dem Bruch zwischen den Eltern viel Geld verdiente, was wohl die Vermutung nahelegt, daß er sich auf intensive kriminelle Aktivitäten eingelassen hat. Sie werden gewiß verstehen, daß ich es mit größtem Bedauern sähe, wenn der Tochter meines guten Freundes und meiner Geliebten in spe ähnliches geschähe, aber für mich wäre es natürlich auch nicht leicht, Ihnen zu widersprechen, wenn Sie meinen, ich versuchte, Verantwortung für etwas zu übernehmen, was rechtlich nur die Eltern dürfen und sonst niemand. Andererseits freut es Sie vielleicht zu erfahren, daß eine diesbezügliche Rücksicht auf meine Frau kein Grund für irgendeine Zurückhaltung ist. Sie hat im Laufe der Jahre bei verschiedenen Gelegenheiten den Wunsch geäußert, mich zu verlassen, und unter der Voraussetzung, daß andere Möglichkeiten für mich in Betracht kommen, werde ich ihr keine Hindernisse in den Weg legen, daß sich ihr Wunsch endlich erfüllt.

Es wundert Sie vielleicht, wenn ich Ihnen gegenüber jetzt eingestehe, daß meine relative Anspruchslosigkeit sich nicht allein auf Frauen bezieht. Es versteht sich von selbst, daß ich mich von Ihrer einzigartigen Großzügigkeit ebenso beeindruckt wie geehrt fühle, aber – bitte verstehen Sie mich nicht falsch – Reichtum in dem von Ihnen skizzierten Umfang: Gold, Grundbesitz, Schlösser, all das scheint mir als einfacher und bescheidener Durchschnittsmensch, der ich im Grunde genommen bin, eher eine Belastung zu sein als das Gegenteil davon. Viele Jahre hindurch kam es mir nämlich so vor, als ob meine bescheidenen Einkünfte in jeder Hinsicht meinen Bedürfnissen entsprächen. Jetzt aber, nachdem ich in diesen Tagen über viele Dinge eingehender nachgedacht habe, ist mir klar geworden, daß meine Zufriedenheit zum Teil aus einem Selbstbetrug herrührt. Wenn ich behauptet habe, ich würde niemals aus diesem Haus ausziehen, nicht einmal, wenn man mir eins gibt, das doppelt soviel wert ist, dann wohl in der Annahme, daß mir ein solches Angebot wahrscheinlich nie unterbreitet werden wird. Etwas Ähnliches hat zweifellos zu meiner wiederholten Absicht beigetragen, unser festes Urlaubsziel niemals aufzugeben, wohingegen in der Autosache weiterhin idealistische Motive zugrunde lagen. Wann immer sich die Gelegenheit bot, habe ich sowohl am Arbeitsplatz als auch im Freundeskreis die maßvolle Größe und Motorleistung des Fahrzeugs mit einer solchen Vehemenz verteidigt, daß ich fast schon ein wenig berühmt wurde für meine Leistungen als Vorkämpfer zur Förderung des ökologischen Bürgerbewußtseins. Doch erst jetzt, nachdem mich Ihr Schreiben erreicht hat, ist mir aufgegangen, wie lächerlich ich mich im Grunde genommen dabei angestellt habe, die Rettung der Erde von einer unbedeutenden Person wie mir abhängig machen zu wollen. Mit anderen Worten, ich bin gezwungen worden, meine Bedürfnisse zu überprüfen. Heute betrachte ich ein größeres und schöneres Haus in einer besseren Gegend als ein durchaus vernünftiges Ziel, vorausgesetzt, man denkt hierbei nicht an Prunk oder an etwas, das wegen seines übertrieben luxuriösen Äußeren auf die allernächste Umgebung abstoßend wirken könnte. Ebenfalls möchte ich nicht ein Auto oder gar mehrere besitzen, die allein schon durch ihr Äußeres Anlaß zu Neid geben könnten, womöglich sogar noch Vandalismus heraufbeschwören. Ich kann Ihnen mitteilen, daß ich bereits nach einer schnellen Untersuchung des Marktes Modelle gefunden habe, die nicht nur Kenner mit ganz gewöhnlichen Mittelklassewagen verwechseln würden. Nur die erlesene Innenausstattung rechtfertigt, daß sie zu Preisen verkauft werden, deren Höhe mich bislang veranlaßt hat, ihre Existenz zu ignorieren. Ohne weiter ins Detail zu gehen, darf ich trotzdem annehmen, daß die Summe meiner Bedingungen hoffentlich nicht abschreckend auf Sie wirkt. Nach meinen vorläufigen Berechnungen decken Auszahlungen in Höhe von vier Millionen Kronen in bar sowie Staatsschuldverschreibungen im Wert von acht Millionen meine unmittelbaren Forderungen und natürlich auch jene, die ich für die Zukunft in Betracht ziehe. Daher bin ich auch überzeugt, daß es Ihnen keine Umstände macht, bei eventueller Unterzeichnung des Vertrages einen Wechsel in Höhe der genannten Größenordnung vorzulegen.

Ursprünglich war ich geneigt, die dritte Säule Ihres Zahlungsangebots ganz und gar abzulehnen. Ich entsinne mich nämlich nicht, daß Ruhm seit meiner Kindheit einen merklichen Reiz auf mich ausgeübt hätte, jedoch wage ich auch nicht länger die Möglichkeit auszuschließen, daß ein Gefühl von Unmut, wie bereits vorher angedeutet, die unvoreingenommene Verwirklichung meiner wahren Neigungen gedämpft haben könnte. Dennoch wäre nichts unrichtiger als die Behauptung, ich hätte es mir mit der Beantwortung der Frage, was ich in Wahrheit mit so einem Privileg anfangen soll, leicht gemacht. Ich hatte sogar den zugegebenermaßen vielleicht falschen Verdacht, es könnte mein Alltagsleben beeinträchtigen. Na schön, ich möchte es nicht gänzlich unversucht lassen, genausowenig wie ich den Eindruck hinterlassen möchte, ich würde Ihre großzügigen Entschädigungen irgendwie zurückweisen. Mein Vorschlag geht dahin, daß ich in einem klar abgegrenzten Gebiet Afrikas berühmt werde, wo ich nach Vertragsabschluß auch Urlaub machen möchte. Ich würde es begrüßen, wenn meine Berühmtheit von der Art wäre, wie man sie nur kraft großer geistiger Anstrengung erreicht, vielleicht auch in Verbindung mit einem gewissen altruistischen Element, weil ich mir sehr gut vorstellen kann, daß der eindeutige Respekt, den diese ihrer Umgebung abverlangt, meinem Urlaub genau die paar zusätzlichen Extras verschaffen könnte, die ihm den perfekten Charakter von Amnesie dem Alltag gegenüber geben. Für welchen epochemachenden Einsatz ich nun gerühmt werden soll, überlasse ich, mangels Kenntnis der gegebenen Möglichkeiten, ganz allein Ihnen. Sollte es unmöglich sein, die von Ihnen vorgesehene Ehrung auf meine Person zu übertragen, ohne sie dabei einer anderen, rechtmäßig entsprechenden zu entziehen, möchte ich Sie bitten, die Enteignung nach eigenem Ermessen so weit wie möglich nach Abstimmung mit dieser dritten Partei hinsichtlich des eigenen Nutzens vorzunehmen.

Damit habe ich auch schon einen Punkt berührt, den Sie, zu Recht, in Ihrem Verhandlungsangebot als überflüssig erachteten, nämlich die Frage nach meiner persönlichen Moral. Ich will mich auf keinen Fall besser machen als ich bin, geschweige denn als Moralapostel präsentieren, und doch kann ich die Tatsache nicht ignorieren, daß auch bei der Ausführung der Bereiche Frauen und Reichtum Verfahren in Angriff genommen werden könnten, die mit dem, was ich bis jetzt auf Erden richtig und angemessen fand, nur schwerlich in Einklang zu bringen sind. Ich gebe zu, daß meine Vorstellung von diesen Begriffen nicht völlig rational begründet ist, ebenso wie ich natürlich sehr wohl verstanden habe, daß sie nach Vertragsabschluß endgültig den Aspekt der Rechtsgültigkeit verlieren werden, den sie meines Erachtens immer noch besitzen. Das ist, anders ausgedrückt, nur eine Frage des Übergangs, aber trotzdem, meine ich, sollten Sie wissen, daß ich dem Ganzen mit einer gewissen Unruhe entgegensehe, ja, der Gedanke daran erfüllt mich mit einer unerklärlichen Angst, die ich zeitweise nur wenige Augenblicke lang kontrollieren kann, und, um ehrlich zu sein, halte ich die Befürchtung, daß mein Geist sich im entscheidenden Moment einem erfolgreichen Abschluß des Paktes verweigern könnte, für nicht ganz unbegründet. Um eine solche Situation zu vermeiden, möchte ich Sie daher fragen, ob Sie zufälligerweise über Mittel verfügen, die diesen psychischen Prozeß lindern können. Natürlich denke ich dabei nicht an Alkohol, Medizin oder dergleichen, die in diesem wichtigen Zusammenhang ohnehin nur ein dürftiger Ersatz wären. Was ich suche, ist etwas Subtileres; zum Beispiel wäre es für mich von größtem Interesse zu erfahren, ob Sie Argumente kennen, die, wenngleich in Widerspruch zum unmittelbar Einleuchtenden, deutlich machen, daß die von mir unternommenen Schritte, wenigstens auf längere Sicht, dem Allgemeinwohl dienen.

Wenn ich jetzt zum Schluß noch Ihre Aufmerksamkeit auf ein weiteres Thema lenken darf, so liegt mir eine nähere Erklärung der Bedingungen einer möglichen Vertragsannullierung einigermaßen am Herzen. Man kennt und bewundert Sie wegen Ihres unerschütterlichen Beharrens auf Geist und Buchstaben bei Abmachungen wie diesen, ein Grundsatz, den ich, in aller Bescheidenheit, auch selbst immer befolgt habe, und deshalb ist es unvorstellbar, daß ich Sie nach Unterzeichnung des Vertrages zu irgendeinem Zeitpunkt ersuchen könnte, eine Revision desselben in Erwägung zu ziehen. Weil hinzukommt, daß die üblichen Bedingungen für eine Vertragsannullierung, falls ein solcher Wunsch in meinem Fall überhaupt aktuell werden sollte, mich dermaßen in Anspruch nehmen könnte, daß ich nach nüchterner Einschätzung meiner Fähigkeit und meines Charakters keine glaubwürdige Chance hätte, sie einzulösen, fürchte ich, daß ich mir zu Recht Vorwürfe wegen mangelnder Umsicht und Verantwortlichkeit machen könnte, wenn ich hier nicht schon von vornherein die Frage nach Einführung einer Klausel mit einem etwas schonenderen Inhalt stelle. Eine andere und vielleicht attraktivere Variante wäre, wenn der Vertrag als Ganzes auf dem Leasing-Prinzip basiert, und zwar so, daß Sie innerhalb einer noch näher zu vereinbarenden Anzahl von Jahren das volle und uneingeschränkte Nutzungsrecht erhalten. Ich weiß natürlich nicht, ob Sie die Absicht haben, sich auf ein so modernes Geschäftsgebaren einzulassen, aber ich darf Sie vielleicht bei dieser Gelegenheit daran erinnern, daß ich mich, besonders was die Festsetzung des Preises angeht, mehr als zuvorkommend gezeigt habe.

Mir bleibt jetzt nur noch die geradezu unwiderstehliche Versuchung, Ihnen eine, sozusagen, ganz persönliche Frage zu stellen. Natürlich ist es Ihr gutes Recht zu glauben, eine Antwort sei für mich ohne Bedeutung, deshalb wäre ich Ihnen um so dankbarer, wenn Sie, als besonderen Ausdruck Ihres Wohlwollens, mich trotzdem auf die Spur einer Lösung dieses, beinahe hätte ich gesagt, Geheimnisses setzen würden: Warum haben Sie das Schreiben ausgerechnet an mich gerichtet? Was wollen Sie denn mit meiner Seele? Ich bin davon überzeugt, daß Sie sie in der Zeit vor einer direkten Kontaktaufnahme gründlich erforscht haben, und ich habe demnach kaum Gelegenheit, irgendeine bemerkenswerte Rechtschaffenheit an den Tag zu legen, so daß ich jetzt offen einräume, daß es meiner Meinung nach überhaupt keine Qualitäten gibt, die sich von Millionen anderer unterscheiden. Zugegeben, die Ernennung könnte vielleicht auf eine Art und Weise gerechtfertigt sein, aber es ist eine Seele, das ist alles, was dazu gesagt werden kann – eine Seele, zufällig meine, und mittelmäßig wie ich selbst, ja, und so frage ich Sie: Warum?

In Erwartung Ihres Antwortschreibens und in der Hoffnung, einen Handel zur beiderseitigen Zufriedenheit zum Abschluß zu bringen, bin ich Ihr ergebener

Aus dem Dänischen von Werner Lewerenz

Eine Reise in die Hölle

Von Carl von Linné

Den 3. julii. Die Reise begann in der Stadt Falun. (...) Der Erdboden war über ¼ Meile ganz kahl und bestand aus großen losen Steinen, die wie hingeworfen auf einem sterilen Schotterboden lagen. Wofür die wichtigste Ursache der reichliche schweflige, vitriolhaltige, kalte und korrosive Kupferrauch zu sein scheint, den Vulcans Kupferburschen bei Falun anzünden, besonders da die Berge in der Nähe von Falun oder anderen Kaltröstereien kahler sind, während die Täler, in die der Rauch weniger getrieben wird und wo er leichter abgespült werden kann, grüner aussehen. (...) Überall rings um Falun, auf ¾ Meilen im Umkreis, waren die Häuser braun und gleichsam balsamiert; weshalb sie sich auch länger halten. Die Gehöfte der Bergleute waren wohl umbaut, einfach, obwohl sie von außen wegen des Rostrauchs nicht sehr ansehnlich aussehen. (...)

Am Stadtrand lag die Grube von Falun, Schwedens größtes Wunder. (...) Als man ein kleines Stück vom Nachtquartier entfernt war, wurde ein starker Schwefelgeruch bemerkbar, den man schließlich westlich der Stadt Falun aufsteigen sah und der zur Stadt hin so stark wurde, daß er den hieran nicht Gewöhnten beinahe ersticken mußte. –

Aus dieser Grube stieg ein beständiger Rauch herauf, welcher uns zusammen mit der Beschaffenheit der Grube insgesamt verstehen lehrte, daß die Beschreibung der ganzen Hölle, die von *theologis* gegeben wird, um sich dem sicheren Menschen-Verstande zu imprimieren, aus diesen oder ähnlichen Gruben gewonnen sein muß.

Niemals hat ein Poet das *Regnum Subterraneum* oder ein *theologus* die Hölle so grauenhaft schildern können, wie es hier zu sehen ist. Denn draußen geht ein vergifteter, stechender Schwefelrauch empor, der weit im Umkreis die Luft vergiftet, daß man ohne Beschwer nicht hingelangen kann. Dieser Rauch zerfrißt die Erde, daß im ganzen Umkreis kein Kräutlein wachsen kann.

Dicht darunter liegen unermeßlich finstere, von der Sonne niemals beschienene Konkamerationen, erfüllt von Qualm, Staub und Hitze bis in 450 Ellen Tiefe unter der schweren und harten Erde. In diese gehen über zwölfhundert *solifugi,* einst zu den Bergwerken *damnati* und gleich Teufeln schwarze Arbeiter, welche Ruß und Finsternis von allen Seiten mit Rauch und Gestank umhüllen. Die Wände sind dunkel vor Ruß, der Boden schlüpfrig von herumliegendem Gestein, die Gänge eng, ausgehöhlt wie von Maulwürfen, auf allen Seiten von scharfem *vitriolo* überkrustet, und die Decken triefen von korrosivem Vitriolwasser. Vor Erdeinbrüchen herrscht ständige Furcht, ohne jede Sperans auf ein auch nur für eine Minute sicheres Leben; sie werden beim leisesten Knacken befürchtet, und da *momento citius* alle *verrecken* könnten, gibt es kein Refugium für einen dieser Verdammten. Abgesehen davon weiß ich nicht, welche Angst einen überfällt, der an der Pforte zu diesem *regno* steht, oder welche ungeheure Sehnsucht danach heraufzukommen.

Die hier anwesenden *damnati* gingen nackt bis zum Median und hielten sich wollene Lappen vor den Mund, damit sie Staub und Rauch nicht gar so voll einsögen. Hier war keine Frist, einen einzigen reinen Atemzug zu nehmen; der Schweiß rann aus ihren Leibern wie Wasser aus einem Sack. Wie bald war hier nicht ein Schritt fehlgetan, hinab in die tiefen Abgründe, wie bald konnte dir nicht ein Stein auf den Kopf fallen, wie rasch konnte den nicht ein Schwindel ankommen, der da über nachgebende Stiegen schwankte, die zu 2 à 3 aneinandergebunden waren! Aber so schwer und entsetzlich es ist, es fehlt doch niemals an Arbeitern, sondern die Menschen suchen mit Force und größtem Eifer, hier Arbeit zu bekommen, damit sie das liebe Brot verdienen können, und sie kriegen doch nicht mehr, als hier berichtet ist. (...)

Nahe der Stadt wachsen keine fruchttragenden Bäume, denn der Rauch verdirbt sie. (...)

Dich großen Schöpfer und aller Dinge Bewahrer, der Du
uns in Lapplands Bergen so hoch hinaufkommen ließest
und in Faluns Grube so tief hinab,
mir in Lapplands Bergen *diem sine nocte* zeigtest
und in Faluns Grube *noctem sine die,*
mich in Lapplands Bergen sein ließest, wo die Kälte niemals endet,
und in Faluns Grube, wo die Hitze niemals endet,
mich von Lapplands Bergen in die vier Zeiten der Welt blicken ließest
und in Faluns Grube, wo keine der Zeiten ist,
mich in Lappland unverletzt führtest durch so viele Lebensgefahren
und in Faluns Bergwerk in Leibesbedrohung,
Dich lobe alles was Du geschaffen hast
vom Anfang bis zum Ende.

Aus dem Schwedischen von Heinrich Detering

Nordische Raben (2)
Grimmig hungrig

Von Wilhelm Raabe

»Krah!«...

Da stand er, der den ganzen Tag über den einzigen sichern Platz in Kloster Amelungsborn und weit rundum für sich allein gehabt hatte und doch nicht darin mit seinem Schicksal zufrieden gewesen war.

Inmitten der von ihm angerichteten Verwüstung stand zwischen den Beinen des Magisters Buchius der schwarze Kämpfer... Wodans – Odins Vogel, geisterhaft, gespenstisch frech und unbefangen... Er war grimmig hungrig, ob er von Hugin oder ob er von Munin stammte, der dunkle Vogel Wodans...

Warum sind Skandinavierinnen so sexy?

Von Barbara Sichtermann

Zur Frage, was es denn sei, das die Skandinavierinnen zu Europas sexfreudigsten Frauen mache, sind zwei Theorien in der Debatte, eine historische und eine eher geographische. Natürlich gibt's da auch noch eine Common-sense-Antwort der schlichten Art; sie lautet: Weil sie blond sind. Aber diese Aussage führt nur wieder zu Gegenfragen und Weiterungen wie beispielsweise: Alle sind sie ja gar nicht blond, oder: Wieso eigentlich sind blonde Frauen besonders sexy, womit wir keinen Schritt weiter wären. Wenden wir uns also den mehr versprechenden theoretischen Ansätzen zu. Da wäre erst mal der historische. Er geht so:

Die skandinavischen Länder verfügen über besonders solide, humane Kulturen, da sie ihre Großmachtträume relativ früh ausgeträumt und sich danach zurückgezogen und in Ruhe und Beschaulichkeit ein paar Prinzipien entwickelt haben, die das Zusammenleben angenehmer machen: Dazu gehören die Gerechtigkeit und der Schwedenpunsch. Außerdem übernahmen diese Länder das protestantische Bekenntnis, was ihren Gesellschaften womöglich einen zusätzlichen Schub in Richtung Eigenverantwortlichkeit versetzt hat. Die große Industrie zog in die bäuerlichen Gesellschaften Norwegens und Dänemarks spät ein, im Grunde erst nach dem Zweiten Weltkrieg, in Schweden allerdings entwickelte sich im 19. Jahrhundert mit den Erzgruben und den Sägewerken eine mächtige Arbeiterbewegung, die das Land bis heute prägt und sicherlich im skandinavischen Menschen die Idee der Gleichheit festigte. In diesem Klima blühten die persönlichen Freiheiten reicher als anderswo – und so konnte es nicht ausbleiben, daß pornographische Darstellungen in den schönen Künsten, in Film und Video hier früher und freizügiger erlaubt waren als in Resteuropa. Bevor man in Deutschland, England und Frankreich, die wegen ihrer Rückständigkeit in puncto bürgerliche Freiheiten bis tief in die zweite Hälfte unseres Jahrhunderts hinein unter der Fuchtel einer allgemeinen Prüderie schmachteten, während man in Skandinavien längst Porno-Videos kannte – bevor man also hierzulande hausgemachte Produktionen ausleihen oder kaufen konnte, war man auf skandinavische Importware angewiesen. Und diese Ära hat offenbar lange genug gedauert, um in Resteuropa den Eindruck zu erwecken, alle skandinavischen Frauen seien im Nebenberuf Pornodarstellerinnen oder wenigstens dem Briefträger, dem Nachbarn, dem Klempner oder wer sonst in den üblichen Pornohandlungen mal so zum Rammeln vorbeischaut, willig ergeben. Es ist klar, daß dieser Ansatz die These, Skandinavierinnen seien besonders sexy, zugleich erklärt *und* widerlegt: handelt es sich doch um ein bloßes Mißverständnis, das eine bürgerliche Freiheit: hier Produktion und Konsum einer gewissen Ware, mit dem Inhalte dieser Ware: hier Sex in allen Lebenslagen, verwechselt.

Da wäre nun, zweitens, die geographische These zu prüfen: Sie geht von einer in Süd-Nord-Richtung abnehmenden sexuellen Ansprechbarkeit der Männer und entsprechenden Reaktionen der Frauen aus. Im Orient und in der nordafrikanischen Welt, auch noch in Sizilien, ist die männliche Bevölkerung rund um die Uhr so geil, daß die Frauen verschleiert oder doch in blickdichte schwarze Gewänder gehüllt herumlaufen müssen, um ihren Männern durch dieses rücksichtsvolle Verbergen ihrer Reize wenigstens den Vollzug der normalen Tagesgeschäfte, also etwa Kameltreiben, Teppichhandeln oder Boule-Spielen, zu ermöglichen. Täten die Frauen das nicht, lägen die Männer von früh bis spät auf ihnen drauf, die Wirtschaft stockte, die Bevölkerung explodierte und die Kinder hätten nichts zu essen. – Wie anders wird das, wenn man nordwärts fährt und z. B. nach Österreich kommt. Hier ist der Mann schon weitaus bedächtiger, und die Frau darf, ohne daß er sich groß darum scherte, ein Dirndl mit Ausschnitt tragen und neckische Blicke werfen. – In Frankreich findet man noch eine gewisse Verwandtschaft mit dem tiefen Süden vor, die Männer gelten als leicht entflammbar und die Frauen als äußerst charmant – von ihnen wissen wir allerdings auch, daß der Franzose, welcher sich gern für den größten Liebhaber aller Zeiten hält, meist mehr verspricht als er hält. – Wandern wir nordöstlich nach Deutschland weiter, so wird die Lage allmählich skandinavischer. Die deutschen Männer sind arbeitssüchtig, zugeknöpft und bei erotischen Anspielungen schlagartig gehörlos. Vom Flirten verstehen sie soviel wie der Teppichhändler von der Buchpreisbindung. Allerdings sollen sie, wenn sie erst mal auf den Trichter gekommen sind, im Bett für eine begrenzte Zeit ausgesprochen leistungsfähig sein; sie vergessen hinterher, was es damit auf sich hatte, und müssen von herausfordernd aufgemachten Frauen daran erinnert werden. Das ist der anthropologische Hintergrund des sogenannten Fräuleinwunders und was sich sonstwo an Mythen um die verführerischen deutschen Weiber rankt.

Wendet sich der Kulturchronist jetzt nach Nordwesten und kommt er nach Holland, erfährt er, daß hier die männliche Jugend ihre Potenz geschlossen dem Drogenkonsum geopfert hat; enttäuscht setzt er über nach England – nur um gleich wieder abzulegen, denn die Insel verfügt über die höchste Homosexuellenrate der ganzen Welt. Und da in England die Schwulen die einzigen Männer sind, die etwas mit Sex am Hut haben, kann man sich leicht vorstellen, wie es um die rosigen, zarthäutigen, großäugigen Britinnen bestellt ist. Dem Vernehmen nach haben sie resigniert, was sich an ihren Buckeln, ihren aus dem 17. Jahrhundert überkommenen Schminktechniken und ihren Strickmützen ablesen läßt.

Jetzt nach Skandinavien. Hier sind die Männer, so der Süd-Nord-Ansatz, jenseits von Gut und Böse. Sie haben so viel Freude an ihrem Schwedenpunsch, daß sie darüber hinaus eigentlich gar nichts brauchen. Andererseits stammen sie alle von den Wikingern ab, die sich genetisch noch nicht vollständig vom Bären losgelöst hatten und einmal im Jahr in eine machtvolle Brunst verfielen. Ein Echo davon spürt auch der Däne, der Schwede und der Norweger bisweilen in seinem Leib, wenn er auch nicht immer gleich weiß, worauf das Zittern in seiner Physis hinauswill. Was den neuzeitlichen Skandinavier vom Wikinger unterscheidet, ist, daß seine Brunst sich von der festen Bindung an eine gewisse Jahreszeit gelöst hat. Es kann jederzeit passieren; den einen ereilt's im März, den andern im Juni, den dritten im September. Die skandinavische Frau, die als familienbezogen und kinderlieb gilt, weiß nie genau, wann es soweit ist, will sagen: Sie muß jederzeit ›damit‹ rechnen. Und da sie die einzige ist, die dem Mann erklären kann, was es mit seinem rauschähnlichen Zustand auf sich hat, hängt alles von ihr ab: Ist sie im Falle eines Falles nicht zugegen oder – noch schlimmer – nicht in Stimmung und entsprechend aufgemacht, wird eine kostbare Chance vertan. Die Däninnen, ob blond oder braun, die Schwedinnen, ob schlank oder füllig, die Norwegerinnen, ob stups- oder hakennasig, sie müssen ständig drauf gefaßt sein. Und da sie natürlich das seltene Ereignis eines paarungsbereiten Mannes nicht verpassen wollen, gehen sie *immer,* trotz der Polarkälte und der Tagundnachtgleiche, so gut wie unbekleidet einher – angetan höchstens mit weißen Spitzenstrümpfen und taftenen Korsagen, na ja, eben so, wie man es aus Film und Fernsehen kennt. Sie können nicht riskieren, ihrem Freund, Gatten, Chef oder sonstigen Liebhaber in der Gartenschürze oder im Bademantel entgegenzutreten, während der gerade seine Brunst bekommt – die er dann nämlich mangels erregender Weiblichkeit gar nicht als solche erkennen, für einen Punsch-Kater halten und allein in seinem Bett ausschlafen würde.

Der Süd-Nord-Ansatz hat tatsächlich einiges für sich, löst manches Rätsel und rührt auch mehr auf als der eher karge historische Ansatz. Er läßt dennoch viele Fragen offen. Warum z. B. tragen Skandinavierinnen *weiße* Spitzenstrümpfe, wo schwarze nachweislich attraktiver sind? Warum haben *sie* keine Brunstphasen, wo sie doch auch von den Wikingern abstammen? Und wie sieht es mit der genetischen Trennung vom Bären aus – ist sie inzwischen vollzogen? An einer norwegischen Universität hat, wie man hört, ein Forscher versucht, menschlichen Gehirnen eine Disposition zum Winterschlaf einzupflanzen, und er entdeckte bei seinen Probanden eine nur dünn von der Lust am Punsch und am Schlittenfahren überwucherte Bereitschaft dazu.

Alter Schwede
NIKOLAUS HEIDELBACH

Über die natürliche Größe des Weibergeschlechts

Von Thomas Thorild

Sklaverei ist in Schweden verboten.

Erstes Kapitel

Zu den gewöhnlichsten Dingen auf der Welt gehört der Stolz der Männer gegenüber den Frauen. Dieser Stolz zeigt sich im ungünstigen Fall in einer gewissen wilden und im günstigen in einer gewissen milden Geringschätzung: einer solchen, welche man gegenüber Kindern empfindet und gegenüber allem Schwachen, welches der eigenen Größe weit unterlegen ist.

Das ist so sicher, daß sogar die leidenschaftlichste Anbetung der Frauen am Ende nichts anderes bedeutet als die Kunst der Männer, ihr Begehren listig zu tarnen.

Ich selbst empfand diese milde und schmeichelnde Geringschätzung mit einer so geradezu orientalischen Einbildung, daß ich die Frauen als wollüstiges und strahlendes Eigentum betrachtete. Dagegen war ein *Mann* für mich ein Halbgott oder, anders gesagt, er verkörperte alles Wahre und Große.

Aber eines schönen Tages las ich ein Buch, das ich bestimmt schon hundertmal vorher gelesen hatte: über die Erziehung der Töchter, »wie sie nicht früh genug zu jener vorschriftsmäßigen Tugend herangeführt werden konnten, die *einer Frau* eignet«.

Was? dachte ich: sie müssen wohl *zuerst* einmal als Menschen betrachtet werden, *bevor* man sie als Frauen betrachtet?

Und dieser eine Gedanke – daß diese schönste Hälfte der *verständigen Wesen* auf der Erde in erster Linie Mensch, und danach erst Frau ist und nicht, wie man immer geglaubt hat, *zuerst* Frau und *dann* Mensch – dieser eine Gedanke erschlug die Kraft meiner orientalischen Einbildung, und innerhalb eines Augenblicks erkannte ich den Zustand unwürdiger *Halbmenschlichkeit,* in dem sich die dumme Wildheit der Männer erdreistet hatte, die Frauen zu halten.

Aber, dachte ich ebenso, welch zarte und edle, welch wohltuende Wahrheit, welch göttlicher Geist ist in eben diesem Dunkel und dieser Unterdrückung gehalten worden, da die Stärke und die List der wilden Tiere unter der langen und geistlosen Herrschaft der Männer nahezu das einzige *Gesetz* auf Erden war?

Man darf sich deshalb nicht wundern, daß dieselben Männer, deren höchstes Unvermögen, sowohl zu denken als auch sich selbst zu lenken, in der Weltgeschichte so deutlich hervortritt, daß sie mit ihren starken Sehnen und ihrem erbärmlichen Verstand an den Frauen nichts Auffälligeres gesehen haben als die Röcke; nicht bemerkt haben, daß dieses edle Wesen, welches *Sie* hieß, in erster Linie *Mensch* hieß; und nicht verstanden haben, daß diese kleine *Ungleichheit* des Geschlechts ganz unbedeutend ist gegenüber der *Gleichheit* des Verstandes und des Herzens, das heißt der menschlichen Tugend und Würde.

Die Männer sind nicht und waren niemals die Herren der Erde, sondern vielmehr, in der lächerlichsten Kleingeistigkeit, *ihre eigenen Sklaven.* Ebenso haben sie es nie gewagt – vielleicht aus der Bequemlichkeit, die den Übermut heimlich begleitet –, der richtigen Vernunft zu folgen, sondern haben ihre Überlegenheit nur aufgrund ihres Geschlechts behauptet. Dadurch sollen wir, zum ewigen Gespött, eine Größe erlangt haben, welche sowohl die richtige Antwort auf die gnädigst verordnete Rocksklaverei ist als auch eine Größe, welche dem mündig unvernünftigen Geschlecht vollkommen zukam, nämlich buchstäblich eine Hosenmajestät.

Es ist nur zu offensichtlich, daß es genauso albern und schamlos ist, einen Mann nur noch in seiner Eigenschaft als *Er* zu betrachten, wie es albern und schamlos ist, eine Frau bloß in ihrer Eigenschaft als *Sie*. Eine *Frau* ist jedoch nach der göttlichen Ordnung

ein *verständiges Wesen:* mit allen Rechten und aller Größe eines solchen Wesens;

ein *Mensch:* mit allen Rechten und aller Größe eines Menschen;

ein *Mitbürger:* mit allen Rechten und aller Größe eines Mitbürgers;

ein *Freund:* für alle Freunde;

ein *Verwandter:* für alle Verwandten;

eine *Hausfrau:* für den ganzen Haushalt;

und schließlich und zuletzt eine *Sie,* die Geliebte irgendeines glücklichen Mannes oder, wenn es euch lieber ist: eine Ehefrau.

An dieser großen und wahren Ordnung sieht man, welch erbärmlicher Unverstand sich im unwürdigen Verhalten der Männer zeigt, Frauen nur als *Sies* zu betrachten, das heißt, nur als Frauen: und hieran wird auch deutlich, daß die Frauen aus den gleichen Gründen die andere Hälfte der *Menschen,* das heißt alle Männer, nur als *Ers* betrachten könnten: was die Amazonen einst ja auch zu Recht taten.

Aber ich wage es, alle vornehmen und vernünftigen Frauen zu bitten, diese Wildheit bei den Männern zu entschuldigen, denn man darf hoch und heilig versichern, daß sie allzu wenig Verstand besitzen, um in einer so bedeutenden Angelegenheit etwas Böses meinen zu *können.* Vielmehr muß alles mit jenem Unverstand erklärt werden, der so alt ist wie die Welt, und durch welchen sie ebenso blind über *alles* andere urteilen, was Menschenrecht und Menschenwürde angeht. (...)

Aber das ist ganz natürlich, werte Leserinnen. Seid gewiß: Die Männer haben so vortreffliche Augen, daß sie immer das *zuerst* sehen, was unmittelbar vor ihrer Nase liegt, aber sie haben auch einen entsprechend einfachen Verstand, so daß sie selten weiter blicken. Und wenn man die Scharfsinnigkeit bewundert, mit der die Männer bereits vor sechstausend Jahren begründet haben, daß Frauen *Sies* (das heißt: *Frauen*) sind – dann sollte man ihnen nachsichtig verzeihen, daß sie nach sechstausend Jahren fortwährender Denkversuche noch nicht herauszubekommen vermochten, daß Frauen mit *demselben Recht wie sie* Menschen sind.

Zweites Kapitel

Aber, ruft man uns zu, wenn Ihr die *Frauen* auf diese Weise zu demselben allgemeinen und vollkommenen *Menschen-Recht* emporheben wollt, wie es die Männer für sich fordern: so müßt Ihr sie auch ebenso über all ihre *Schwäche* hinweg zu derselben Stärke erheben, alle großen Pflichten zu erfüllen.

Allmächtiger! die Männer wagen es, von *Schwäche* zu sprechen! sie, die in diesen finsteren und blutigen sechstausend Jahren, in denen sie über die Erde geherrscht haben, sich selbst und alles übrige mit einer so entsetzlichen und unsinnigen Verwirrung gelenkt haben, daß, selbst wenn sie alle ihre Ratschläge in einer eigens von Luzifer veranstalteten Lotterie gezogen hätten, doch niemals etwas mit *weniger Verstand* hätte erdacht oder mit *mehr Grausamkeit* hätte ausgeführt oder mit *erbärmlicherem und lächerlicherem* Pomp und Prunk hätte vonstatten gehen können als ihre gesamte alberne Herrschaft.

Man muß nur an die Weltgeschichte denken: nur daran denken, daß all die ungeheure Torheit der Welt ja das Werk von Männern ist und daß sich sogar heute noch das wahrhaft Kluge zum wahrhaft Unsinnigen verhält wie eins zu tausend.

So kann ich mir denn nach diesem großen sechstausendjährigen Beweis keine *Ungeschicklichkeit,* sich selbst und andere zu lenken, ja, überhaupt keinerlei *Schwäche* vorstellen, die erbärmlicher und dennoch offensichtlicher wäre als ebendie der Männer. Zumal wenn man hinzunimmt, daß sie zum einen die lächerlichsten und zum anderen die blutigsten ihrer Torheiten *just auf den Wink von Frauen hin* begangen haben, welche sie selbst erst durch ihre Weisheit zu Toren erzogen und dann angebetet haben, so daß *hier* die Sache der Männer ein für allemal verloren zu sein scheint.

»Aber« – sagen sie und setzen eine etwas süßlichere Miene auf: »Wir sind doch stets die *Herren der Welt* gewesen? Das Weibergeschlecht hat doch zu allen Zeiten unsere Überlegenheit anerkennen müssen? Und das, was schon *immer* so gewesen ist, wird schließlich als Gesetz der Natur angesehen.«

Nein, verehrte Herren. Die Wahrheit, der Geist und die Tugenden; die Menschlichkeit selbst und ihre holden und heiligen Gesetze, die Glückseligkeit aus jeglichem reinen und natürlichen Vergnügen – sie sind von euch viel härter unterdrückt worden als die Frauen. Beweist das die *Schwäche* all dieser göttlichen Dinge, oder daß sie von Euch *zu Recht* unterdrückt wurden? Nein: Es beweist allein die Muskelkraft wilder Tiere, dieselbe Härte im Wesen, dieselbe grausame Fähigkeit, allem Rechten und Göttlichen zu trotzen, wie sie Euch in der Weltgeschichte stets ausgezeichnet haben. Und dann verrät ebendiese Geschichte zu Eurer Schande, daß Ihr, offen gesagt, nicht einmal diese niedere Herrschaft besessen habt: Denn zuallererst waren die wilden Tiere die *Herren der Erde,* dank einer Stärke, die größer war als Eure und ebenso edel – und seitdem seid nicht Ihr, sondern sind Betrüger im Namen Gottes und Tyrannen mit Feuer und Schwert und alle blutigen und unsinnigen Laster und, mit einem Wort, die uralten Potentaten *Dummheit* und *Lüge* die wahren Herren der Erde gewesen: Und Ihr selbst wart nur nichtige Sklaven, aber mit dem Hochmut von Monarchen.

So ist Euer Großtun damit, daß Ihr noch stets die *Frauen* unterdrückt habt, nichts anderes als die Prahlerei, stets die Tugendhaftigkeit und Zärtlichkeit, den Geist und die Schönheit und alle göttliche Wahrheit in der Welt unterdrückt zu haben.

*

Dennoch versuchen die Männer, nicht an ihre sechstausendjährige Ungeschicklichkeit zu denken, und tönen noch immer von der *Schwäche* der Frauen. Denn glauben Sie nur ja nicht, werte Leserinnen, diese hochmütigen Barbaren könnten jemals einsehen, daß das, was immer unterdrückt und erniedrigt war, auch nie zu seiner rechten Stärke und Größe hat gelangen können. Vernünftige und aufgeklärte Menschen, tüchtige Männer und Patrioten, die arbeitende Menge, die Nationen selbst, mit einem Wort alles, was am richtigsten und größten ist – welche erkennbare *Stärke* hat wohl all dieses auch heute noch? Und doch hat man an den schönsten Beispielen wahrnehmen können, daß in diesen noch unterdrückten Wesen eine stille göttliche *Kraft* liegt, von der die Rechtschaffenen hoffen, daß sie einmal hervorbrechen und emporsteigen wird, zum Segen der Welt. So wie man von der wohltätigen Macht eines einzelnen Genies, eines einzelnen großen Mannes darauf schließt, was Genies und große Männer zu leisten vermögen, sollte man auch aus den bewundernswerten Vortrefflichkeiten sowohl des Verstandes als auch des Herzens, die man an *Frauen* – ungeachtet ihrer seltenen Gelegenheiten, in der Welt zu glänzen – bemerkt hat, darauf schließen, was sie sein *können,* wenn sie sich der *natürlichen Größe* erst einmal richtig bewußt werden, welche in ihrer liebevolleren und lebhafteren Menschlichkeit begründet ist. Ich will nicht von all jenen großen Königinnen sprechen, den Heldinnen, klugen Herrscherinnen und großen Geistern ihres Geschlechts: denn darüber steht in anderen Büchern genug. Ich will auch nicht von all diesen lieblichen und vornehmen Tugenden sprechen, die jede einzelne von ihnen mit einer nahezu göttlichen Willensstärke ebenso täglich wie ungedankt erfüllt: denn das weiß ein jeder aufgeklärter Mensch. Ich will nur unsere einzigartige *Christina* erwähnen, die genug Größe hatte, um lächelnd eine *Krone* wegzuwerfen, ein prächtiges Spielzeug, für das die größten Männer der Welt so viele tausend blutige Torheiten begangen hätten, und die es verstand, mit einem Wink alle damals glänzenden Genies der ganzen Welt um sich zu scharen, wozu zu keiner Zeit irgendein königlicher Mann genug Verstand gehabt hat, und die in dem, was sie geschrieben hat, einen so wahrhaft großen Geist erkennen läßt, wie man ihn größer nie sah.

Aber was kann man vom Verstand dieser Männer erwarten: Wo sie mit all ihrem Trotz kaum einmal eine Vorstellung davon zu erlangen vermochten, was *höhere Stärke* ist. Daß eine Windmühle in vollem Lauf *stark* ist, das erkennen sie; aber die Kraft der Luft, die sie antreibt, stellt für sie schon etwas Hochgelehrtes dar. (...) Daß Stärke der Muskeln *Stärke* ist, das ist überhaupt das allererste und offensichtlichste von allem, was sie wissen, und das eigentliche Prinzip all ihrer Weisheit; aber daß die Macht der *Wahrheit,* deren leisester Wink Revolutionen auslöst und die Zeiten umwälzt; daß die Macht der *Schönheit,* der alle Helden erliegen; daß die Macht der *Wohltätigkeit,* der niemals irgendein lebendes Wesen widersteht – eine unendlich *größere Stärke* ist, das ist ihnen völlig neu. Aber diese Stärke ist Gottes, des Genies und der *Frauen.* Daher gleicht die Frauenstärke mehr jener eines Engels, eines Wesens, das, wie man weiß, so weitaus *mächtiger* und größer ist als wir: Die Männerstärke hingegen gleicht eher jener des wilden Tieres, dessen Gewalt erschreckt und niederwirft. Gerade so sieht man im Frühling, daß ein einziger Strahl des Sonnenlichts und ihrer Wärme eine so viel größere Wirkung auf die gesamte Natur hat als tausend Gewitter.

Zur Ehre der Männer muß ich jedoch zugeben, daß sie stets mit einer bewundernswerten Kraft dem Verstand, der Tugend und der Schönheit widerstanden haben und diese hohe *Frauenstärke* an ihnen noch nicht mehr zu bewirken vermocht hat, als was sie selbst bei den Tieren bewirkt haben; das heißt nicht sehr viel mehr als das wenige an *Kunstfertigkeit* und *Liebreiz,* an *Geist* und *Geschmack,* was sie selbst den Papageien, den Affen und den Bären beibrachten.

Soll ich die Wahrheit frei heraus sagen?

Wenn man bedenkt, daß ein Mann genau in dem Maße, in welchem er *veredelt* wird, an Milde der Sitten und des Wesens einer Frau ähnelt (...) und daß umgekehrt eine Frau, je mehr sie *verdorben* wird, einem Mann in jeglicher Untugend ähnlich wird; ja, wenn man sieht, wie vollkommen sich alle Frauen und alle wahren Genies (...) in ihrer Weichherzigkeit und ihrer Lebhaftigkeit gleichen: dann ist es unmöglich, den *Frauen* nicht ebendieselbe *natürliche Überlegenheit* über die Männer zuzuerkennen, die diese stets über die Frauen zu besitzen glaubten. Daher muß die Rangfolge des Verstandes in der Welt folgendermaßen aufgestellt werden: *Natur, Genies, Frauen, Männer, Tiere.*

Aus dem Schwedischen von Anne-Bitt Gerecke und Karin Hoff

Der blinde Eros

Von Vilhelm Ekelund

Wie lauscht nun Eros bleich,
von Angst jäh überrascht,
tief in der blinden, kalten
Burg Seele jäh erwacht,
da plötzlich seinesgleichen
im Dunkel nah er ahnt;
erhebt sich langsam, zitternd,
reckt auf sich aus der Tiefe,
aus Nacht, Gefangenschaft
und will die Kette sprengen
und hoch auffliegen, schütteln
das schwere Flügelpaar.
Ein Vogel der, gefangen
im engen Käfigwinkel,
auf einmal aus den Wolken
die freien Brüder hört –
ach so hört meine Seele
dich, ach so ward sie bleich!

Flieg du vorbei, flieg du vorbei!
Ach Vogel du schöner!

Aus dem Schwedischen von Heinrich Detering

Schwerkraft

Von Carsten Nagel

Zum Sparen verurteilt, rieb ich meine Eier an einem Barhocker in einem der hottesten Herrenclubs der Stadt. Hot war vielleicht ein bißchen übertrieben an diesem grauen Mittwoch, wo das Lokal halbleer war und die Anwesenden vor allem wie Mitwirkende einer Tragödie namens ›Modder, Lehm und Nebel‹ aussahen.

Die Ausnahme war der Mann neben mir. Er war blau, aber sehr gutgelaunt, und er verbreitete sich ausführlich über seinen Abend. Er arbeitete als Escort-Boy und hatte soeben mit einem australischen Fußballtrainer oben im Hotel Scandinavia ein prachtvolles Erlebnis gehabt. Ja, sogar in der Suite, oben, über dem Restaurant, ob ich da schon einmal gewesen sei? Der Mann war, wie mein Nebenmann verkündete, selber eine Suite an männlicher Geschlechtsentfaltung.

»Also, als er sein Schwimmtier ausgerollt hat, hätte ich fast protestiert. Er hatte mir schließlich vorher nicht gesagt, daß ich einen Kran mitbringen sollte! Ich wollte schon gehen, aber irgend etwas hat mich dann doch zurückgehalten«, erzählte mein Nachbar nachdenklich.

»Große Schwänze haben mich noch nie interessiert«, log ich. »Trotz allem gibt es mehr zwischen Himmel und Erde als...«

»Aber es geht doch nicht nur um den Schwanz«, beharrte der Suffkopp. »Ich meine das Ganze, das Ganze war exzessiv vorhanden, es war soviel davon da, innerlich und äußerlich. Er war einfach süß!«

»Na gut«, sagte ich und prostete ihm zu.

»Und so beängstigend«, fügte der Typ gleich hinzu. »Seine Hände waren so groß wie Klodeckel, und wenn er mich hochgehoben hat, kam ich mir vor wie ein kleiner Tennisball, ich wurde zwischen Kopfkissen und Fußende hin- und hergeschleudert. Noch einen Whisky?«

»Einen letzten, als Betthupferl«, sagte ich.

Ich schloß mein Fahrrad auf und steuerte Østerbro an. Mitten auf dem Rådhusplass ging mir jedoch auf, daß mein Arsch noch etwas anderes und mehr wollte als den harten Rennradsattel. Auch mein Kopf war mit der Aussicht auf Heim und Herd nicht zufrieden, und beim Strampeln fragte ich mich: Warum sollte ich mich mit zwei Zimmern im ersten Stock, in Østerbro, begnügen, wenn in Amager eine ganze Suite mit australischen Innereien und wunderschönem Blick auf mich wartet? Zum Henker, ich habe Lust auf einen Mann und eine Suite!

Ich wußte, ich würde mir nie mehr in die Augen blicken können, wenn ich mir nicht alle Mühe gab, mir diesen Wunsch zu erfüllen. Ich sprudelte nur so von Geilheit, und ich sagte mir: Das einzige, was du von dir selber verlangen kannst, ist Lebensgier – koste es, was es wolle!

In gewisser Hinsicht war das eine Frage der Ehre.

Ich stellte fest, daß mein Fahrrad seine Richtung geändert hatte.

Mit hämmerndem Herzen und Lust aufs Leben klopfte ich an die Tür der Suite.

»Schon? Great!«

Vor mir stand ein triefnasser, aufrecht stehender und nur mit einem Handtuch bekleideter Bär und grinste. Ein kräftiger Schnurrbart wippte bei jeder Mundbewegung frech auf und ab.

»Ich war gerade in der Badewanne. Come and join me!«

Ich war sprachlos. Aus purer Verwirrung fing ich an, mich auszuziehen, sowie ich im ersten Zimmer stand. Der Mann verschwand singend im Badezimmer. Ich hatte seit langem keinen Mann mehr gesehen, der meine Pisse dermaßen zum Kochen bringen konnte – durch seinen bloßen Anblick. Vielleicht lag es an seinen Adern, die kleine Landschaften zeichneten, ganze Fußballplätze, wo ich gern auf Entdeckungsreisen gehen wollte, auf Eroberungszüge. Gleichzeitig waren sie gefährlich, kraftvoll und bedrohlich – ein würdiger Gegner, was meine Angriffslust noch steigerte. Vielleicht lag es an seiner Stimme oder daran, wie er das Handtuch um seine Hüften gewickelt hatte, oder vielleicht an seinen kräftigen Wadenmuskeln...

»Komm schon, Baby!« rief er aus der Badewanne.

Im nächsten Augenblick saß ich mit ihm zusammen im Schaumbad.

»Du machst dich hier wirklich gut«, sagte er und starrte mich gierig an. »Fast so, als ob du in dieser Badewanne geboren wärst. Chuck ist jetzt wirklich wach geworden.«

»Heißt du Chuck?« fragte ich.

»Nein«, er grinste. »Charles. Das hier ist Chuck«, sagte er und zeigte in die Tiefe.

Ich bemerkte voller Freude etwas, das sehr große Ähnlichkeit mit einem ausbruchsbereiten Unterseevulkan hatte.

»Tordenskiold«, sagte ich und zeigte in meine eigene Tiefe.

Ich merkte, daß auch ich schon sehr weit war, blieb aber an meinem Ende der Badewanne, um die Spannung noch weiter wachsen zu lassen. Ich sehnte mich nach ihm, sehnte mich nach seinen befreienden und beschützenden Armen, nach den Haaren auf seinem Körper, seinem Mund, dem Geschmack seiner Spucke, nach Zungentanz und Ringkampf, nach Wasserpolo mit Chuck und Tordenskiold ... ich sehnte mich, wollte mich aber noch nicht ganz hingeben, Sehnsucht und Lust waren süß, fast schmerzhaft, ich wollte noch ein wenig durchhalten, ihn streicheln und mit Charles spielen ... und mit Chuck ... und dann wollte ich zitternd die Zügel schießen und mich entführen lassen, wollte explodieren, frei sein.

»Bist du verheiratet?« fragte ich, um Zeit zu gewinnen, und weil ich hier in der Badewanne einfach ungeheure Lust hatte, alles über ihn zu erfahren. Statt einer Antwort kam ein Finger, der über meine Achillesferse strich, eine Hand packte meinen Fuß, er zog mich an sich und küßte mich. Unter Wasser begann er, mit einem Finger mich in meinem dazu Vorgesehenen zu streicheln. Er biß mich ins Ohr, biß und leckte und flüsterte, daß er mich vögeln wollte, mich ficken...

»Ja«, stöhnte ich. »Du mußt...«

Es klingelte an der Tür.

»Dich die ganze Nacht lieben, dich in deinen schönen kleinen Hintern ficken«, flüsterte er und leckte mich im Ohr.

»Ja, wir werden ... du mußt in mich reinkommen, damit ich spüre, daß ich dir gehöre ...«

Wieder wurde geklingelt. Und zwar ziemlich ausdauernd.

»Man könnte fast glauben, wir hätten Feueralarm«, sagte ich. »Tordenskiold gefällt das überhaupt nicht.«

»Moment«, erwiderte Chuck und stand auf.

Als er aus der Wanne stieg, sah ich, daß Chuck von der Klingelei nicht weiter beeindruckt war. Ich lag allein in der Badewanne. Fühlte mich einsam und verlassen, wild und besessen. Ich hörte auf dem Flur Stimmen und betrachtete Charles, der wieder im Badezimmer erschien – er lachte, und sein stolzes Liebesorgan zeigte fast wie eine Mittelstreckenrakete ins Weltall. Groß, hart, fleischig und voller Tatkraft. Eine Fahnenstange der Begierde.

»Du hast einen schönen Schwanz«, sagte ich. »Du bist wunderbar, du bist ...«

Ich merkte, daß ich mich verliebte, o verdammt, das war nun wirklich nicht der Sinn der Sache, morgen würde alles vorbei sein, goodbye Australia, das machte mir angst ... und plötzlich hörte ich auf dem Flur ein Geräusch und starrte erschrocken die Tür an.

Der Fußballtrainer lachte mir geil und besitzergreifend zu, und von diesem Lachen wurde mir gleich schwindlig. »Nimm mich, friß mich, fick mich, ich kann nicht mehr warten!« schrie ich in Gedanken.

»Da ist einer deiner Kollegen vom Büro«, sagte er. »Sie haben sich offenbar vertan, sie haben euch beide geschickt, aber wir werden schon eine Lösung finden. Man kann einfach nie zuviel des Guten haben.«

In diesem Moment trat ein nackter Mann ins Badezimmer. Ich war wütend und sprachlos und ängstlich.

»Wir sind nicht ...« setzte ich an. Und dann ging mir auf, was passiert war. Ich mußte lachen, ich konnte einfach nicht wieder aufhören, ich lachte und lachte und holte schließlich tief Luft und tauchte im schaumbedeckten Wasser unter, zum unterseeischen Vulkan.

Er glaubte, ich käme von einem Escort-Büro! Er hatte den jungen hübschen Typen bestellt, der es sich soeben bei uns in der Badewanne gemütlich machte, und er hatte gedacht, ich sei das. Deshalb hatte er mich so herzlich in Empfang genommen, er hatte mich schon erwartet... Escort-Boy, und dabei war ich einunddreißig und arbeitete in einem Versicherungsbüro!

»Hol mir was zu trinken«, lachte ich, als ich wieder an die Oberfläche kam. »Eine große dreckige Bloody Mary, zum Beispiel.«

»Mach ich«, sagte der junge Typ und stieg aus der Badewanne. »Aber zu diesem Zeitpunkt kommt nur noch Champagner in Frage.«

Der Australier und ich sahen, daß wir es mit einem äußerst wohlgebauten Typen von ungefähr zwanzig zu tun hatten. Junge Menschen haben zweifellos ihre Vorzüge, aber ich würde jederzeit einen vierzigjährigen Fußballtrainer aus Sydney einem von Pickeln geplagten Studenten aus Vanløse vorziehen. Aber sogar mir war klar, daß dieser junge Typ mehr konnte als nur Kaffeewasser aufzusetzen.

Als wir in der Badewanne den Champagner getrunken hatten, spürte ich wieder die Hand an meinem Fuß. Ich glitt kochend durch das Wasser, wurde durch einen unterseeischen Tunnel gezogen, in dem alles möglich war. Ich flog durch das Meer und lebte von Feuer, und ich stellte fest, daß Newtons Schwerkraft schon längst veraltet und ausgeschaltet war. Der junge Typ küßte mich und massierte meine Brustwarzen. Der Australier streichelte meinen Schwanz.

»Was für ein wunderbares Ungeheuer!« grinste ich hungrig, als wir bald darauf ins Bett umzogen. Ich rieb gerade die Schwanzspitze des Fußballtrainers mit Explorationscreme ein. Der junge Typ und ich lutschten begehrlich überall an uns herum, an Zehen, Nabel, Rücken, Hals und Ohren. Ich streifte das Kondom über das australische Gentleman-Organ, ein wahres Herreneisen... er schwenkte mich zweimal durch die Luft, hoch über dem Hotel flog ich und lachte über die Zivilisation. Und dann ließ er mich landen und setzte mich auf sich; noch immer zitternd merkte ich, daß er mein fliegender Teppich war, und daß sein Schlüssel in mein Loch paßte.

Zwei Stunden später stellte ich fest, daß die Schwerkraft doch existiert, aber da ich noch immer schwebte, wußte ich auch, daß ich sie nicht immer ernst zu nehmen brauche. Ich stand mit dem jungen Typen im Fahrstuhl und wartete gespannt ab, auf welche Knöpfe wir drücken und was die Zukunft bringen würde...

Aus dem Dänischen von Gabriele Haefs

Die beiden netten Homos

in: IMPRÄGNIER DEINEN FETISCH!

KATZ & GOLDT

Bellman und ich

Von Peter Rühmkorf

Guten Abend, meine sehr geehrten Damen und Herren, liebe Freundinnen und Freunde – »wie viele sind wir – Legion! Denn wir sind viele« – weil Stephan Opitz meinte, ich sollte vorweg ein bißchen davon erzählen, wie ich zu Bellman gekommen bin und inwieweit er mich influenziert hat, will ich gern in ein paar Sätzen davon berichten.

Es war in den fünfziger Jahren gewesen, daß ich den Namen zum ersten Mal gehört hatte, jedenfalls ihn bewußt zur Kenntnis genommen, und das hatte seine sehr unterschiedlichen Gründe. 1950 war ich zwanzig Jahre alt, 1951 einundzwanzig usw. usf., also eine Zeit der gesteigerten seelischen und musischen Aufmerksamkeit, und ich will auch gleich relativierend hinzufügen, daß Bellman nicht die einzige Gottheit war, der wir damals verfielen. Da gab es einerseits Benn neben Brecht, unsere höchst brisante deutsche Sondermischung. Dann wieder Hans Henny Jahnn neben Döblin, Trakl neben Majakowskij, Walt Whitman neben dem Berliner Frühexpressionismus, alles strömte nach der Nazizeit auf uns junge Menschen ein, und, seltsamerweise, es vertrug sich, und es amalgamierte sich in uns zu höchst spannungsvollen Gemischen. Ich muß gleich an dieser Stelle hinzufügen, daß auch die deutsche Klassik mir nicht unvertraut war und ich selbst aus lokal- und literarpatriotischen Gründen ein begeisterter Klopstockianer. Ich wohnte in Hamburg-Altona ganz in der Nähe von Klopstocks Grab, das zumal in der Magnolienzeit seine ganz besondere Anziehungskraft hat. Ich liebte *Die frühen Gräber* und den *Zürchersee* und übersetzte schon in frühen Studentenjahren einige seiner Oden ins Moderne, d. h. ich variierte und parodierte sie, was ich seinerzeit kritische Tradition nannte, um keine Verwechslung mit niederen Scherzartikeln aufkommen zu lassen. Dann kam aber eines Tages dessen Zeit- und Jahrhundertgenosse Bellman hinzu, und ich muß sagen, daß

Klopstocks Bild im Vergleich gleich ein wenig verblaßte. Die erste tiefere Berührung wird vermutlich – Namen sind alles, Daten Schall und Rauch – zwischen 1951 und 53 stattgefunden haben, da wurde in den Hamburger Kammerspielen das Schauspiel *Ulla Winblad* von Carl Zuckmayer aufgeführt, das wir uns gleich mehrere Male hintereinander ansahen, so stark erschien uns der Tobak. Da man selten durch Zufall zu neuen Idolen findet – es müssen vorher schon Propheten dafür geworben haben –, möchte ich eines Besonderen auch ganz besonders Erwähnung tun. So war in unserer Studenten-WG (die »Kommune Null«, wie wir sie später nannten) öfter mal ein Lautensänger namens Karl Wolfram zu Gast (mit bürgerlichem Namen Wolfram Vietze), der uns zahlreiche Bellman-Lieder in unterschiedlichsten Übersetzungen zur Laute vortrug, einer sehr alten Elfenbeinlaute mit dem schönen Namen Theorbe.

Da ich kein Schwedisch kann, war ich auf solche Übersetzungen angewiesen, wobei mir die Zuckmayerschen, wie ich gern gestehe, am meisten zusagten. Im Gegensatz zu Niedner, Gumppenberg usw. ist Zuckmayer ja auch ein richtiger Dichter, dem sich alles, was er sich aneignet, wirklich poetisch behaucht. Er war als Lyriker Brecht-Schüler gewesen, und das hört man am deutlichsten vielleicht aus seinem schönen Gedichtbuch *Der Baum* heraus. Seine Übersetzungen hören sich insofern eben auch gar nicht wie Eindeutschungen an – sie sind in deutscher Sprache einfach da, und es findet sich auch kaum eine Stelle, die man als hingebogen und zwangseingemeindet empfände. Wenn man sich nur mal eine Strophe wie die folgende ansieht, anhört:

Trink aus dein Glas

Der Tod steht auf der Schwelle
schleift schon sein Schwert
bald ist's mit dir vorbei.
Nein, an die Tür nur pochte der Geselle
rastet vielleicht ein Stündlein oder zwei.

Movitz, du neigst dich zum ewigen Schlafe
prob die Oktave
stimm deine Saiten, sing vom Lebensmai.

Ich meine, wenn man das so hört, »Stimm deine Saiten, sing vom Lebensmai«, dann hat das in unserer Sprache auch ohne Musikbegleitung Musik, dann rührt uns das an wie Muttersprache/Mutterlaut, aber natürlich haften Übersetzungen immer am stärksten in jener Fassung, in der sie einen als erste erreicht haben. Das Phänomen ist allgemein und z. B. auf Volks- und Kinderverse, auch auf Gassenhauer zu übertragen. Da hat man in sehr frühen Jahren mal einen Abzählreim, eine Liedstrophe aufgenommen, und wenn es ein anderer in einer anderen Version darbietet, ist man immer geneigt zu sagen: Richtig heißt es aber so. Ich will damit nur sagen, daß weitere Bellman-Übersetzungen, die mir später bekannt wurden, nie an diesen frühen Eindruck heranreichen wollten, ganz egal, wie gut sie bei näherem Hinsehen dann wirklich waren. Etwas anderes ist dann, daß Bellman ganz bestimmte Saiten in mir anrührte – genetisch eingezogene oder literarisch vorgebildete –, die fast von selber widerhallten oder brüderlich nachtönten. Das ist eine rätselhafte Sache, und eine musikalisch-poetische Berührungskunde gibt es ja nicht, möglicherweise handelt es sich um seelische Dispositionen, charakterologische Verwandtschaften, aber ich möchte mich da nicht indezent an seine Seite drängeln – obwohl mir schon früher das eine oder andere Verslein eingefallen war, das ohne Kenntnis des Vorbildes in diese ganz besondere Richtung wies.

Wichtiger scheint mir ohnehin, daß Bellman ein Berührungsphänomen ist und seine Lieder eine geselligkeitsstiftende Macht ausüben. In Bellmans Namen können sich Geistes- und Seelenverwandte finden, die vorher noch nie voneinander Notiz genommen haben. In seinem Geiste, ich meine im Geist seiner Lieder, habe ich schon Liebespaare sich bilden und politische Gegner sich an die Brust sinken sehen. Wie gesagt also, viel Assoziationszauber und Freundschaftsmagie um ihn herum, wobei eine neue Interpretation auch immer wieder neue Schwingungskreise eröffnen kann. So ging mir in den 60er Jahren zum Beispiel noch mal ein ganz neuer Bellman auf, der war nun bereits auf Tonträger gepreßt, und wer die Lieder in einer Art von Sprechgesang vortrug, war der Film- und Bühnenschauspieler Carl Raddatz. Nun sind wir uns über Raddatzens gelegentlich unheilvolles Filmschaffen zur Nazizeit (»Reitet für Deutschland« und ähnliche Sachen) natürlich hier so einig wie im klaren. Aber dieser neu-komödiantische Schmiß, dieser betörende Bühnenschmackes läßt einen das doch sehr schnell vergessen und vergeben – wir sind ja keine Spruchkammer, sondern eine Liedertafel –, und es brachte auch die Zuckmayer-Fassungen noch einmal völlig neu zum Klingen. Hinzu kam – weil nicht nur die Schallplatte, sondern auch die Welt rund ist –, daß die musikalische Bearbeitung von einem jungen Komponisten bewerkstelligt worden war, der mir aus frühen Studentenjahren her bekannt war. Sein Name war Niels Sustrate, und er hatte – Rückblende noch mal in die mittleren Fuffziger – mit dem späteren Schauspieler Helmut Griem seinerzeit ein Studiker-Kabarett, *Die Buchfinken,* gegründet und dort unter anderem auch ein paar frühe Jünglingsgedichte von mir vertont. Und nun las ich auf einmal seinen Namen auf dem Label, und da hatten/haben wir es gleich wieder mal, ich meine, diesen intermedialen Betrieb in Bellmans Namen – man verliert sich für viele Jahre aus den Augen und findet in seinen Texten und Musiken wieder zueinander und fühlt sich gemeinsam als »jene besonders wenigen Edlen/Teure geselligen Freunde des liebenswürdigen Mittlers«, von denen andererseits ja bereits Klopstock gesungen hatte.

Damit könnte es nun beinahe schon sein Bewenden haben, wenn da nicht noch die siebziger Jahre gekommen wären, und die hatten ihren eigenen Geist und ihr eigenes Klima. Ich erinnere mich zum Beispiel an die Tagung der »Gruppe 47« in Sigtuna – wann war sie noch genau? wo ist Lars Gustafsson? – wie? 64 schon, und nicht 74, wie ich mir während der Zugfahrt fahrlässig flusig notiert habe – egal, das ändert an der Geschichte, die ich erzählen wollte, trotzdem nichts, denn es geht hier um eine Art von Kulturtransfer, der manchmal seltsame Wege nimmt. Also da tagten wir einerseits in Sigtuna und besuchten dann auch Stockholm und sangen nachts im »Gyllene Freden« unsere Lieder – was für Lieder? Bellmanlieder! –, die von unseren schwedischen Schriftstellerfreunden niemand kannte, oder sie waren ihnen doch hochgradig Hekuba. Nun kann es natürlich sein, daß du ganz andere Erfahrungen hast, lieber Lars, bzw. daß ich mich irre und daß die von mir angesprochenen schwedischen Dichter in Wirklichkeit schwedische Mädchen waren, jedenfalls mein Freund Klaus Röhl und ich sangen da zu später Morgenstunde von »Rotwein und Pimpinelle/und Bekassinchen zart und fein«, und man lauschte diesen Dingen wie absolut exotischen Weisen. Kein Nordmann und keine Nordmaid stimmte mit ein. Niemand und auch keine Niemandin in der Runde, die die von uns intonierten Lieder vielleicht auf schwedisch mitgesummt oder mitgebrummt hätte, nichts, überhaupt nichts, keinerlei Influenzeffekt und offenbar auch keine Vorkenntnisse, womit ich nur sagen will, daß man große Dichter nicht nur exportieren, sondern auch reimportieren kann. Und so wollen wir weiterwirken, interlokal, intermedial und letzten Endes interastral, was einem allerdings nicht bei jedem Dichter gleich gut über die Zunge geht.

Also Verzeihung noch mal für die fehlangesagten Siebziger, wo bei euch vermutlich schon ganz andere Verhältnisse herrschten, bei uns allerdings auch, denn inzwischen war Bellman vom esoterischen Geheimtip gewissermaßen zu einer populären Verständigungsadresse aufgestiegen. So hatte z. B. auch der Österreicher Artmann den Schweden Bellman liebreich an die eigene Brust gezogen und ihn in ein gut singbares Deutsch übersetzt. Und die Singgruppe *Bärengäßlin* oder so ähnlich tourte dann mit der Artmann-Fassung durch sämtliche deutschsprachigen Lande. Und wie es bei wandernden Artisten so ist, fand ich mich eines Tages mit den beiden Bärengassenbarden Michael Korth und Johannes Heimrath auf einer gemeinsamen Bühne. Nun kannte ich Korth schon seit längerem. Ich hatte im Jahre 1975 ein Buch veröffentlicht, das hieß *Walther von der Vogelweide, Klop-*

stock und ich. Und Korth hatte gerade den Mönch von Salzburg übersetzt – auch eine zirzensisch stark elektrisierende Nummer –, und nachdem wir zunächst alternierend unseren Mittelalter-Part zum besten gegeben hatten, kamen am Schluß auch noch ein paar Artmann-Bellman-Stücke zum Vortrag. Sie sehen, die Sache nimmt Formen, nimmt Kreise an, wobei ich für mich in Anspruch nehmen darf, daß ich mit Bellman nun wirklich von A bis Z vertraut bin, d. h. von Artmann bis Zuckmayer.

Nicht allerdings hatte ich jemals eine schwedisch gesungene Fassung gehört, die habe ich erst durch deine Vermittlung kennengelernt, mein lieber Stephan, aber wann wir uns in Schorndorf kennenlernten, das ist mir leider entfallen. Wie bitte – erst 1981? – Gotteswillen, wie können wir diesen Zeitsprung jetzt nur im Kurzschluß überbrücken? Egal, wie du dich mit Sicherheit genausogut erinnerst wie ich, haben wir uns damals zwei Erkennungswörter, zwei Schlüsselnamen zugerufen: Der erste hieß Arno Schmidt und der zweite Carl Michael Bellman, scheinbar zwei Welten, scheinbar zwei von keiner Seite her kommensurable Geister, trotzdem beide für uns leicht in einem gemeinsamen Götterhimmel unterzubringen, den wir anschließend in eurem Nordkolleg-Sektkeller vielleicht noch einmal wissenschaftlich ausloten können. Daß ich mich trotz dieser nun bereits jahrzehntelangen Befreundung mit unserem Seminar-Patron nie selbst an eine Übersetzung von Bellman-Versen gewagt habe, ist allerdings eine eigene Sache. Kritisch gesagt – d. h. selbstkritisch – habe ich eigentlich an fast allen vorliegenden Übersetzungen so viel Gefallen gefunden, daß ich mich da nicht einmischen mochte. Wie immer man es anzupacken suchte, geriet man in bereits vorhandene Tonspuren – hier eine Niednerzeile, dort eine Gumppenbergwendung, dann einen Artmannschlenker und schließlich eine schon gänzlich entmutigende Zuckmayerstrophe –, denn ein Übersetzer möchte es ja nicht nur anders machen als seine Vorgänger, sondern vielleicht sogar besser, treffender, gelenkiger, wendiger, kurz, dem Original ein ganz kleines Stückchen näher auf die Sprünge kommen als die anderen, und das schien mir bei einer derart qualifizierten Konkurrenz zu heikel. Daß ich mich trotz all dieser Vorbedenken nun doch an die Übertragung eines einzelstehenden Gedichtes gemacht habe – es heißt *Fredmans Epistel Nr. 27, seine letzten Gedanken beinhaltend* –, ist eigentlich nur dem Genius loci, d. h. Stephan Opitz, zu verdanken. Wir haben uns zusammen die schwedische Fassung, gesungen von dem auf Erden kaum zu übertreffenden Fred Åkerström, angehört. Opitz hat mich dann überdies auf einige Ungenauigkeiten bei einigen bereits vorliegenden Eindeutschungen aufmerksam gemacht und eine vasallengetreue Interlinearversion vorgelegt. Ich habe die betörende Melodie dann wieder und wieder vor mich hin gesungen und mich immer tiefer in den Originaltext hineingesummt-hineingesoffen, und was daraus geworden ist, möchte ich Ihnen, bevor wir es mit einer etwas anderen Melodie zum besten geben (einer Jazz-Variation auf *Großer Gott, wir loben dich*), kurz noch einmal als Wortsolo vortragen. Manches scheint sich vom Wortlaut des Originals auf fast verbotene Art zu entfernen – aber so etwas ist bei solchen medialen Annäherungsversuchen fast schon Komment. Manches, meine ich, folgt dem Vorgänger dann auch wieder ganz dicht auf den Fersen, das sind so die Momente, wo sich die Logenbruderschaft einem selbst als Glücks- und Aha-Erlebnis fast schon erhebend mitteilt. Aber natürlich kommt gelegentlich auch ein bißchen Parodie/Travestie mit ins Spiel: Da gibt sich der Nachgeborene eben als Kind einer anderen Zeit zu erkennen, ein kleiner Aufgesetzter hier und ein kleiner aus dem Rahmen fallender Zeitanzeiger dort, aber das ist nun mal meine eigene Art, und wir wollen uns hier ja auch nicht bis zum Identitätsverlust in ein vorgesehenes literarhistorisches Kostüm verwickeln.

Fredmans Epistel Nr. 27

Von Carl Michael Bellman

Spute dich, Alter, dein Uhrwerk läuft schon ab.
Mußt du schon paarmal öfter aufziehen –
Leider, so ist es, die Feder macht schlapp,
Zeiger scheint trotzdem schneller zu fliehen.
Nah ist das Grab, doch die Flasche nicht fern,
Movitz, mich dürstet nach Sonne und Stern –
– – – Und nach paar Jazzelegien –

Schoß sinkt und Busen zu ewiger Ruh,
Was meine Mutter war, untergegraben –
Vater, was rufst du den Würmern noch zu:
Sie wissen wohl nicht, wen Sie vor sich haben?!
Movitz, ein Lied, wenn die Lippe auch zuckt,
Prost auf das Grab, eh der Staub uns verschluckt –
– – – Auch die Zypressen tobaben.

Flackernder Schatten, das Auge schon stier,
nur die Flasche noch stad auf den Füßen –
Kuck mal, die Zunge, wie Lackmuspapier,
rot und gedunsen, Freund Bellman läßt grüßen.
Freia und Bacchus auf schwankendem Thron,
wie sie verwackeln zu einer Person –
– – – Laßt uns dreieinig verfließen – – –

In singbares Deutsch übertragen von Peter Rühmkorf

Herr Bellman, ich möchte Sie etwas fragen

Von Gunnar Hillbom

Gunnar Hillbom ist der wohl bedeutendste Bellman-Forscher der Welt. Die Herausgeber baten ihn um ein bißchen Bellman für den ›Raben‹ und bekamen folgende Antwort:

Ebenso badewasserwarm wie Stockholm an einem schönen Sommertag sein kann, ebenso kalt kann der Nordwind einen durchpfeifen, wenn er über die Eisschollen des Riddarfjärdens zischt und dich an jeder Ecke erwischt. In seiner absolut unbehaglichsten Stärke traf ich ihn einmal auf dem Weg vom Hauptbahnhof zum Klarabergsviadukt – das ist die Brücke, die über die Eisenbahn und den Barnhuskanal zum Kungsholmen führt, wo ich wohne. Ich muß dazu sagen – an dem Tag war ich auf winterliche Eiseskälte aus.

Wir schrieben den 11. 2. 1995, und ich kam von einem Interviewtermin bei Sveriges Radio; Anlaß war laut Einladung der zweihundertste Geburtstag des Nationalskalden. Natürlich handelte es sich um den zweihundertsten Todestag des Carl Michael Bellman. Wie gewöhnlich war ich unnötig aufgebracht über den von keiner Kenntnis getrübten Reporter und unzufrieden mit mir selbst – und genau deswegen wollte ich in die Kälte und beendete meine Busreise am Hauptbahnhof, um durch die restlichen Stadtviertel spazierenzugehen.

Obwohl es sich um eine Live-Sendung handelte, hatte ich mich einen Dreck darum geschert, vorher mit dem Reporter zu konferieren. Also kriegte ich natürlich die ganze Zeit lang die sehnlich erwarteten Fragen: Würdest du Bellman als Alkoholiker beschreiben? War Ulla Winblad – die *femme fatale* in *Fredmans Episteln* – Bellmans persönliche Liebhaberin? War er der Arschkriecher des Königs und des Adels, oder war er eigentlich ein prämarxistischer Gesellschaftskritiker? Warum kriegte er seine Geldangelegenheiten nicht in den Griff – waren seine Einkünfte zu gering oder seine Ausgaben zu groß? Oder mangelte es ihm ganz einfach an ökonomischem Verantwortungsgefühl (er hatte doch Frau und Kinder!)?

Meine Antworten stellten mit voller Absicht den Kerl nicht zufrieden. Man kann sie zusammenfassen: Ich beschäftige mich mit Literatur und Liedern – mit geschriebenen und gesungenen Worten und Melodien. Zu alkohologischen, sexualkundlichen, soziologischen und ökonomischen Fragen kann ich keine Stellung beziehen. Natürlich habe ich eigene Erfahrungen, aber sie reichen im Verein mit meiner Allgemeinbildung man so gerade für eine Dampfplauderei, die weiterzuführen ich absolut keine Lust habe.

Ich dachte, das reicht, und war auf alles mögliche im weiteren Umfeld gefaßt, aber überhaupt nicht auf die abschließende Frage des Knaben (obwohl sie eigentlich schön der Schablone entsprach): Du bist der bedeutendste Bellman-Forscher unserer Tage. Wenn du Bellman selbst treffen würdest und dürftest ihm eine einzige Frage stellen – wie würde die lauten?

Ich war zu diesem Zeitpunkt in viel zu guter polemischer Tagesform, um aufmerksam den Möglichkeiten zu lauschen, die die Frage barg. Kam hinzu, daß wir kaum mehr Zeit hatten; ich brach das Interview in schnoddrigstem Kathederton ab: Als Forscher zum 18. Jahrhundert bin ich Interviews nicht gewohnt. Ich glaube weder an Zeitreisen noch an spirituelle Kontakte mit den Geistern der Toten. Die Frage kannst du dir also für jemanden aufsparen, der spekulativer veranlagt ist.

Beim Überqueren der Eisenbahn auf dem windigen Viadukt fiel mir die Frage ein, die ich stellen wollte. Unter mir, in einer archäologischen Schicht, die für alle Zeiten von den besessenen

Eisenbahnbauern des 19. Jahrhunderts begraben wurde, lag das dürftige und malariageplagte Viertel, in welchem Bellman vor zweihundert Jahren starb. Man konnte ihn leicht auf der langen Holzbrücke sehen, die von Norrmalm zur Glashütte auf den Kungsholmen führte. Sie wich während des Dampfzeitalters einer dampfgetriebenen Mühle, deren Schicksal sich während einer Brandkatastrophe erfüllte und Platz für Stockholms Stadshus machte. Leicht, ihn zu sehen: Mit etwas gebeugtem Rücken, aber dennoch aufrecht, in etwas angeschabtem Rock und verwehter Perücke. Leicht, ihm die richtige und für meine Arbeit entscheidende Frage zu stellen:

Darf ich den Herrn Hofsecretär auf eine Karaffe Wein einladen?

Aus dem Schwedischen von Stephan Opitz

Den Musen des Vaterlands

Stockholm im Jahr 1792: ein Maskenball und eines Königs Tod

Von Thomas Steinfeld

1. Die Tat

»Umhüllt vom sichern Domino«, singen die Verschwörer in Giuseppe Verdis *Un ballo in maschera* und stecken die Köpfe zusammen, »mag er die Tat vollbringen.« Er – das ist der »Kreole« Renato. Gerade war er noch der erste Offizier und treue Freund Riccardos, des Gouverneurs von Boston. Da ertappt er den Herrn, wie dieser mit der Gattin seines ergebensten Dieners um Mitternacht unter einem Galgen lustwandelt. Und weil die Ehre schneller herausgefordert ist, als man eine besonnene Frage stellen kann, nimmt ein Mißverständnis seinen schlimmen Lauf. An dessen Ende haucht der Gouverneur in einer langen, schmerzensvoll-schönen Sterbeszene auf einem Maskenball sein Leben aus. Zu den Klängen eines fernen Menuetts senkt sich das kalte Grauen über die sanktionierte Zügellosigkeit. Renatos Tat ist vollbracht: »Bei Maskentanz und Festmusik, wird sie ihm wohl gelingen, und einen solchen Totentanz hat keiner je gesehn.«

Bevor sich die Zensurbehörden von Neapel und Rom im Jahr 1858 über Verdis Text beugen und den Protagonisten amerikanische Kostüme verliehen werden müssen, sind sie historische Gestalten und bekannte Europäer: Riccardo ist im ersten Libretto Antonio Sommas der schwedische König Gustavo, und sein Mörder hört auf den nicht minder nordischen Namen Carlo Duca d'Ancastron – wie ähnlich schon bei Eugène Scribe, der diesen Stoff zuerst ergreift und ein Drama daraus macht, und bei Daniel François Auber, der aus Scribes Geschichte im Jahr 1833 eine erste, damals sehr erfolgreiche Oper entstehen läßt. Viele Kenner von Verdis Œuvre, vor allem aber moderne Regisseure, die das Werk an seinen ursprünglichen Schauplatz zurückversetzen, wissen von dieser Vorgeschichte. Gäbe es Rezeption in der Oper nicht, würde das Attentat auf Gustav III. von Schweden außerhalb des eigenen Landes zu den halbvergessenen Ereignissen des späten achtzehnten Jahrhunderts gehören.

Vor gut zweihundert Jahren, am 16. März 1792, kurz vor Mitternacht, wird der König auf einem Maskenball in der Oper von Stockholm das Opfer eines Attentats. Er wird nicht vom Dolch durchstoßen, wie die Musikgeschichte in ihrer Begeisterung für dramatische Auftritte erzählt, sondern von einem Pistolenschuß getroffen. Die Ladung, darin viele kleine Nägel, bohrt sich von hinten in die Hüfte. Erst Tage später stirbt Gustav an einer Blutvergiftung. Jakob Johan Anckarström, sein Mörder, ist in der Oper zum Grafen befördert. In Wirklichkeit ist er nur ein pensionierter, als Landwirt gescheiterter Hauptmann der königlichen Leibgarde. Er tötet vielleicht aus gekränkter Ehre, nicht aber aus Eifersucht.

Innerhalb Schwedens ist diese Geschichte nie vergessen worden. Auch die Literatur bewahrt sie, und die Ereignisse scheinen skurril genug zu sein, daß die Phantasie nicht mehr viel hinzufügen muß. August Strindberg veröffentlicht im Jahr 1902 sein Stück *Gustav III.,* das letzte seiner Königsdramen. Darin läßt er General Pechlin, das – historisch verbürgte – Haupt der Verschwörer, erzählen, wie ihm auf dem Weg zu einem konspirativen Treffen der König begegnet: »Grüß' die Verschwörer«, ruft dieser und verschwindet. Die Episode ist erfunden, aber sie trifft die Verhältnisse: Der König weiß, daß er bedroht ist, und er ahnt, von wem. Als ihm Stunden vor dem Attentat ein anonymes Schreiben überbracht wird, reagiert er kaum. Es geschieht nicht zum erstenmal, und die Feinde sind selbstgeschaffen: »Sowohl auf dem Lande als hier in der Stadt gibt es Personen«, heißt es in der Warnung, »welche nur von Haß und Rachegefühlen beseelt sind, und das in einem Maße, daß man durch Mord oder auf andere Weise Ihren Lebensfaden abschneiden will.« Liest man die Berichte der Zeitgenossen, wird man den Eindruck nicht los, daß hier einer sehenden Auges auf sein Ende zugeht.

2. Der König

Als Gustav im März 1771 die Nachricht vom Tod seines Vaters erhält, ist er fünfundzwanzig Jahre alt, hat gerade Jean-Jacques Rousseau in dessen Armutswohnung in der rue Platrière besucht – und sitzt in der Oper. Mit der Heimreise läßt er sich fast drei Monate Zeit; er erbt eine blasse Königswürde. Das schwedische Imperium, so wie es im Dreißigjährigen Krieg entstanden war, war zu Beginn des achtzehnten Jahrhunderts zugrunde gegangen – in dem Augenblick, als es seine größte Ausdehnung erreicht hatte: In der Schlacht von Poltava, tief in der Ukraine, war das Reich im Jahr 1709 zu einer drittklassigen Nation in Europa geworden. Gustavs Vater Adolf Fredrik – weniger ein Schwede als ein Deutschdäne aus dem Hause Holstein-Gottorp – mußte einen großen Teil der Staatsgewalt an den Reichstag abgeben. Als der alte König stirbt, ist Schweden eine konstitutionelle Monarchie, in der die Macht im wesentlichen in den Händen eines adligen Rates liegt. Das liest sich fortschrittlicher, als es ist: In diesem Land sind solche Verhältnisse keine Errungenschaft der Neuzeit: Vom Mittelalter bis zum Ende des Absolutismus ist die schwedische Monarchie von einem heftigen Gegensatz zwischen Adel und Krone geprägt, in dem der König sich nur in Zeiten großer Eroberungen als Sieger behaupten kann.

Ein Jahr nach seinem Amtsantritt putscht Gustav gegen die Stände. Er wird dabei vom Adel unterstützt, der sich des Egalitarismus der unfreien Stände erwehren muß. Die Aristokraten verlieren dabei politische Vorteile, behaupten aber ihre ständischen Privilegien. In den Jahren darauf wird Gustav zu einem aufgeklärten Despoten: Er schafft die Folter ab, gewährt Religionsfreiheit und hebt zunächst die politische Pressezensur auf. »Europa, sieh hier, welch edler Monarch«, dichtet Carl Michael Bellman, Schwedens berühmtester Dichter und Sänger, im Jahr 1772, doch es gucken nur wenige hin, »ein König, so weise und tugendhaft.« Gustav wird Freimaurer, wechselt Briefe mit Voltaire, läßt Beaumarchais' *Le mariage de Figaro* in Stockholm aufführen und schreibt Marmontel, als dieser von der Sorbonne verwiesen wird: »Das Vergnügen, zum Glück der Menschen beigetragen zu haben, ist weitaus mehr wert, als einigen Doktoren der Theologie zu Willen zu sein.« Unter seiner Regierung und auf seine Initiative hin werden führende Kulturinstitutionen Schwedens geschaffen, die bis heute Bestand haben: Neben der Oper das Dramatische Theater und die Akademie für Kunst, für Wissenschaft sowie die für »Geist und Geschmack« – die nach dem Vorbild der *Académie française* gebildete Schwedische Akademie.

Unter dem heftigen Einfluß der französischen Aufklärung glaubt Gustav an den idealen König, dem zu dienen eine Ehre sei. Aber er träumt von einem leuchtenden Hofadel. Er huldigt der Vernunft und liebt die Verschwendung, er will dienen, und führen will er auch. Er reorganisiert seine Verwaltung und zieht immer mehr Macht an sich. Als der Adel sich wehrt, paktiert er mit den unfreien Ständen gegen die Aristokraten. In den letzten Jahren des schwedischen Absolutismus stehen die Verhältnisse kopf: Selbst hohe Staatsämter stehen Angehörigen der niederen Stände offen. Bauern dürfen Herrenland kaufen. Der Staat ist beinahe bankrott, während der König Brüderschaft mit dem gemeinen Leben schließt. Die Monarchie gerät aus den Fugen. Der Adel beruft sich auf die Menschenrechte. »Es ist das Eigenartigste, was ich je erlebt habe«, erklärt der Hofstallmeister Munck bei Strindberg, »Bürger und Bauern sind Aristokraten, und der Hochadel bildet eine demokratische Opposition.« Der König ist ein ästhetischer Dilettant, und er ist es auch in Bereichen, die mit der Kunst nichts zu tun haben.

Die Verschwörung beginnt, als der König einen Krieg gegen Rußland provoziert, ohne die Zustimmung der Stände zu haben. Als sich im Jahr 1788 der Tag jährt, an dem Gustav II. Adolf 1626 zum ersten Mal mit seinem Heer nach Deutschland aufgebrochen war, zieht Gustav nach Osten gegen Katharina die Große. Schon im Jahr zuvor hatte er versucht, mit Dänemark eine Allianz gegen Rußland zu bilden und zu diesem Zweck den dänischen Hof in Kopenhagen beim Kaffeetrinken überrascht – ohne daß sich die Dänen ihm angeschlossen hätten. Auf dem Kriegszug kommt es dann zu einer Revolte der Offiziere, in deren Folge mehr als hundert Adlige zum Tode verurteilt werden, aber nur einer seinen Kopf verliert. Während des Reichstags von 1789 wird der König endgültig zum Alleinherrscher und beraubt mit Hilfe der unfreien Stände den Adel einiger seiner wichtigsten Privilegien – und zwar vor allem des Rechts, bei der Vergabe von Ämtern und Pfründen mitzureden. Wieder werden Barone und Grafen verhaftet: »Ich habe die Revolution selbst gemacht«, protzt der König bei Strindberg. Zur *fronde* gehören viele seiner früheren Vertrauten und nächsten Offiziere. »Von deinen schlimmsten Feinden, bist du im Schloß umgeben. Gefährdet ist dein Leben«, warnt Verdis Renato seinen Fürsten. Er hat historisch recht: Wie groß die Verschwörung tatsächlich ist, wird nie ermittelt. Bei achtzig Konspiranten gibt Henrik Lijensparre, Gustavs Polizeichef, das Zählen auf.

3. Die Kunst

Erinnert wird Gustav weniger als Feldherr denn als der König, der sich – und sein Land – auf Kultur spezialisieren wollte, mit durchaus unterschiedlichen Resultaten. »Hier ist das ganze Jahr hindurch Maskerade«, heißt es bei Strindberg. Tatsächlich laufen bei Gustav Despotismus und Frivolität ineinander, und manche Laune scheint ihm zur Pflicht zu werden: In seinen letzten Lebensjahren beginnt der König in Haga vor den Toren der Stadt ein Bauunternehmen, das, wäre es je vollendet worden, Versailles in den Schatten gestellt hätte. Die letzten Pläne stammen von Louis Jean Desprez, dem königlichen Bühnenbildner. Dem Beispiel Ludwig XIV. folgt er bereits in den Jahren zuvor. So läßt Gustav Ritterspiele inszenieren, Dramatisierungen von Ariost und Tasso im Dekor des Mittelalters. Der Monarch selbst zeichnet die Entwürfe. Er schwärmt von den Kriegerkönigen Gustav Wasa und Gustav II. Adolf, deren Blut in den Adern zu haben er sich rühmt – auch wenn es zum größten Teil deutsch ist. Den schwedischen Helden widmet er den größten Teil der königlichen Dramenproduktion. Doch Schauspieler ist er auch: Das

Amateurtheater bildet einen der wichtigsten Bestandteile im Hofleben. Zwischen den Festtagen zum Jahreswechsel 1775/76 läßt der König nicht weniger als vierzehn Stücke aufführen. In acht davon spielt er die Hauptrolle, bis ihn der französische Botschafter diskret an die Seite zieht und seine Komparsen erschöpft zu Boden sinken. Es ist seine letzte Saison als dramatischer Held. Auch Gustavs Onkel Friedrich der Große tat sich als Flötenspieler, Komponist und Dramatiker hervor. Doch Schweden – das Land, das man sich gerne als von Barbaren und Wikingern bevölkert vorstellt – ist die einzige protestantische Nation, deren Herr von der Theatromanie ergriffen wird.

Zwischen der Antike und den Kriegen Napoleons kennt die Geschichte keinen großen Kunstraub – mit einer Ausnahme: Als Gustav II. Adolf mit seinen Schweden von 1626 bis 1632 durch die deutschen Länder zieht, nimmt er mit, was er bekommen kann. Der Fall ist sonderbar. Handelt er im Bewußtsein eines kulturellen Defizits? Muß sich eine barbarische Nation, in großer Kälte lebend, mit solchen Mitteln zur Zivilisation aufschwingen? Fünf Generationen später versucht sein Nachfolger, die Kulturnation im Handstreich zu gewinnen. Was in Deutschland als Bemühen um ein nationales Theater von endlosen Versuchen und Schwierigkeiten begleitet ist, beginnt im ästhetischen Zentrum der schwedischen Hauptstadt mit einem Schlag: als große Oper. »GUSTAVUS III PATRIIS MUSIS« steht auf dem Fries des damals modernsten Theaterbaus in Europa. »Wenn man Mich in Schweden auch noch so sehr tadelt«, spricht der König in Carl Janos Love Almquists *Juwelenschmuck der Königin* (1834), einer romantischen Darstellung der Mordgeschichte, »dieses Haus soll mein Mausoleum sein.«

Im Jahr 1783 wird Gustav III. zum ersten schwedischen König, der Italien sieht. Bei Nacht und Nebel – Johann Wolfgang Goethe, kein König einer europäischen Macht, sondern bloß der Minister eines deutschen Kleinstaates, tut es ihm drei Jahre später nach – stiehlt er sich bildungshalber aus dem Amt, nachdem er sich das Geld für die Reise geborgt hatte, nennt sich einen Grafen von Haga und unternimmt seine Kavaliersreise mit kleinem Gefolge. Geführt und beraten von seinem Bildhauer Johan Tobias Sergel, zieht er über Florenz und Rom nach Neapel – und raubt nicht, sondern kauft, solange der Beutel etwas hergibt: Skulpturen, Modelle antiker Bauwerke, Vasen und Kandelaber. Kein Krieger ist da unterwegs, sondern ein Sammler. Der König wandelt sich auf dieser Reise zum strengen Klassizisten und wendet also erst bei Paestum, um nach mehr als einem Jahr Abwesenheit über Paris nach Schweden zurückzukehren. In den Jahren danach betreibt er den Kulturimport auch als ästhetische Erziehung des Schwedengeschlechtes: Die Maurer, Stukkateure und Tischler, die er für seine eigenen Bauten und Einrichtungen aus Frankreich und Italien rief, wurden auch übers Land geschickt, wo sie dem lokalen Handwerk aufhalfen – seitdem gibt es diesen leichten, hellen und irgendwie tröstlichen Klassizismus, den man heute als spezifisch skandinavisch wahrnimmt und der aus der Verbindung eines kontinentalen Stils mit Fichtenholz und Segeltuch entstand. Aus der Kunstsammlung des Königs entsteht übrigens im Jahr 1794 eines der ersten öffentlichen Museen nördlich der Alpen, gewiß das erste, das ohne die Unterstützung durch eine Revolution zustande kam.

4. Die Farce

Daß sich Kunst und Wirklichkeit mischen müssen, weil es eine Regierungsform plausibel zu machen gilt, für die es keine Überzeugung mehr gibt, bringt eine grandiose Verfallsdramaturgie der Monarchie hervor: die Auflösung der Autokratie durch sich selbst. Gewiß ist jeder König ein Staatsschauspieler. Doch dieser versucht, den Staat zu ergreifen, und faßt durch ihn hindurch ins Theater: »ein treuloser, infamer Komödiant«, wie Strindbergs Attentäter schimpft, doch auch ein ernsthafter Anachronist. Das Fatale dieses Versuchs liegt indessen nicht darin, daß er obsolet wäre. Die Inszenierung der Monarchie ist selbst das Problem, denn sie spricht ihren Untertanen den Verstand ab: Nicht mit den Mitteln der Vernunft sollen sie gewonnen werden, sondern mit denen der Kunst. Angesichts solcher Knechte macht der

Herr den Übergang ins Genie. Aber zum Schluß ist er der einzige, der daran glaubt. Gustav treibt ein Spiel mit faulen Trümmern – doch nur, um selbst vom Spiel getrieben und aufgelöst zu werden. Zu fassen ist dabei kaum, was nicht erst ein Problem für die Historiker ist, sondern bereits die Zeitgenossen beschäftigt. Als ihn Graf Brahe, einer seiner ärgsten Feinde, auf dem Sterbelager besucht, schwimmt dieser nach einer halben Stunde in Tränen und schluchzt: »Ein solches Herz, solche Gefühle!«

So poetisch dieser Lebenslauf erscheinen mag: Es fehlt das romantischste aller romantischen Motive, nämlich die Liebe. Sie treibt das Libretto des *Maskenballs* voran, in dem die Verschwörer musikalisch wie dramatisch unterbeschäftigt sind. Nicht einmal der Ausgang der Tragödie hängt von ihnen ab. Doch Cupido hätte in Gustav nur eine magere Beute gefunden: Erst als aus der Ehe seines Bruders Carl kein Erbfolger hervorgeht, läßt der König per *negociateur* seiner Gattin Sophia Magdalena mehr als zehn Jahre nach der Hochzeit näheren Umgang vorschlagen. Der Hofstallmeister Munck führt seinen Herrn in die Geheimnisse der Ehe ein und gibt so Anlaß zu dem häßlichen Gerücht, der König sei nicht der Vater des Thronfolgers. »Gustav gleicht seinem Onkel Friedrich II. von Preußen darin«, schreibt der Sekretär Hochschild über die späteren Jahre des Monarchen, »daß er in der Gesellschaft von schönen Jünglingen mehr Vergnügen findet.« Mit diesem Motiv spielt Almquist im *Juwelenschmuck der Königin:* Auf dem Maskenball faßt der König eine plötzliche Neigung zu einer androgynen Balletteuse, welche die Oper beherrscht wie Victor Hugos Esmaralda die Kathedrale von Notre-Dame. Ihret- oder seinetwegen bleibt er lange genug auf dem Fest, um zum Opfer der Verschwörer zu werden. Der Maskenball, das Geschlecht, die Herrschaft, das Leben – alles Schein: »Hier hat sich eine Tragödie abgespielt, und jetzt wird hier keine Tragödie mehr gespielt werden.«

In den letzten Wochen vor seinem Tod versucht Gustav, eine Liga von Kaisern und Königen zu bilden, um in Frankreich einzufallen und die Revolution niederzuschlagen. Er verhandelt mit exilierten französischen Adligen, mit Friedrich II. von Preußen, mit Joseph von Österreich und Katharina der Großen. An der Spitze von sechzehntausend schwedischen Soldaten will er in der Normandie oder in der Bretagne einfallen – finanziert durch einen holländischen Kredit. Schon rechnet er den Gewinn des Unternehmens aus, denn mit der erwarteten Entschädigung will er die königlichen Finanzen sanieren. Einem Gesandten des französischen Adels verspricht er ein Dutzend Linienschiffe, sechs Fregatten und reichlich Transportfahrzeuge. Doch als der Herzog d'Écars nach Schweden kommt, muß er einsehen: »Es dauerte nicht lange, bis ich davon überzeugt war, daß all diese Vorbereitungen nur in seiner Phantasie bestanden.« Als sich der Kaiser von Österreich und der König von Preußen in Pillnitz bei Dresden treffen, um über das Vorgehen gegen das revolutionäre Frankreich zu beraten, wird Gustav nicht einmal eingeladen. »Die Herrscher Europas rufen mir im Chor zu: ›Bleib in deiner Ecke Europas still sitzen und herrsche über ein Volk von Bettlern‹«, beklagt sich der König der Schweden in Sven Delblancs »romantischem Roman« *Kastraten* (1975). Nur Katharina, seine Feindin aus den Jahren zuvor, vermag Gustav zu begeistern.

5. Der Schmerz

Als Anckarström die Waffe hebt, hat er drei gescheiterte Versuche hinter sich. Beim erstenmal, während einer Opernaufführung, kommt er nicht in Zielweite. Beim zweitenmal ist bereits ein Maskenball die Szene – doch es sind nicht genügend Gäste anwesend. Beim drittenmal, am 9. März, wird der Maskenball wegen zu großer Kälte eingestellt. Am Morgen des 16. März, so schreibt der Kammerherr Armfelt, der engste Vertraute des Königs, in seinen privaten Erinnerungen, spricht Gustav von den Iden des März. Zu dieser Zeit liegen die weißen Masken, runden Hüte und schwarzen Dominos der Verschwörer schon bereit. Fünfzehn, gar sechzehn dieser Kostüme erkennt der wachhabende Offizier unter den Pierrots und Pierrettes, den Kalifen und den Odalisken, bevor der König sich ins Gedränge mischt. Anckarström ist als einziger von ihnen bewaffnet: In einer Brusttasche unter seinem Gewand trägt er nicht nur ein langes Messer, in das er Widerhaken feilte, sondern vor allem zwei Pistolen. Er hat keine Schwierigkeiten, den Monarchen unter der Maske zu erkennen: Auf seiner Brust prangt der prächtigste seiner Orden. Der Mörder schießt auf romantischem Terrain.

»Ay, ay, je suis blessé«, ruft der verwundete König. »Feuer, Feuer« schreien die Dominos, um Panik zu schaffen. Doch Gustav fällt nicht, und das Orchester spielt weiter seine Quadrillen. Schnell sind die Türen der Oper gesperrt, die Schlüssel abgezogen. Die Maskierten legen ihre Verkleidungen ab. Der Polizeichef baut sich am einzigen Ausgang auf und notiert alle Namen. Der König will nach Hause laufen und wird dann doch getragen, begleitet von einer großen Menge Volk: »Ich bin wie der Heilige Vater«, witzelt er noch, »man trägt mich in einer Prozession.« Im Schloß angekommen, wird er öffentlich ausgezogen und in das Paradebett gelegt, das seit seiner Hochzeit nicht mehr benutzt worden war.

Die Waffen bleiben am Tatort zurück. Mit ihrer Hilfe ermittelt der Polizeichef den Täter innerhalb weniger Stunden. Anckarström nimmt zuerst alle Schuld auf sich. Doch schnell ist auch der Autor des anonymen Briefes gefunden. Bald sind die vier führenden Köpfe, allesamt dem Hofadel zugehörig, gefaßt. Kurz darauf sitzen vierzig Verschwörer im Gefängnis, dann sechzig. Während dieser Zeit thront Gustav im königlichen Schlafzimmer, hält hof und will von der Konspiration nichts wissen. Nicht einmal die Namen der Hauptverantwortlichen dürfen ihm genannt werden. Nach einer Woche bekommt er Fieber und starke Schmerzen. Die Wunde entzündet sich, und die Szene wird gespenstisch: Umlagert von seinen engsten Vertrauten, stirbt der König einen langsamen Tod. Obwohl die Fenster stets geöffnet sind, liegt ein unerträglicher Gestank im Raum, der sich mit dem Duft des *Eau de Cologne* mischt, das immer wieder auf das Bett und die Umherstehenden geschüttet wird. Und es ist kalt: »Wir waren gezwungen«, berichtet der Staatssekretär Schröderheim in seinem Tagebuch, »uns während der Augenblicke, in denen er schlief, in unsere Pelze zu wickeln, die wir hineingeschmuggelt hatten. Auf einem kleinen Tisch brannte eine Papierlampe auf einem Ölteller, deren schwacher Schein diesem großen Raum das einzige Licht gab.« Die *ultima ora* währt fast dreizehn Tage. Am 29. März stirbt der König. Am Tag darauf dichtet Carl Michael Bellman: »Das Auge badet in Tränen. / Die Brust hebt sich schwer und weh...«

Anckarström gehört nicht zum Zentrum der Verschwörer, er ist nur ihr williges Werkzeug: »Kam da zu sprechen auf die unglücklichen Zeiten und den unglücklichen Reichstag«, erzählt er in seinem schriftlichen Geständnis, »fiel ich ihnen ins Wort und sagte: Ohne Gustav den Dritten loszuwerden, hilft's nichts.« Da lachen die Grafen und nennen ihn einen Schwadroneur. Er ist der einzige unter den Verschwörern, der an Leib und Leben bestraft wird: Drei Tage hintereinander steht er jeweils zwei Stunden lang im Halseisen am Pranger. Dann läßt man ihn öffentlich auspeitschen. Am 27. April schlagen ihm die Henker die rechte Hand und den Kopf ab. Der Bauch wird aufgeschlitzt, die Eingeweide vergraben, der Körper in vier Teile geteilt und auf das Rad geflochten. Schließlich wird der Kopf von einem Nagel durchschlagen und damit an einem Pfahl befestigt. Die vier Hauptverschwörer, alle aus dem schwedischen Adel, werden zunächst ebenfalls zum Tode verurteilt, dann aber ihrer Titel beraubt und des Landes verwiesen. Der eine wird Journalist und lebt in Paris, der andere schlägt sich als Sprachlehrer durch, der dritte schreibt ein Buch über Buchhaltung in der Landwirtschaft und stirbt in Kopenhagen, und der vierte lebt mit einer reichen Witwe in Bonn.

Auf den Maskenball in der Oper folgt eine Passionszeit mit einem langen Karfreitag: Da der Sohn Gustavs, Gustav IV. Adolf, noch unmündig ist, übernimmt sein Onkel Carl für vier Jahre die Regentschaft. Unter ihm wird die Schwedische Akademie wieder geschlossen. Der junge Herrscher verliert im Jahr 1809 sein Amt, nachdem das schwedische Reich seinen Osten, nämlich Finnland, an den Zaren abgeben muß. Als Graf Gottorp verläßt der frühere König sein Reich und darf nicht mehr zurück. Verarmt wandert er durch Europa, wird in Basel Untermieter bei einem Goldschmied, bietet sich als Missionar für Asien an und sucht Werbung in den Armeen General Blüchers und des preußischen Kronprinzen, lebt in Frankfurt und in einem Dorf am Vierwaldstätter See. Überall wird er abgewiesen, irgendwann wird sein Leben uninteressant. Ein neuer Kronprinz, aus Dänemark herbeigeholt, stirbt wenige Monate nach seiner Amtsübernahme an einem Schlaganfall oder vielleicht auch am Gift. Auf ihn folgt Napoleons Marschall Jean Baptiste Jules Bernadotte, der Prinz von Ponte-Corvo, der sich in Schweden Karl Johan nennt. Und dieser gewesene Kleinbürger träumt noch zwanzig Jahre später davon, er dürfe eines Tages als König von Frankreich und Paris zurückkehren.

Zwanzig Minuten zwischen Göteborg und Frederikshavn

Von Gerhard Polt

Ja, Schweden und Alkohol, da gibt's bei uns ja sehr viel Vorurteile. Also, bei uns hat jemand gesagt, die Tatsache, daß die Schweden doch in die EU gekommen sind, war ein eindeutiges Ja für das bayrische Hopfenanbaugebiet, für den Chianti, Beaujolais, Bordeaux usw. Man rückt dann diesen Gebieten näher.

Ich meine, zum Alkohol fällt mir noch eine Geschichte ein, die für mich so ganz eigenartig war. Ich war auf dem Oktoberfest, und zwar zusammen mit einem schwedischen Kabarettisten, er heißt Olaf Burkhardt, und dessen Frau, und die Frau ist Therapeutin und hat alkoholsüchtige Leute betreut in Schweden und war zum ersten Mal am Oktoberfest. Also ich werde diese großen Augen nie vergessen, die war sehr überrascht, die Dame, aber was wirklich dann noch dazugekommen ist, das war sehr merkwürdig. Wir haben uns schwedisch unterhalten, und da war am Tisch ein Nachbar, ein Tischnachbar, ich hab's nicht gezählt, aber ich würde mal schätzen, vorsichtig, die siebte, achte Maß Bier, und dann hat er wissen wollen, sagt er zu mir: Was san des für Landsleut? Da sag ich, des san Schweden. Na, sagt er, du, frag amol die, sagt er, warum saufen die eigentlich immer soviel?

Das Herz des Fährschiffes Göteborg–Frederikshavn ist die Schnapsboutique. Ich durfte als Assi jetzt die Spirituosen aneinanderreihen, und das bedeutete schon einen enormen sozialen Fortschritt, da ich bis dato Schweden nur im Bauch der Stena-Line kennengelernt hatte.

Ein Schnapswochenende war es, mein erstes oben im Licht. Die Schnäpse gingen weg wie die warmen Semmeln. Es war ein langer Samstag, und wir waren auf dem Rückweg nach Göteborg. Der Spritverkäufer rechnete und machte Kassensturz – sah auf die Uhr und gähnte, 22 Uhr vorbei. »Djävlar«, sagte er. Da erschien ein Kind, ein Bub, ca. zwölf Jahre alt. »Hast du meinen Papa gesehen?« fragte er den Verkäufer. Der ignorierte die Frage, gähnte und rechnete. »Wie schaut dein Papa aus?« fragte ich. »Groß, blond, und er hat eine Flasche Gordon's in der Hand«, war die Antwort. »Wenn ich ihn sehe, sage ich ihm, daß du ihn suchst«, beruhigte ich den Jungen. Die Angst des Kindes war offenkundig. Zeit verging. Der Kassierer gähnte und rechnete. »Djävlar«, sagte er, »was die saufen – Wahnsinn.«

Da erschien ein blonder Hüne mit einer Flasche Gordon's in der Hand. »Gib mir noch eine Pulle«, sagte er. »Diese Scheißflaschen werden immer kleiner.« – »Geschlossen«, sagte der Kassierer. »Eine kleine Flasche, rück sie raus – morgen ist Sonntag«, meinte der Hüne, »Djävla Sonntag in Schweden«. Unbarmherzig lehnte der Kassierer ab – »Ich rechne – es ist zu!« – Der Hüne ging in die Knie – »Eine Flasche, nur einen einzigen Gordon's, hab Mitleid, ich bin auch nur ein Mensch, verstehst du?«

Der Kassierer gähnte und rechnete. »Hast du einen Sohn, der dich sucht?« fragte ich den Hünen – aber der faßt nichts, ringt die Hände, fleht, weint, wimmert, vergießt große Tränen. »Eine Flasche, eine nur, für einen ehrlichen Menschen.«

Der Kassierer rechnete. Die Augen des Hünen treffen mich. »Bist du ein Mensch?« fragt er. »Wenn wir im Hafen sind, versuche ich es«, stottere ich. »Ich hoffe, du bist ein Christenmensch und kein djävel«, sagt er und dreht ab.

Zeit verging. Der Kassierer gähnt und rechnet. Da, plötzlich, aus dem Lautsprecher: »Mann über Bord.« Ich stutze. Der Kassierer wirft den Stift hin und schreit: »Djävlar – wieder zwanzig Minuten zu spät.« Ich verstehe nicht, wieso zwanzig Minuten. »Immer, wenn sie kotzen, fallen sie in den Skagerrak, und dann muß man sie suchen«, sagt der Kassierer, »immer wieder dasselbe. Schiff stoppen – Scheinwerfer – Rettungsboot runterlassen. Das sind die zwanzig Minuten. Und finden tut man sie nie – aber trotzdem: Schiff stoppen – Scheinwerfer – Rettungsboot runterlassen – zwanzig Minuten für den Arsch!«

Der Hüne ist nicht mehr aufgetaucht. Und ich bin dann später noch manche Fahrt mit der Stena zwanzig Minuten zu spät gekommen.

Anm.: *Djävlar, djävla, djävel* usf. bedeutet eigentl. *Teufel, teuflisch* usw., entspricht idiomatisch eher einem ›verdammte Scheiße‹, ›verdammter Scheißkerl‹. Die verbale Variationsarmut beim Fluchen auf schwedisch wird durch variationsreichen Gebrauch dieses Wortes kompensiert.

VOLVO KRIEGEL

Der Norden und der Alkohol

Von Stephan Opitz

Daß der Nordländer, auch im Verein mit der Nordländerin, verschärft säuft, und zwar so, daß ihm ebenso verschärft schnell nichts mehr einfällt, geschweige denn einfallen will, ist gesicherte Kenntnis Mitteleuropas. Ob man am Tresen, am Stammtisch, beim Stehempfang oder beim heiteren Proseccozwitschern von Führungskräften auf Finnen, Schweden, Dänen, Norweger zu sprechen kommt – vom Saufen und Flascheninplastiktütenvonderfähretragen ist dann ebenso tod- wie bombensicher die Rede. Denn der Mitteleuropäer säuft bekanntlich sehr maßvoll, wofür allein die Tatsache spricht, daß seit 1989 ff. der Spitzenplatz beim Verzehr reinen Alkohols pro Kopf im europäischen Vergleich von den sechzehn deutschen Bundesländern untereinander ausgefochten wird – das kann ja nur Ergebnis genauen Augenmaßes beim Verteilen dieser Menge auf die Tage des Jahres sein.

Wenn man die These gelten lassen will, daß achtzig Prozent der europäischen Alkoholverzehranlässe durch teilweise hochdifferenzierte Rituale (›Hoch die Tassen‹) kulturgeschichtlich wie sozial abgesichert sind, daß die verbleibenden zwanzig Prozent dagegen unmittelbar und kulturell ungefiltert der direkten Dröhnung, vulgo Todestrieb oder Lustgewinn, dienen, dann muß mit dem ersten Befund die Frage erlaubt sein, wie es der Nordländer schafft – trotz nachweislich im Vergleich mit Zentraleuropa erheblich geringerem Alkoholverzehr –, derart als Saufender definiert zu werden.

Es liegt auf der Hand, die rituelle Vielfalt der Alkoholverzehranlässe des Nordens und deren gegenüber Mitteleuropa höchst unterschiedliches habituelles Zentrum dafür verantwortlich zu machen. Dienen große Teile deutscher Trinkrituale wesentlich dem Verbergen des Alkoholverzehrs (›Hüttenabend‹, ›Gemütliches Beisammensein‹, ›Vorstandssitzung‹, ›Ausstellungseröffnung‹), so lehrt der Blick auf die metyologischen Sozialmodi des Nordens das genaue Gegenteil. Daß getrunken werden soll, und zwar verschärft, ist ebenso offen erklärtes wie beherzt verfolgtes Ziel nahezu aller Trinkrituale, die zudem auch alltäglichste Notwendigkeiten feierlich überhöhen. So versäumt z. B. kein Segler oder sonstiger Skipper von einigermaßen skandinavischer Sozialisation, beim Auslaufen den aus der Bucht weisenden Feuern oder Felsnasen ihrer numeralen Reihenfolge entsprechend einfach oder mehrfach zuzuprosten und dabei Hej! bzw. Hej, Hej! oder Nu!, Nu Nu! zu rufen. Und das sogenannte Mittwochsbesäufnis regelt die Erhellung der grauen Woche. Festlich überhöhte Dauer- und Starkdröhnungen gehen ebenso unumwunden zur Sache: Für jede Schere einen Schnaps lautet die Regieanweisung beim lampiongesäumten Krebsverzehr im schwedischen August. Was zu verhältnismäßig schnellem Abtauchen in die Horizontale bei all jenen führt, die der Meinung sind, zehn mühsam ausgepulte Krebsschwänze mit etwas Weißbrot und Käse seien für zwanzig Akvavits (ich empfehle Skåne, das aber am Rande) eine ähnlich sichere Grundlage wie zwei Dosen Ölsardinen. Von den alkohologischen Feinstritualen an großbürgerlichen Tafeln der skandinavischen Länder gar nicht zu reden – oder höchstens nur insoweit, als jeder, der sie genau befolgt, voll wird wie eine katholische Kirche, um einen norwegischen Landarzt zu zitieren.

Nordmann und Nordfrau geraten auf diese Weisen alle Einpfiffe von Alkohol zu prangend das Ziel des Vollsuffs verkündenden Ritualen. Daß die Erhöhung der zollrechtlich zugelassenen Einfuhrmengen von Bier nach Schweden und Finnland im Zuge des EU-Beitritts dazu geführt hat, daß spezielle, für die größere Menge aufnahmebereite Schleppkarren für Fährpassagiere auf den Markt kamen, ist sichtbarer, materialstolzer Ausdruck des rituellen Trinkens und Alkoholeinkaufs auf den Fähren z. B. zwischen Deutschland und den skandinavischen Ländern. Jedes Kind weiß, daß die Wendung ›ich werde aus kaufen‹ auf schwedisch nur den Alkoholeinkauf in Duty-free-Shops meint – eine Möglichkeit, diese Formulierung anders zu deuten oder zu verstehen, gibt es nicht.

Die – relativ, s.o. – geringe Alkoholmenge pro Kopf und Jahr in den skandinavischen Ländern findet ihren Weg in die nordischen Lebern mit starken kulturgeschichtlichen und sozialen Bindungen, die – nordische Eigenart – eine rituelle Camouflage der Alkoholzufuhr nach dem Muster anderer Gesellschaften nachgerade vermeiden. Damit erklärt sich die zentrale Bedeutung des Alkoholverzehrs bei allen sozialgeschichtlichen Beschreibungen skandinavischer Länder. Nur im äußersten Süden des skandinavischen Festlandes, in der Provinz Schonen, kann der eher den eigentlichen Spritkonsum verhüllende Zug zentraleuropäischer Trinkrituale in Ansätzen beobachtet werden: Trifft die Frau und Mutter die geröteten Häupter samt olfaktorischer Aura ihrer Söhne und Gatten in der Ecke eines Fährschiffes nach Polen oder Rügen, dann geben jene als Replik auf die matriarchalen Anwürfe gerne zu verstehen, daß sie doch nur ein bißchen Kaffee tränken. Man sieht, daß die These vom moralisch-kulturellen Verfall des Südens im Verhältnis zum Norden (auf die Folgen der Tacitus-Rezeption sei hier erläuternd hingewiesen) am Südende des skandinavischen Urgesteinssockels bereits ihren Widerschlag in der Realität findet. Und so fügt sich die schwedische Gesetzesänderung vom Sommer 1997, daß es von nun an erlaubt sei, in Parkanlagen oder auf öffentlichen Plätzen mit Freunden Alkohol zu verzehren, ins kulturgeschichtliche Bedenklichkeitsmuster – ein weiteres Abgleiten des einstmals in trotzig-anarchischem Aufbegehren gegen die Obrigkeit rituell sich behauptenden Trinkvorgangs in urbaner Öffentlichkeit hin zum beliebigen, schnellen Nippen am Glas mit trockenem Weißen aus gesamteuropäischer Produktion wird die schale Folge sein.

VOLKER KRIEGEL

Nordische Raben (3)

Bang ersehnte Botschaft

Von Richard Wagner

Brünnhilde: Alles! Alles!
Alles weiß ich:
alles ward mir nun frei!
Auch deine Raben
hör' ich rauschen:
mit bang ersehnter Botschaft
send' ich die beiden nun heim.

Eine Vorrede, mittendrin

Von Henrik Wergeland

Mein Lebenswille:
mir hilft kein Pulver, hilft kein Tropfen, keine Pille;
nur Genien, die besänftigen und kühlen,
die jüngst ich sah an Schmerzenslagers Pfühlen.

»Aber um alles in der Welt, wozu soll nun diese Beichte gut sein? Warum so seine eigenen Torheiten und unbedeutende Ereignisse aufschreiben, warum Humorist sein wollen auf dem Sterbebett und sich in seinen letzten Lebenstagen vor Publikum zum Narren machen? *Si tacuisses, philosophus mansisses!*«

Diese gewichtige und wohlmeinende Vorhaltung machte mir ein Freund, der sich wohl zu rühmen pflegte, daß er niemals ein Buch des Witzes oder etwas Poetisches gelesen hatte, seit er dem Schullesebuch entkommen war, der aber in unserer kleinen literarischen Welt doch einen Namen als gelehrter Jurist wie auch als Philologe hatte. Er hatte nämlich für einen unserer Buchhändler ein juristisches Stumpfsinnshandbuch exzerpiert, und öfters hatte man staatsrechtliche Abhandlungen mit seinem Namen *darüber* in den Zeitungen gesehen, gespickt mit lateinischen Zitaten, wenn auch von der zerschlissensten Sorte. Er legte auch jetzt nach: »*Memento mori!* Aber – *audiatur et altera pars!*«

Durch ein eigentümliches Zusammentreffen hatte ich schon vorher am selben Tag eine Menge Trostpillen von derselben Art wie sein *Memento mori* und »Humorist auf dem Sterbebett« hereinbekommen. Eine alte Jungfer hatte mich am Vormittag besucht; als sie in die Tür trat und meine abgemagerte bleiche Visage zu sehen bekam, schlug sie die Hände zusammen und rief: »Nein, du leibhaftiger Tod aus der Offenbarung Johannis!« Als sie sah, daß ich eine Tabakpfeife am Bett hatte, bemerkte sie liebevoll: »Ach ja, der selige Pastor rauchte auch bis zum Schluß, und es wäre doch Sünde, Ihnen die kleine Freude zu verbieten, wenn's Ihnen doch schmeckt!« Und als ich hustete, fand sie, ich hustete ganz wie ihr Neffe Kaufmann Petersen, »der letzten Monat an derselben Krankheit gestorben ist«. »Ja, Ihr Husten hört sich *ak-ku-rat* wie seiner an – ganz genau wie das Geräusch, wenn ich unser Mädchen Malene die nassen Kleider ausschlagen höre.«

Nach dieser naiven Jungfrau war ein Departements-Beamter gekommen, von dem ich wußte, daß ihm mein Posten gut gefiel. Das erste, was er tat, war, über mich herzufallen und mir die Pfeife aus dem Mund zu reißen, wobei er mich einen Rasenden nannte, der sich am Vaterland versündige, indem er sich derart selbst ums Leben bringe, usw. Aber seine Komplimente waren so übertrieben und sein Benehmen so theatralisch, daß ich beschloß, ihn etwas genauer zu sondieren. Indem ich versicherte, daß keinerlei Lebenshoffnung mehr für mich bestehe, verlieh ich der festen Überzeugung Ausdruck, daß niemand das Amt bekommen könne als er allein. »Du *darfst* und *sollst* nicht sterben«, antwortete er mit Nachdruck. »O doch, ich sterbe«, sagte ich mit noch größerem Nachdruck. »Ich habe nun so oft in Versen geschrieben, daß ich sterben werde, daß ich es schon aus Anstand tun muß.« Diese Worte: »Du darfst und sollst nicht sterben!« und »O doch, ich sterbe!« fielen drei- oder viermal zwischen uns, und jedesmal drehte ich mich zur Seite wie um zu husten, aber in Wahrheit, um sein Gesicht zu beobachten, wenn er sich unbemerkt glaubte, und – ein Lächeln spielte um den einen Mundwinkel, ein Lächeln wie das eines Giftmischers, der die ersten Symptome sieht. Ich hatte ihn mit so wohlgelungenem Ernst davon überzeugt, daß niemand als er den Posten bekommen konnte, daß er es tatsächlich glaubte. Den Glauben an eine baldige Vakanz brachte er selber mit.

Gegen Abend bekam ich nun die beruhigenden Pillen meines gelehrten und aufrichtigen Freundes, daß es für einen Tag mehr als genug war.

Das war aber das *Audiatur et altera pars*, womit er mich so human zur Verteidigung der Herausgabe dieser Skizzen ermutigt hatte.

»*Pro primo*«, antwortete ich also im selben Stil, »*dum nihil habemus majus, calamo ludimus* [da wir sonst nichts zu tun haben, spielen wir mit der Feder]. *Pro secundo* kann ich mit dem alten Phaedrus sagen:

Duplex libelli dos est, quod risum movet,
et quod prudenti vitam consilio monet.«

[Zweifach ist des Büchleins Gabe:
daß man was zu lachen habe
und daß man daraus erkennt,
was man ›rechtes Leben‹ nennt.]

Und endlich und *pro tertio* habe ich die Skizzen, bei denen davon die Rede sein kann, daß man sich darin selbst zum Narren macht, zur Unterhaltung für einen melancholischen Freund aufgeschrieben, einen theologischen Kandidaten, der Unglück in der Liebe gehabt hatte und zeitweise, wenn eine gewisse Unterleibserkrankung dazukam, mit dem Plan schwanger ging, sich eine Kugel vor den Kopf zu schießen. Ich schickte ihm jeden Tag eine meiner Liebesgeschichten, so wie man sie hier eine nach der anderen sieht. Die erste Skizze schien, wie das kräftige Wasser aus dem Gesundbrunnen, den Zustand zu verschlimmern und zu verhindern, was sie bewirken sollte; denn ich bekam ein Billett von ihm, in welchem er äußerte, daß meine Skizze ihn die Vergänglichkeit des Glücks mit solcher Bitternis habe fühlen lassen, daß er die Pistole bereits geladen habe und daß nur ein paar pflichtgemäße Erledigungen ihn noch zwängen, den morgigen Tag zu überleben. Ich mußte mich also beeilen, Skizze No. 2 zu schreiben, die mir außer einem Korb mit Starkbier unter dem Namen des Bieres, von dem ich schreibe, die Botschaft von ihm eintrug, daß er die Kugel aus der Pistole genommen hätte.

Aber da mir in den Sinn kam, daß man sich mit losem Pulver noch besser erschießen kann, beeilte ich mich, ihm am dritten Tag seines Paroxysmus Skizze No. 3 zu schicken, worauf ich die frohe Kunde erhielt, daß er die Pistole in den Ofen abgefeuert hätte mit der Folge, daß sämtliche fünfzig Bewohner des großen Hauses in der festen Überzeugung, er habe sich wirklich etwas angetan, in sein Zimmer gestürzt kamen. Bei dieser Gelegenheit hatte auch er mehrere aufmunternde Auslassungen draußen im Gang zu hören bekommen, so beispielsweise von einer Hausfrau: »Was sollen so einsame Teufel auch auf der Welt?« und von einem Dienstmädchen: »Paß auf, das gibt Flecken auf dem Boden, die kriegt man nie wieder weg!« und von einem Wucherer, der in einer Dachkammer wohnte: »Himmeldonnerwetter! Er schuldet mir seit letztem Montag fünf Taler – Zinsen und Kapital«, usw.

Aber bei einer Wasserkur pflegt man die Dosis gegen Ende zu erhöhen. Der Patient bekam also noch Abend für Abend die Skizzen 4, 5, 6 und 7. Und mit welch gesegneten Folgen! Nach der ersten kam er zu mir und bezeugte mir seine Anteilnahme mit den Worten, daß er sich gut an meine verzweifelte Stelle versetzen könnte, und daß er zugeben müßte, ihm wäre etwas so Unangenehmes noch nie passiert. Nach der zweiten versprach er mir die Skizze einer Szene, die er seinerseits mit einem Prokurator erlebt hatte, gegen den der meine ein Engel war. Nach der dritten sagte er: »Ich verschone dich damit, sie zu erzählen – schweige, Freund!« Und nach der vierten, No. 7, war er wohl mehrere Tage fort; aber wie verblüfft war ich, als er schließlich mit freudestrahlendem Gesicht zu mir hereintrat, eine Flasche Champagner aus der Tasche zog, die alle Leute auf der Straße gesehen haben mußten, und rief: »Mein Freund! mein Freund! Danke für das letzte Blatt! Es hat mich gelehrt, daß auch ich noch glücklich werden kann. Wir sind ja alte Kavaliere, und so bin ich in mich gegangen und habe herausgefunden, daß es weniger die häßlichen Erinnerungen waren, die mich plagten, als vielmehr der Ekel vor der Junggeselleneinsamkeit. Und da ich nicht auf ein Wachtelwunder in der Wüste warten kann wie du, habe ich mich entschlossen, mich umzusehen und dabei deiner Regel zu folgen, ein Paar geistvoller und freundlicher Augen wie gute Diamanten als Mitgift anzunehmen. Ganz unter uns«, flüsterte er, »ich habe ein solches Paar entdeckt, und du mußt jetzt wenigstens auf mein Glück an deinem Glas nippen, die Flasche leere ich dann schon allein, so wie ich in Stimmung bin.«

Der gelehrte Jurist war nicht immer sonderlich glücklich in der Wahl seiner lateinischen Gemeinplätze. Was er mit dem *Rari nantes in gurgite vasto* meinte, mit dem er mein allzu artiges Bekenntnis bedachte, weiß ich also nicht [Vergils *Aeneis*: »wenige, treibend im Meeresschlund«]; aber da er zu der unverträglichen Klasse von Pedanten gehört, die von ihren Freunden, ja, oft sogar von Fremden für alles Tun und Lassen immerfort Gründe und nochmals Gründe und, wie sie das nennen, »rationale« Gründe erfahren wollen, mußte ich auch das Folgende ertragen: »So etwas für einen Freund aufzuschreiben, das mag angehen; aber für Publikum? Es ist etwas ganz anderes, wenn ich, zum Exempel, eine juristische oder philosophische Abhandlung herausgebe. *So* was ist fürs Publikum. *Das* ist dem Publikum nützlich.«

»Auch meine Absicht mit der Veröffentlichung« – bemerkte ich – »ist es, noch mehr Menschen als meinem Freund nützlich zu sein, vor allem jungen, aufgeweckten Menschen von offenem Gemüt und Phantasie, indem ich ihnen nämlich von vornherein die verderbliche Macht der Leidenschaft vor Augen führe, von der sie zweifellos noch hingerissen werden; und sodann auch deren wirklichen unglücklichen Opfern, indem ich sie damit tröste, daß es ihnen doch nie so schiefgegangen ist wie mir. Wenn ich etwas zurückdenke, dann fallen mir drei Bekannte ein, die sich aus unglücklicher Liebe das Leben genommen haben, und vier weitere, die aus demselben Grund zu elenden Säufern geworden sind. (...) Die anderen Skizzen, die ich schreiben will, sind in anderer Hinsicht auch höchst nützlich und eine Warnung, wie leicht ein heißes Herz überkochen kann; andere sind bloß zum Vergnügen da. Das Buch müßte heißen: ›Für die Jugend‹.«

»Ei! ich habe seit Moritz Hansen kein witziges Buch mehr gelesen«, fand der Jurist sich zu bemerken veranlaßt. »Aber laß es gut sein! *Imprimatur!* Um deinen Geist zu erfrischen, werde ich dir eine interessante Abhandlung über das rechte Verständnis von § 96 des Grundgesetzes zuschicken.«

Dem *Imprimatur* meines gelehrten Freundes ist es also zu verdanken, daß diese Skizzen das Licht der Welt erblicken; denn wenn er, der streng war wie ein Gottsched, nichts dawider fand, dann kann ich es bei den andern wohl wagen.

»Aber«, fügte er hinzu, »*timeo Danaos et dona ferentes*«, womit er meinte, daß die Kritiker zum Fürchten seien.

»Mich selbst werden sie so oder so kaum noch treffen«, meinte ich.

»*De mortuis nil nisi bene*«, nickte mein trostreicher Freund von der Tür her.

Aus dem Norwegischen von Heinrich Detering

Schwedens Deutschlandbild

Von Per Landin

Schwedens Deutschlandbild, so lautet der Titel, doch muß ich Sie enttäuschen: Denn ein Bild von Deutschland existiert nicht in unserem Land. Entschuldigen Sie, daß ich mit dieser Aussage beginne, die wie eine Beleidigung klingt, denn es ist überhaupt nicht meine Absicht zu schockieren. Doch das ist die Wahrheit des Tages: In Schweden gibt es kein Deutschlandbild, und – noch schlimmer – ich glaube überhaupt nicht, daß es irgendeine Art deutschen Charakter gibt.

Als ich mir das Thema stellte, hatte ich einige bestimmte Vorstellungen davon, wie der Deutsche so geartet sein mochte; also genau so, wie ich eine instinktive Auffassung davon habe, wie der Grieche, der Däne, der Franzose und nicht zuletzt der Chinese beschaffen ist. Ich habe Ihr Land nun ein halbes Jahr lang nicht mehr besucht, aber ich bin trotzdem jemand, der reichlich deutsche Literatur gelesen hat und der einige der prägendsten Augenblicke seines Lebens in bayerischen Biergärten und in Berliner Gründerjahreumgebungen verbracht hat, der alle deutschen Bundesländer besucht, unzählige Handbücher (und zwar nicht nur MERIAN-Hefte) gelesen hat und der schließlich mit dem Instinkt eines Fährtenhunds fast alle deutschen Biersorten unterscheiden kann. (Augustinerbräu ist übrigens, neben Veltins und Wernesgrüner, das beste Bier der Welt. Aber das am Rande.)

Im Lauf der Jahre habe ich auch das Vergnügen gehabt, verschiedene deutsche Kulturinstitutionen zu besuchen, Sekt mit Botschaftern und Repräsentanten einiger Goethe-Institute zu trinken. Zu Beginn stellte ich mich auf ein deutsches Auftreten und eine deutsche Einrichtung ein, aber nach und nach habe ich mich daran gewöhnt, daß die Goethe-Institute alles tun, um ihre deutsche Herkunft zu verbergen, und daß deren Vertreter hauptsächlich dorthin kommandiert scheinen, um Verzeihung für ihre Existenz zu erbitten. Alles, was irgendwie nach Biergemüt, Gründerzeit, Preußentum und Lederhosen riecht, wurde mit normaler deutscher Effizienz durch eine Art neutrales Euro-Möblement ersetzt, durch kühle postmoderne Kunst à la Gerhard Richter und durch gutgekleidete *homines sapientes*, deren Muttersprache man überhaupt nicht mehr erkennen kann, wenn sie ihre Begrüßungsansprachen auf englisch halten. Es ist fast so, als ob deutsche Botschaftsangehörige in der ganzen Welt versuchen würden, das Elend, das sie mit den zwölf dunklen Jahren über die Welt brachten, dadurch auszugleichen, daß sie auftreten, als wären sie Weltbürger.

Ein Engländer ist ein Engländer (soweit er nicht Schotte ist), eine Franzose ein Franzose, ein Italiener ein Italiener, aber ein Deutscher ist nur im Ausnahmefall ein Deutscher. Erheblich öfter ist er ein Student, ein C4-Professor, ein Sozialdemokrat, ein Direktor, ein Brauer oder eine Hausfrau – oder auch (erheblich gewöhnlicher) ist er eine halbakklimatisierte Kopie eines Franzosen oder Amerikaners. In keinem Land wird so oft und so viel von der ›Menschlichkeit‹, vom ›menschlich Verbindenden‹ gesprochen wie bei deutschen Botschaften und überhaupt in deutschen Zusammenhängen. Natürlich reden die Franzosen auch sehr viel von ›l'humanité‹, aber damit meinen sie Frankreich und seine geistigen Nachbarn. Doch wenn Deutsche von der ›Menschheit‹ reden, dann meinen sie etwas ohne Farbe und Form, also etwas, das so ist wie sie selbst sind – bevor sie ihre Identität durch Beruf, gesellschaftlichen Rang oder Wohnungsadresse ermittelt haben.

Für einen Schweden ist es zuweilen richtig herzzerreißend, diese Farb- und Formlosigkeit anzuschauen, die darüber hinaus noch nicht einmal das Vertrauen schafft, das man eigentlich erreichen will. Natürlich kann ich persönlich ein gewisses Verständnis dafür aufbringen, daß der Deutsche als solcher gar nicht in Erscheinung treten will und alles dafür tut, kein Deutscher zu sein. Als Schwede mit einem gewissen Faible für das Deutsche trifft man in der Öffentlichkeit und bei offiziellen Essen gern auf Verwunderung und Mißtrauen, wenn man als ›Deutschlandkenner‹ oder ›Deutschenfreund‹ vorgestellt wird.

Wer die in der Hauptsache angloamerikanischen Neigungen und Interessen meiner schwedischen Generation kennt, der versteht auch, warum so viele lieber als Austauschstudenten nach Kalifornien oder Paris gehen als ins dunkel rustikale Bayern oder ein bißchen immer noch sporenklirrende Berlin. Wenn man dennoch stur daran festhält, hauptsächlich deutschorientierte Interessen zu haben und deswegen immer seine Ferien im Braun- oder Sauerkohlland verbringt, dann muß man einen guten Vorwand haben, z. B. eine deutsche Tante, Großmutter, Ehefrau, besser noch eine innige Bekanntschaft mit einer Sommerfamilie aus Leverkusen oder Buxtehude. Im anderen Fall muß man damit rechnen, für leicht gestört gehalten zu werden.

Deutschlandbild – das ganze Wort erinnert an das Wort ›Nationalcharakter‹, welches vor dem Zweiten Weltkrieg ein zentraler Begriff sowohl der schwedischen als der deutschen wissenschaftlichen Diskussion war. Was macht den Schweden schwedisch, den Deutschen deutsch? Diese Frage versuchte man mit einer Mischung aus Genetik, Soziologie, Anthropologie (manchmal auch Meteorologie) zu beantworten, doch weil die Deutschen während der dreißiger Jahre auf die Idee kamen, sie seien das für die Weltherrschaft geeignete Volk, kann man das Wort heutzutage unmöglicherweise mehr in den Mund nehmen.

Die Geschichte ist bekannt. Nach dem Weltkrieg zwo verabredeten die Nationen unter dem Banner des Internationalismus friedliche Kooperation über Grenzen hinweg, man ging davon aus, daß mit der kommenden Globalisierung von Politik und Wirtschaft nationale und regionale Eigenheiten verschwinden würden. Wir sollten alle gleichberechtigte Menschen im großen Weltreich werden.

Grundsätzlich kann man wohl behaupten, daß wir Schweden während dieser Periode mit Vergnügen deutsche Autobahnen, Autos und Flugplätze benutzten, aber am liebsten die siebzig Millionen zu treffen vermieden, die, zumindest bis 1945, eine so unbehagliche Verliebtheit in Disziplin, Stiefeltrampeln, Marschmusik, billige Waldromantik und polternde Herrschergestalten an den Tag legten. Darüber hinaus lagen auch eine Art verworrenes Schuldgefühl, eine Portion schlechtes Gewissen in diesem demonstrativen schwedischen Widerwillen gegenüber allem, was deutsch roch. Denn mitten in unserer vielzitierten Neutralität und Allianzfreiheit arbeiteten wir mit den Deutschen zusammen, und einige der Männer, die später herausragende Posten in der schwedischen Politik und Verwaltung bekleideten, hatten bis zum Schluß vom deutschen Endsieg geträumt.

Im schwedischen ›Volksheim‹ dieser Tage – oder besser in dem, was davon übriggeblieben ist – sind bekanntermaßen alle gleich gut und gleich wertvoll. Auf der offiziellen politischen Seite rühmt man Multikulturalität und ethnische Mischungen, doch gibt es immer noch eine Völkerschaft, die in unserem Land Gegenstand einer eher umfassenden Diskriminierung durch Menschen ist, die in anderen Zusammenhängen über allem zu stehen vorgeben, was ethnisches Vorurteil heißt: Jene Völkerschaft sind die Deutschen. Es ist nicht nur so, daß sie in der Regel fett, laut, rücksichtslos, geschmacklos, sadistisch und ohne politisches Urteil sind, nein, sie drohen auch damit, uns unsere nationale Souveränität wegzunehmen, unsere heilige Allianzfreiheit. Jung und alt, gebildet und nicht gebildet unterzogen während und nach der schwedischen EU-Volksabstimmung das Thema einer sehr genauen Prüfung und Wiederaufnahme, noch schlimmer kam es, als die Deutschen nach der Abwertung der Krone und der Mehrwertsteuersenkung für Touristen sich in Formationen nach Norden bewegten, gegenüber denen die Wehrmachtsdivisionen in den Zügen durch unser neutrales Land während des Zweiten Weltkrieges klein aussahen.

Vor allem Teile der kulturellen Elite – dazu die Grünen, die Kommunisten und der Schriftsteller Jan Myrdal – beschrieben uns als besetzt. Die Deutschen waren Schurken, die verlassene schwedische Herrensitze aufkauften, unsere Natur zertrampelten, unseren geliebten Schärengarten kaputtschissen und uns unsere Sommervergnügen wegkauften. Mit ihren Wohnmobilen und dazu passenden Campingzäunen, ihrem Rotwelsch als Sprache verpesteten sie das Leben an schwedischen Stränden. Auch die beliebten Ferienplätze der Schweden auf den Kanarischen Inseln waren hart von D-Mark-starken Windsurfern und Sonnenanbetern belagert, die die Preise in die Höhe trieben und uns zu zweitklassigen Touristen degradierten. Man sollte nun glauben, bei all dem handele es sich um Vorurteile des sprichwörtlichen Mannes von der Straße, aber ich habe derartiges in besten Kreisen gehört. Eine Bekannte erzählte mir neulich, daß sie während eines Schriftstelleressens folgende Äußerung gehört habe: »Ich weiß, es ist häßlich, aber ich kann diese Deutschen nicht ertragen.« Meine Bekannte bat darum, das Wort Deutsch gegen das Wort Jude auszutauschen und die Äußerung zu wiederholen. Wer, ich bitte Sie, wer könnte im Schweden dieser Tage wagen oder wünschen, sich so zu äußern?

Daß man sich so weit vorwagt, wenn es um die Deutschen geht, ist natürlich ein Echoeffekt auf den Zweiten Weltkrieg. Es ist eine bekannte Tatsache, daß viele Millionen Parteimitglieder waren und daß noch erheblich mehr Menschen an Hitler glaubten und sich für seine Ideologie schlugen. Der Krieg, der Zusammenbruch und Deutschlands Teilung schwächten und vernichteten nahezu diesen Glauben, aber in den schwedischen Medien gab es während meines ganzen, bewußten Lebens ein eigentümliches, nahezu perverses Interesse wenn nicht am Weiterbestehen des Nationalsozialismus so doch an dessen späten Zuckungen.

Genauso ist aber unbestritten Fakt, daß der größte Teil der Deutschen meiner Generation nach dem Krieg aufgewachsen ist und weder die NSDAP gewählt noch am Krieg teilgenommen hat. Aber irgend etwas sagt uns trotzdem, daß sie mitschuldig sind, daß die Verhältnisse, die den Nazismus hervorriefen, immer noch vorhanden sind und daß die deutsche Gesellschaft moralisch und politisch unzuverlässig ist. Natürlich gelingt es mit etwas Anstrengung einige braune Bazillen sowohl in der Bundesrepublik als auch in der früheren DDR zu finden; es ist schließlich kein Zufall, daß die Medien in unserem Land Deutschland genau dann Interesse entgegenbrachten, wenn die politischen Ereignisse am ehesten den negativen Erwartungen entsprachen.

Als ich in den siebziger Jahren so gerade erwachsen wurde, da war die Baader-Meinhof-Bande und die brutale Gewalt des Staates das große Thema. Wir lasen Heinrich Böll und Günter Wallraff wie kein anderes europäisches Volk – allerdings sehr selektiv. Reportageteams wurden nicht müde, Franz Josef Strauß als kommenden Hitler und Axel Springer als den großen Volksverführer zu beschreiben, ebenso die überkommenen ›autoritären Strukturen‹ als etwas, das zum Radikalenerlaß, der Ächtung öffentlich Bediensteter mit linken Sympathien, führte, schließlich auch zur Abstempelung linker Intellektueller als Sympathisanten, wenn sie den Terrorismus zu erklären trachteten. Und als die Neonazis nach dem Fall der Mauer zahlreicher wurden, richtete man die Sucherkamera wieder nach Süden. Rassistische Aufmärsche in Rostock und Mölln wurden schnell als ›typisch deutsch‹ betrachtet und gaben freien Spielraum für allerhand Spekulationen. Während der ostdeutschen Jahre hatte kaum ein schwedischer Reporter es für nötig befunden, die DDR zu besuchen, aber jetzt fuhr man hin, um den Zusammenbruch zu beschauen und historische Parallelen zur Situation während der letzten Jahre der Weimarer Republik zu ziehen. Noch immer gab es übriggebliebene ›autoritäre Strukturen‹ und eine Unsicherheit, die dazu führte, daß diese armen Ostdeutschen vom gleichen Beben und Zittern vor Helmut Kohl ergriffen wurden wie Frauen, wenn sie an einen richtigen Kerl denken. Doch einmal abgesehen davon, daß Frauen meistens einen sicheren Instinkt zumindest für den Persönlichkeitswert haben, so wirkten diese freigelassenen Ostdeutschen völlig bar jeder Art politischer oder psychologischer Reife. Ebenso leicht wie die Deutschen sich vor Zeiten von Friedrich II. oder Bismarck, Hitler oder Honecker leiten ließen, so fielen sie jetzt in den Staub vor dem grinsenden Tölpel Kohl.

Und als ob das alles nicht genug wäre, begann darüber hinaus ein mehrjähriges Klagelied, meistens unter dem Namen ›Vergangenheitsbewältigung‹ angestimmt. Es waren nicht nur die Ostdeutschen, die über Nacht allem abschworen, was sie bis dato geglaubt und gelebt hatten – nein, auch die Westdeutschen nahmen ebenso Gelegenheit, ihre Brüder und Schwestern in allen Tonarten zu verhöhnen, zu verspotten, zu bespucken. Wodurch sie offenbar allen Ernstes den Beifall der Umwelt zu gewinnen glaubten. Fast alle moralischen Argumente und Begriffe, die nach dem Zweiten Weltkrieg von den Alliierten gegen die Nazis ins Spiel gebracht wurden, wandte man jetzt gegen die DDR an, ohne einen Gedanken daran zu verschwenden, daß es schließlich die Westmächte waren, die einstmals mit den eigenen, nazistischen Kriegsverbrechern abgerechnet und eine Demokratie eingeführt hatten. Es wurde sogar möglich, den westdeutschen Terrorismus als DDR-Produkt auszugeben, als von der Stasi gesteuertes Komplott gegen die westdeutsche Demokratie.

Diese westdeutsche Debatte und die ausdauernden Versuche, die Stasi und die Gestapo gleichzusetzen, wurden natürlich auch in Schweden mit großem Interesse verfolgt. Das war Wasser auf die Mühlen der Vorurteile, und man dachte überhaupt nicht daran, daß Erniedrigung keinem Volk gut bekommt, daß niemand etwas mit der Herabsetzung der Ostdeutschen gewinnt. Die Westdeutschen verstanden auch diesmal nicht, daß die Würde einer Nation im Inneren sitzt, durch Widerstand und Niederlagen am größten werden kann. Wie so oft vorher schienen sie Differenzierungsvermögen, Urteilskraft, innere Balance nicht zu haben, die andere Kulturvölker prägen.

Kein Schwede würde heutzutage den Deutschen das ungeheure Arbeitsvermögen und den Aufbau des östlichen Deutschland streitig machen wollen. Doch da sie ein Riesenvolk ohne innere Balance darstellen, kann man ihnen nicht offen und vollkommen vertrauen. Das vielzitierte Organisationsvermögen der Deutschen erleichtert kaum das Wohlwollen, denn gerade jenes entspricht der Vorstellung, daß der Deutsche gern seinen Leitenden gehorcht und in Rudeln auftritt. Laut Auskunft meiner sportjournalistischen Freunde kommt die deutsche Verbeugung vor militärischer Kommandodisziplin und Märschen besonders auf dem Fußballfeld zur Geltung, aber auch während all dieser

Karnevals, Feiertage, in Gesangs- und Schießvereinen. Am augenfälligsten finden inzwischen die Panzerdivisionen und Feldmarschälle der alten Zeiten ihre Entsprechung beim taktsicheren Auftritt der deutschen Fußballnationalmannschaft auf dem grünen Rasen. Wenn die Mannschaft gewinnt, dann allerdings richtet sich unser Neid nicht so sehr auf die Formlosigkeit und Tölpelhaftigkeit, sondern gegen die maschinenhafte Akkuratesse und die ritterliche Demut auch in der Stunde des Erfolgs.

Ich habe versucht, ein paar allgemeine Gesichtspunkte zum Deutschlandbild zu geben. Fragt man einen Schweden auf der Straße danach, würde man höchstwahrscheinlich sehr unterschiedliche Antworten bekommen. Sportinteressierte denken wohl am ehesten an Kaiser Franz und Lothar Matthäus, sicher aber auch an den Sieg des Liliputanerlandes Dänemark über das Herrenvolk im Europafinale in Göteborg 1992. Ältere Menschen mit altem Bildungsweg assoziieren sicherlich Thomas Mann und Beethovens Klaviersonaten, die Gemälde Caspar David Friedrichs und Wagners *Lohengrin,* vielleicht auch Hjorth-Lides berüchtigte deutsche Grammatik, welche die Gymnasialjahre zu einer Plage für die Schüler der alten Zeit werden ließ. Andere spüren die Blume eines Rheinweins, erinnern eine Schiffahrt auf dem Fluß oder denken an die Filme von Fassbinder, an die Figur der Maria in Edgar Reitz' bemerkenswertem Film *Heimat,* sie denken an schwarz eingebundene Bücher, gedruckt in gotischer Fraktur, an König Ludwig von Bayern, an Hegel und Hitler, Himmler und Honecker, Heine und Habermas.

Die Liste kann verlängert werden. Die meisten Schweden werden wohl vor allem der Ansicht sein, daß Deutschland ein reiches Land ist – und genau aufgrund seines Reichtums, seiner Tüchtigkeit und seiner geistigen Quantität ständig überwacht werden muß.

Noch ein paar letzte Worte. Einstmals bezeichnete man Deutschland als das Land der Dichter und Denker. Doch wenn ich jetzt ein paar persönliche Erfahrungen bedenke, dann muß ich feststellen, daß deutsche Dichter und Kritiker oft Karikaturen sind, lächerlich eitel wie Botho Strauß, geheimnisvoll dilettantisch wie Durs Grünbein und dabei ständig mit verschiedenen Arten von Modernismen und Trends jonglierend. Aus natürlichen Gründen findet all das guten Ansatz in diesem Land. Das deutsche Publikum ist in bedauernswert hohem Maße frei von Sinn für Qualität und Stil – die Attitüde von der Sache zu unterscheiden ist seine Sache nicht. Für das größte Glück sorgen die Kritiker, welche im populären *Literarischen Quartett* grob und grell, poltrig und selbstbesoffen die dichtenden Adepten zurechtweisen und nach einem festen Wertekanon einordnen, in dem die Adjektive furchtbar, ekelhaft und talentiert die häufigsten sind.

Kritiker wie Reich-Ranicki gibt es Gott sei Dank heute nicht in unserem Land, doch in einer Zeit, die Kultur mehr und mehr als Marginalie versteht und in der vieles, was gesagt wird, hoch und niedrig, gut und schlecht verwechselt, ist es vielleicht nicht so merkwürdig mit der Renaissance eines derartigen Rechthabers. Der Deutsche will ja nach altem Brauch gern jemanden haben, zu dem er hinaufsehen kann, man braucht etwas, das begrenzt und das chaotische Dasein einteilt. Ich glaube kaum, daß der Schrebergarten rein zufällig eine deutsche Erfindung ist, und ebensowenig daran, daß Schreber später rein zufällig einer von Freuds berühmtesten Fällen wurde. Die Form- und Charakterlosigkeit findet ihren Ausdruck in der ständigen Aufteilung von Stadt und Land, Straßen und Wege sind voll von Hinweis-, Verbots- und ausführlichen Informationsschildern, so daß niemand mißverstehen kann, welche Regeln hier gelten. ›Der Zutritt ist für große und kleine Hunde verboten‹ steht am Eingang zum Dorotheenstädtischen Friedhof in Berlin. Es könnte ja jemand auf den Gedanken kommen, daß das Schild nur für große Hunde gelte.

Nein, ich kann mir keinen richtigen Reim auf diese fleißigen, ehrlichen und strebsam nach oben wollenden Deutschen machen. Man sagt, daß der erste Eindruck von einem Land entscheidend ist. Was war mein erster Eindruck? Während eines längeren Aufenthalts in München in den siebziger Jahren wohnte ich zur Untermiete bei einer älteren Dame an der Theresienwiese. Damenbesuch war verboten, und sie war ergrimmt über meine späten Abende und Trinkgewohnheiten, aber verzieh mir wegen meiner blonden Haarpracht, die sie offenbar an eine unglückliche nordische Jugendliebe erinnerte. Doch am meisten erinnere ich ihre knallheißen Kräuterbäder, die sie an kalten Samstagmorgenden für mich in die Wanne ließ, und den eigenartigen Toilettenstuhl. In zivilisierteren Ländern pflegen die Menschen ihre finalen Stoffwechselprodukte zu verdrängen und möglichst schnell wegzuspülen, aber diese deutschen Toiletten waren mit einer Art erhöhter Schale versehen, die einen zwang, die ganze Herrlichkeit zu bestaunen. Was sollte man dazu sagen? Ich grübelte lange über dieser Konstruktion, wagte aber nicht nachzufragen. Ich beließ es dabei, daß es sich hier um deutsche Sachlichkeit und das eigenartige Interesse der Deutschen an Körperflüssigkeiten, an der Verdauung handelt, schließlich auch um die inflationäre Begrifflichkeit, die vom Wort Arsch ausgeht.

Mit den Jahren habe ich gelernt, daß die Deutschen so sind, wie sie sind – nämlich ehrlich und sachlich, ernst und loyal: Eigenschaften, die ich mit der für uns Schweden typischen Haßliebe zu schätzen begann. Mit diesem deutschen Wort bringt man eine Art invertierter Liebe zum Ausdruck, d. h. eine Liebe, die sich an den Fehlern des begehrten Objekts entzündet und die sich bewußt nur in Indignation und Haß äußert, wo man doch eigentlich das Vollkommene sucht. Nicht wenige der deutschen Charakterzüge, die oben genannt wurden, sind von der Art, daß wir in Schweden oft mit ein wenig Neid und Bewunderung denken: Wenn wir doch trotzdem ein bißchen so wären!

Eigentlich sind wir Schweden in vieler Hinsicht den Deutschen so ähnlich, daß wir das am liebsten gar nicht spüren wollen, sondern es vorziehen, unser Zukurzgekommensein und unsere Mängel zu projizieren. Während der ganzen Zeit, in der man die Deutschen ständig verachtet und verhöhnt hat, wurden sie unser wichtigster Handelspartner, waren sie historisch gesehen unsere wichtigste Inspirationsquelle. Man muß die unerschütterliche Ruhe bewundern, mit der sie nun bald ein Jahrhundert lang diese schwedische Schimpferei anhören. Vielleicht ist es ein reiner Genuß für die Deutschen.

Aus dem Schwedischen von Stephan Opitz

»Cameriere, due Spaghetti!«

»Weißt du, Spaghetti essen lernt man erst bei längerem Aufenthalte in Italien – – –«

»Mache es nur mir nach! Man wickelt sie um die Gabel und nimmt sie so …

… und dann so …«

Deutsche auf Reisen
OLAF GULBRANSSON

Über das Ende des Sozialismus

Von Herman Bang

In der jetzt beendeten langen Debatte über den sozialistischen Zukunftsstaat im Deutschen Reichstag findet sich ein einzelnes Wort, das gleichsam alle die anderen interessanten oder wichtigen Gegenstände aufklärt, die zur Sprache kamen.

Es war Herrn Bebels Geständnis, daß der sozialistische Staat den H-u-n-g-e-r als Zwangsmittel gegenüber faulen oder widerspenstigen Arbeitern anwenden werde. Diese Äußerung genierte offenbar Herrn Bebels Parteigenossen. Liebknecht beeilte sich zu erklären, daß es nicht darum gehe, daß man die Betreffenden tatsächlich verhungern lassen wolle, sondern daß der, der nichts verdiene, auch nicht verlangen könne, »ordentlich zu essen«. Darauf kommt es freilich überhaupt nicht an. Es ist vollkommen gleichgültig, ob die Sozialistenführer, wenn sie an die Macht kommen, Hunger oder Wasser und Brot gegen die Arbeiter anwenden wollen, von denen sie meinen, daß die bestraft werden müssen. Von Bedeutung ist, daß wir jetzt sowohl Herrn Bebels als auch Herrn Liebknechts Wort dafür haben, daß die sozialistische Zukunftsgesellschaft, in der es weder Zwang noch eine Zwangsmacht geben sollte, Verwendung für beide haben wird. Es ist die alte Geschichte vom Kobold, der den Kopf aus dem Bottich streckt und sagt: »Ei, wir ziehen noch heute aus.« Der Staat, der in der sozialistischen Gesellschaft verschwinden sollte, ersteht ständig neu. Denn wo Strafe und Zwangsmacht ist, da ist auch ein Staat.

Die Behauptung, daß der Staat in der sozialistischen Gesellschaft verschwinden werde, ist das Gegenteil der Wahrheit. Stellt man sich vor, daß Karl Marx' Gedanke von der Übernahme der gesamten Produktion durch die Gesellschaft anstelle der privaten kleinen und großen Arbeitgeber verwirklicht wird, werden die Folgen dieses Versuches unvermeidlich sein, nämlich daß es der Staat sein wird, der die Gesellschaft schluckt und nicht umgekehrt. Wir würden einen Staat von einer Machtfülle und versehen mit einem Beamtenstand und einem Polizeiapparat von einem Ausmaß haben, desgleichen noch nie irgendein Staat in der Welt gekannt hat.

Die Sozialisten versuchen vergebens, ihren Hals aus dieser unangenehmen Schlinge zu ziehen. Die Ausflüchte, mit denen sie das zu verdecken suchen, und die Eifrigkeit, mit der sie aufbrausen, wenn die Rede darauf kommt, beweisen, wie sehr sie selbst ein Gefühl für die Schwäche ihrer Begründung haben.

Vor allem dürfte klar sein, daß die Leitung aller Erwerbszweige durch *einen* Willen einen ungeheuren Apparat von Beamten und technisch ausgebildeten Personen erfordern würde. Selbst die Leitung eines mittelgroßen Betriebs, sei es in der Landwirtschaft, der Industrie, dem Handwerk, erfordert in der Gegenwart, wie jedermann weiß, eine Kenntnis, eine Erfahrung und eine Einübung, die nur durch eine langwierige Ausbildung erlangt werden können. Und die Anforderungen wachsen natürlich, je größer die Betriebe werden. Wenn es sich um Staatsbetriebe auf der ganzen Linie handelt, von der Kommune, dem Bezirk oder dem Staat geleitet, würden die Anforderungen, die man stellen muß, hier und da noch weit über das Maß an Einsicht und Tüchtigkeit, das der moderne Staat jetzt in der Regel von seinen Beamten fordert, hinausgehen. Nichts leuchtet mehr ein, als daß ein so ungeheurer Geschäftskoloß wie ein Gemeinschaftsbetrieb der ganzen jetzigen privaten Landesproduktion ohne einen riesigen Apparat von fachlich ausgebildeten und festangestellten Leuten vollkommen unmöglich wäre. Die Erfahrungen mit den größten Betrieben beweisen das vollkommen. Das heißt mit anderen Worten, daß Marx' Idee Beamte, Beamte, Beamte und noch einmal Beamte benötigt. Die Zahl der Eisenbahn-, Post- und Telegraphenbeamten und -angestellten mit ein paar hundert multipliziert würde kaum ausreichen.

Sodann wird die sozialistische Gesellschaft Polizei benötigen.

Bei dieser ganzen ungeheuren Staatsproduktion muß selbstverständlich darüber gewacht werden, daß der Staat nicht Opfer von Unterschleif oder Betrügerei wird. Die Zahl der Beamten kann da nicht gering sein. Jeder Praktiker weiß: Je größer ein Betrieb wird, desto zahlreicher und aufmerksamer muß die Aufsicht sein, wenn der Betrieb nicht allzu bedeutende Verluste durch Schlamperei, Unfähigkeit oder Unredlichkeit erleiden soll. Aber dann ist es unumgänglich, daß die Zahl der Verbrecher in dem sozialistischen Staat unverhältnismäßig steigen muß. Der sozialistische Staat würde es nicht nur mit all den schlechten Elementen zu tun haben, die er von der bestehenden Gesellschaft erbte. Denn daß deren Tagediebe, Trunkenbolde, Diebe und Betrüger sofort zu einem neuen Leben finden sollten, weil sie in den sozialistischen ›Himmel‹ gesperrt sind, wäre doch eine allzu kühne Erwartung. Der sozialistische Staat würde sich nicht damit begnügen können, die Unredlichen zu bestrafen, er müßte auch die Redlichen bestrafen. Jeder, der die Berechtigung der sozialistischen Verteilung, der zufolge ungleiche Arbeit mit gleichem Lohn bezahlt wird und wo der Arbeiter nicht wie in der bestehenden Gesellschaft freie Verfügung über den Ertrag seiner Arbeit erhält, nicht einsehen kann, wäre eine gefährliche Person, die man ›unschädlich machen‹ müßte, wie Liebknecht im Deutschen Reichstag bekannte. Sonst würde man ja riskieren, daß die Mißvergnügten sich verschwören und eines schönen Tages kurzen Prozeß sowohl mit den Sozialistenführern als auch der sozialistischen Gesellschaft machten. Kurz und gut, ebenso wie eine sozialistische Gesellschaft viel mehr zivile Beamte als die bestehenden benötigen würde, würde sie auch Bedarf an einer unverhältnismäßigen Menge von Gendarmen und Polizeibediensteten haben.

Schließlich würde der sozialistische Staat eine Entwicklung des militärischen Elements verlangen, die alles hinter sich lassen würde, was die Welt in der neueren Zeit gesehen hat.

Der sozialistische Staat müßte mit inneren und äußeren Kriegen rechnen. Er würde auf der einen Seite gegen die Elemente in seiner Mitte kämpfen müssen, die sich nicht mit der neuen Gesellschaftsordnung abfinden würden, weil sie sie als Unrecht betrachteten, als eine Ordnung, die dem Naturgesetz widerstritte, deren Joch zu stärken eine heilige Pflicht wäre. Aber sodann würde ein solcher Staat auch keine äußeren Kriege vermeiden können. Es ist ja nicht denkbar, daß alle ökonomischen Gesellschaften auf der Welt auf einmal sich dem sozialistischen System anschließen sollten. Aber unter der Voraussetzung, daß individualistische und sozialistische Gesellschaften nebeneinander existierten, wäre es unumgänglich, daß beinahe ewige Zusammenstöße zwischen ihren Interessen entstehen. Der sozialistische Staat könnte sich seinerseits nicht damit abfinden, ökonomisch abhängig von den angrenzenden individualistisch organisierten Gesellschaften zu sein. Er würde daher auf jeden Fall nicht vermeiden können, sich teilweise abzusperren und sich darauf einzustellen, selbst alles zu produzieren, was er brauchte – wenn er es nicht vorzöge, seine Nachbarn zu zwingen, sich dem sozialistischen Betriebsprinzip anzuschließen. Ob er nun diesen Ausweg vorzieht oder beschließt, seinen Markt faktisch für Fremde zu sperren, er wird eine sehr starke Militärmacht brauchen, um seine ökonomische Politik durchführen zu können.

Als dritte wesentliche Folge der ökonomischen Prinzipien des sozialistischen Staates finden wir also die Vermehrung der Militärausgaben und die Entwicklung des Militarismus.

Es erübrigt sich zu sagen, daß der Einsender an sich nichts gegen Beamte, Polizei oder das Militärwesen hat. Als guter Bürger bezahlt er seine Steuern dafür, ohne daß es ihm in den Sinn käme zu knurren. Er weiß, daß es sein muß, daß das ebenso unumgänglich ist wie Miete, Haushaltsgeld, Heizungskosten, Schulgeld für Kinder und andere häusliche Freuden für das Jahresbudget eines Familienvaters. Aber man kann auch des Guten zu viel bekommen.

Das würde man jedenfalls in jenem Paradies der Toren, das der sozialistische Zukunftsstaat ist.

Nachbemerkung

Anfang Februar 1893 war Herman Bang Hals über Kopf nach Paris geflohen, voller Angst, daß er in die in Dänemark aufbrechende Kampagne gegen die Homosexuellen verwickelt werden könnte. Wie groß seine Angst war und auf welchen gesellschaftlichen Bedingungen sie beruhte, mag man den letzten Seiten seiner *Gedanken zum Sexualitätsproblem* entnehmen. Dreizehn Jahre später mußte er ein zweites Mal aus denselben Gründen fliehen, diesmal nach Berlin.

Bang kannte Paris, Frankreich überhaupt, nur aus der von ihm geliebten Literatur, er kannte dort so gut wie niemanden, er kannte nicht einmal die Wege, auf denen er seine Existenz hätte sichern können. Er hatte kein Geld und mußte bald in das Hotel des Américains ziehen, in dem er für drei Francs pro Tag unterkam. Seine Lage war verzweifelt. Er lebte, wenn überhaupt, von der Hand in den Mund, und um wenigstens etwas in die Hand zu bekommen, tat er, was ihm am leichtesten fiel: Er schrieb kleine Artikel für die skandinavische Presse, die oft abgelehnt und immer schlecht bezahlt wurden.

Einen dieser Artikel veröffentlichte die ›Berlingske Tidende‹ am 17. Februar 1893. Er hat bis heute nichts von seiner Aktualität verloren und erscheint mindestens auf den ersten Blick äußerst hellsichtig, wenn nicht prophetisch, und zeigt uns einen Bang, den wir so nicht kennen, was freilich auch daran liegt, daß in Dänemark gerade für Bangs journalistische Arbeiten so gut wie nichts getan worden ist. Der zweite, genauere Blick ergibt wie meist ein anderes Bild, das sehr viel mehr mit den Problemen der Brotarbeit als mit den literarischen Werken dieses großen Autors zu tun hat.

Man muß dazu wissen, was tatsächlich geschehen war und welche Meinungen die konservative Öffentlichkeit beherrschten. Man muß es auch wissen, um beurteilen zu können, was lediglich umlaufendes Gerede und was Bangs Eigenes war. Im Deutschen Reichstag wurde die Militärvorlage behandelt, ein heikles Thema, das die Oppositionellen gewohnheitsmäßig nutzten, um ihre Kritik an den bestehenden Zuständen vorzutragen. Der Führer der Sozialdemokraten, August Bebel, hatte erregt über Soldatenmißhandlungen gesprochen, was die Konservativen veranlaßte, einen Nebenkriegsschauplatz zu eröffnen, um die ganze Laienhaftigkeit und Verlogenheit der Sozialdemokraten kenntlich zu machen, sich selbst aber als die Wissenden und Ehrlichen darzustellen. Sie wollten, ohne selbst eine Vorstellung von einer künftigen Gesellschaft zu besitzen, die möglichst nicht anders als die bestehende aussehen sollte, die Sozialdemokraten nötigen, sich zu erklären, wie denn sie sich die Gesellschaft der Zukunft, den sogenannten sozialdemokratischen Zukunftsstaat, vorstellten.

Da ihnen das weder am 3. noch am 6. Februar gelang, malten sie genüßlich dem Plenum aus, wie dieser in ihren Augen aussähe. Nach den Worten des saarländischen Großindustriellen Carl Ferdinand von Stumm-Halberg, eines tief reaktionären Freiherrn, wie eine Mischung aus »Zuchthaus« und »Kaninchenstall«. Der Kaninchenstall sollte sich auf die linken Vorstellungen von ›freier Liebe‹ beziehen, die Stumm-Halberg um so unsympathischer erscheinen mußte, als er seine Arbeiter nur mit seiner Zustimmung heiraten ließ, aber warum Zuchthaus? Herman Bang glaubte in einer Bemerkung Bebels den Beweis dafür zu sehen, daß der sozialdemokratische Zukunftsstaat ein Zwangsstaat sein werde. Hatte Bebel denn nicht gesagt, dieser werde den Hunger als Zwangsmittel anwenden? Genügte das nicht? Nur, hatte Bebel das wirklich gesagt? Wir wissen nicht, aus welcher Quelle Bang geschöpft hat, ob aus deutschen oder aus französischen Zeitungen. Gewiß jedenfalls nicht aus den offiziellen *Stenographischen Berichten*. In diesen kommt ein solcher Satz nicht vor. Es erweist sich statt dessen, daß es sich um einen ganz anders lautenden Zwischenruf Bebels gehandelt haben muß, der sich nur aus der Erwiderung des von Bebel unterbrochenen freisinnigen Abgeordneten Eugen Richter rekonstruieren läßt, da die *Stenographischen Berichte* Zwischenrufe prinzipiell nicht festhalten. Richter zitiert Bebels Satz als »Wer nicht arbeiten will, bekommt auch nichts zu essen«, und fügt hinzu: »Arbeitszwang als Strafe der Verhungerung.«

Das war seine Interpretation, der Liebknecht, weniger unvorsichtig und klüger als Bebel, widersprach, indem er erklärte, Bebel habe anderes gemeint, nämlich »daß, wer nicht arbeitet, auch nicht verdient, etwas ordentliches, d. h. mehr als das Nothwendige zu essen zu bekommen«. Vergleicht man diese Worte mit dem, was bei Bang steht, ergibt sich wieder, daß entweder Bang selbst oder seine Quelle Entscheidendes mißverstanden hat, sei es aus mangelnder Kenntnis des Französischen, sei es aus mangelnder Kenntnis des Deutschen. Gerade diese Mißverständnisse aber ermöglichen erst Bangs Folgerungen den Zukunftsstaat betreffend, die sich allerdings auch auf weitere Redebeiträge vom 6. Februar stützen.

Bang schrieb wie gesagt schnell und sicherlich ohne Hilfsmittel, wie auch die »alte Geschichte vom Kobold« erkennen läßt. Sie scheint auf einer ungenauen Erinnerung an eines von H. C. Andersens *Märchen (Flyttedagen)* zu beruhen. Es war aber nicht bloß das schnelle Schreiben, das ihn beschädigte, sondern auch der Umstand, daß er von dem, worüber er schrieb, nicht hinreichend viel wußte, weder von Marx und vom ›Absterben des Staates‹ noch von Bebel und Liebknecht, und schon gar nichts davon, daß alles, was in Berlin geäußert wurde, alte Hüte aus dem antisozialistischen Arsenal waren. Neu war allenfalls der »Kaninchenstall«, während das »allgemeine sozialistische Zuchthaus« und die Aufforderung, die Sozialdemokraten sollten endlich erklären, wie sie sich den Zukunftsstaat dächten, nebst vielem anderen aus Bismarcks Rede vom 17. September 1878 stammt und damals der Durchsetzung des Sozialistengesetzes dienen sollte.

Dies alles ändert freilich nichts daran, daß die Entwicklung Bang recht gegeben hat, so falsch die Voraussetzungen seines Artikels immer gewesen sein mögen. Er erscheint blind gegenüber der bestehenden Gesellschaft und reproduziert daher nichts als die herrschende Meinung, aber gleichzeitig erscheint er sehend gegenüber einer erst kommenden Gesellschaft, die freilich keine sozialdemokratische, sondern eine real existierende kommunistische Zukunftsgesellschaft war und keineswegs diejenige, die Bebel und Liebknecht vorschwebte.

Aus dem Dänischen von Walter Boehlich, mit einer Nachbemerkung des Übersetzers

Berlin 1989
LEIF ZETTERLING

Der Nörgler, der Kritiker und sein Schatten

Ein Andersensches Märchen vom Literaturbetrieb

Von Heinrich Detering

Es war einmal ein Märchen, das handelte vom Literaturbetrieb: Die Dichter dichteten und die Denker dachten; fleißige Vermittler brachten das Gedachte und Geschriebene unter die Leute. Verleger verlegten, Lektoren lektorierten, Übersetzer übersetzten, Drucker druckten. Das Übersetzte und Gedruckte wurde sodann journalistisch von Rezensenten rezensiert, wissenschaftlich von Philologen erörtert und infolge dieser weitausgreifenden Bemühungen endlich vom interessierten Publikum gelesen. Die Leser wiederum teilten, mit der Stimme der treuen Kritiker, den Verlegern mit, was für Lektüre sie sich künftig wünschten; die sagten es den Dichtern weiter, und so konnte sich der Kreislauf in schöner Produktivität weiterdrehen, im reinen Dienst am Werk. Und wenn sie nicht gestorben sind, dann produzieren und vermitteln sie noch heute.

Soweit die Ausgangslage. In diese märchenhaft schöne Welt hinein aber platzt eines Tages der Bösewicht, der die Harmonie ins Wanken und das Geschehen in Gang bringt, und sein Name ist: Nörgler. Was aber paßt Nörgler nicht? Nörgler paßt der ganze Betriebskreislauf nicht. Wozu, so nörgelt Nörgler, brauchen Bücher überhaupt Vermittler? Daß sie gedruckt werden müssen und daß es im Falle fremdländischer Herkunft auch guter Übersetzungen bedarf, das (so Nörgler) verstehe sich von selbst. Aber wozu brauche es, wer brauche darüber hinaus noch Dolmetscher, *criticism*? Rezensionen würden vor allem von anderen Rezensenten gelesen, und wozu die Literaturwissenschaft gut sein solle, das habe seines Wissens noch keiner herausgebracht. Parasitär, lautet der höhnische Schlachtruf, sei dieser Betrieb, eine Versammlung eitler Schmarotzer am Leibe der Dichtung. Zaghaft entgegnet zwar der Betrieb, daß doch auch er, Nörgler, sich freuen werde wie ein Schneekönig, wenn eines Tages eine Dissertation über sein, Nörglers, Spätwerk erscheine: *Nörgler und seine Epoche;* aber dieser Appell an die eigene Eitelkeit wird sogleich als unfair im Keime erstickt. Leser, so der beharrliche Einwand, wollen lesen, und entweder gefällt ihnen, was sie lesen, oder es gefällt ihnen nicht, dann lassen sie es eben sein. Vordenker und Vorkoster weisen sie, wenn sie bei Verstand sind und sich desselben ohne Leitung eines anderen bedienen können, als Anmaßung und Zumutung ebenso entschieden zurück, wie es die Dichter ja auch tun. Und schließlich, so Nörglers letzter und fundamentaler Einwand, schließlich sei diese Art präzeptorhafter Belehrung doch nichts anderes als eine Erscheinungsform der *Macht.* Nicht um das Wahre, Schöne und Gute gehe es da, sondern um ein bißchen Diebsgelüst und Rammelei und eine schöne Position in der symbolischen Hackordnung, um Einfluß im Betrieb und womöglich auch noch bei Hofe – nicht um Kunst also, sondern um Geschäfte. Soweit Nörgler.

Damit ist der Stein ins Rollen und ein verwickeltes Geschehen in Gang gebracht, das genregemäß schließlich doch ins tröstliche Happy-End einmünden muß. Das dauert aber noch ein bißchen. Vorläufig läßt sich nicht übersehen, daß der mephistophelische Nörgler verteufelt recht hat – es läßt sich aber ebensowenig übersehen, daß er unrecht hat. Sein kategorischer Dolmetscher-Verzicht ist so offensichtlich unhaltbar, wie seine wohlfeile Macht-Kritik womöglich eben derjenigen Macht zuarbeitet, die ganz ohne die Ärmelschoner des Guten und Schönen gleich zur Sache geht. Und ist, so fragen tapfere Gegenstimmen, eigentlich eine symbolische Hackordnung um Namen und Texte nicht immer noch angenehmer als eine leibhaftige Hackordnung mit Schreibverboten und Todesurteilen?

Nun speist man bekanntlich nicht nur die Kinder mit Märchen ab, sondern auch Märchenhelden (denn nirgendwo erzählen sich die Leute ja so viele Geschichten wie im Märchen, vom dummen Hans bis zum weisen Nathan); warum also nicht auch die Nörgler? Dasjenige, das Nörglers tapferen Widersachern einfallen könnte, stammt von Hans Christian Andersen und handelt von zwei Kritikern, von der Macht und der Poesie im historischen Augenblick ihrer modernen Ausdifferenzierung. Das Veröffentlichungsjahr ist 1835 – zu Lebzeiten Heines und Börnes und genau zu der Zeit, da der Begriff ›Feuilleton‹ sich in Paris von der Bezeichnung der Annoncen-Beilage und der Plauderei auf die Literaturkritik ›unterm Strich‹ ausgedehnt hat. Auch die Schauplätze sind, dem Märchenhaften zum Trotz, realistisch identifizierbare Örtlichkeiten; und sogar einzelne Personen hatten Grund, sich in dieser Geschichte wiederzuerkennen. (Das ist lange her.)

Es war also, so muß sich Nörgler nunmehr anhören: es war einmal »ein gelehrter Mann«, der betrieb allgemeine Ästhetik und Literaturkritik, hatte auch literarische Ambitionen und außerdem eine bemerkenswerte Ähnlichkeit mit Hans Christian Andersen. Dieser Schreiber ist aus seiner nordisch kalten Heimat ins warme Italien gereist. Wie immer, so arbeitet er auch dort an seinen Schriften »über das Wahre, Schöne und Gute«. Eines Sommerabends in Neapel, hinter ihm in der Stube brennt schon die Kerze, sieht er auf dem Balkon der gegenüberliegenden Hauswand seinen Schatten sitzen. Im Spaß fordert er dieses Gegenüber auf, doch zur Abwechslung einmal eigener Wege zu gehen und herauszufinden, wer die geheimnisvolle Jungfrau ist, die sich zuweilen nachts, unter berückenden Sphärenklängen, auf eben jenem Balkon blicken läßt und die außerdem – wir sind im Märchen – wundersam zu leuchten scheint. Der Schatten macht, wie sich am nächsten Morgen herausstellt, mit diesem Angebot ernst und geht eigener Wege; schattenlos bleibt der verblüffte Italienreisende zurück. »Und das ärgerte ihn, aber nicht so sehr, weil der Schatten fort war, sondern vielmehr, weil er wußte, daß es da eine Geschichte gab von einem Mann ohne Schatten, die kannten ja alle Leute daheim in den kalten Ländern, und wenn nun der gelehrte Mann ankam und seine eigene erzählte, dann würden sie sagen, daß er herging und nachahmte, und das hatte er nicht nötig.« Wir sind unter Literaten, und die eine Schatten-Geschichte wirft, wie man sieht, auf die andere ihren Schatten.

Schauplatzwechsel: Jahre später. In einer nordeuropäischen Hauptstadt, seiner Heimat, lebt der ästhetische Kritiker (dem in der Zwischenzeit ein kümmerlicher zweiter Schatten nachgewachsen ist) einsam und erfolglos. Denn seine klugen Abhandlungen, in denen er unverdrossen das ›Wahre, Schöne und Gute‹ unter die Leute bringen will, diese Bücher wollen die Leute nicht lesen. Da erhält er eines Abends Besuch von einem mageren und gutgekleideten Menschen, der diskret mit Siegeln und Goldkette klappert und sich als der ehemalige Schatten vorstellt, der im Laufe der Jahre Fleisch angesetzt hat. Begonnen hat diese erstaunliche Entwicklung im neapolitanischen Nachbarhaus, dessen geheimnisvolle Bewohnerin niemand anderes war als die Poesie persönlich. »›Die Poesie!‹ rief der gelehrte Mann, ›ja, ja – sie lebt oft als Einsiedlerin in den großen Städten! ja, für einen einzigen kurzen Augenblick habe ich sie auch gesehen, aber mir saß der Schlaf in den Augen!‹«

Hineinkommen können hätte der verschlafene Ästhet aber wohl auch dann nicht, wenn er die Poesie erkannt hätte. Denn einen anderen Eingang zum Haus dieser Fremden als den luftigen durch die Balkontür hat noch niemand gefunden. »Das ganze Erdgeschoß war nur Laden an Laden, und da konnten die Leute ja wohl nicht immer hindurchlaufen.« So ist es, und deshalb gibt es in dieser Geschichte keine Verbindungstür zwischen der nächtlich leuchtenden Poesie und dem täglichen Kommerz. Nur der Schatten des Ästheten vermag sich dank seiner leib- und schwerelosen Natur, in dessen Auftrag, als kritischer Voyeur auf dem Luftwege bei der Poesie einzuschleichen, von Balkon zu Balkon, und einen Blick aus dem Vorgemach zu werfen. Allein, eben diese zwielichtige Beschaffenheit ist es auch, die ihm, naturgemäß, ein weiteres Vordringen unmöglich macht; geriete er tiefer hinein in ihren aufgeklärt-lichtvollen Palast, würde das, naturgemäß, seine Selbstauflösung bedeuten. Immerhin, es reicht, um dem Ästhetiker einen zumindest andeutenden Bericht zu erstatten; und es reicht ihm, um »meine eigene Natur« zu begreifen. »Ich war drei Wochen dort, und das wirkt genauso stark, wie wenn man dreitausend Jahre leben und alles lesen würde, was gedichtet und geschrieben ist.« Eine kühne Behauptung; denn das einzige, was der Schatten im Licht der Poesie erkennt, ist eben seine eigene Schattenhaftigkeit – und die vage Ahnung, daß die Lichtwelt der Fremden ebenso schön wie für seinesgleichen, naturgemäß, gefährlich ist. Gerade infolge dieser Erkenntnis aber wird der Schatten nunmehr zum zeitgemäßen Wiedergänger des romantischen Poeten: zum Zeitungsschreiber. Unter Ausnutzung seiner Fähigkeit, sich nach Belieben an Hauswänden hinaufzustrecken, auszudehnen und kleinzumachen, hat er sich Einblicke in Dachstuben und Schlafzimmer der Großstädte verschafft und erkennt sich, abermals in der Position des Voyeurs, als potentiellen Journalisten: »Ich sah das Allerundenkbarste bei den Frauen, bei den Männern, bei den Eltern und bei den süßen, reinen Kindern; – ich sah (...), was kein Mensch wissen durfte, aber was sie alle so gerne wissen wollten (...) – Hätte ich eine Zeitung geschrieben, die wäre gelesen worden!« Da ihm aber die Texte ohnehin nicht Zweck, sondern bloß Mittel sind, kann der Schatten, wenn ihm nur eine effektivere Schreibweise einfällt, ebensogut zur direkten Erpressung übergehen: »›Ich schrieb gleich an die Betreffenden selbst, und es verbreitete sich Schrecken in allen Städten, in die ich kam. Sie hatten solche Angst vor mir; und ich war ihnen so überaus lieb und wert. Die Professoren machten mich zum Professor, die Schneider gaben mir neue Kleider, (...) und die Frauen sagten, ich sei so schön! – und so wurde ich zu dem Mann, der ich bin; und jetzt sage ich adieu; hier ist meine Karte, ich wohne auf der Sonnenseite und bin bei Regen immer zu Hause!‹ und dann ging der Schatten.«

Nicht mehr die Trias des Wahren-Schönen-Guten ist fortan Professor Schattens Ziel, sondern die Macht. Zu diesem Zweck nutzt er das Gute als Maskierung seiner Bosheit, das Schöne als Ausstattung mit den Statussymbolen der feinen Unterschiede (Uhrkette, Anzugstoffe), das Wahre als Stoff der Denunziation.

Der idealistisch-gelehrte Kritiker macht dagegen eine weit schlechtere Figur. »Ach!« seufzt er dem erfolgreichen *alter ego* ins Schattenohr, »ich schreibe über das Wahre und das Schöne und das Gute, aber keiner interessiert sich für so etwas, ich bin ganz verzweifelt, ich nehme mir das so zu Herzen! ›Ich aber nicht!‹ sagte der Schatten, ›ich werde dick, und darauf kommt es auch vor allem an! ja, Sie verstehen sich nicht auf die Welt.‹« Und er hat ja recht: Der Schreiber wird tatsächlich immer dünner, sozusagen ein Schatten seiner selbst, und seine Bücher will niemand lesen – was vielleicht auch damit zu tun hat, daß die nähere Beschaffenheit des Wahren-Schönen-Guten über die Beschwörung dieser Formel hinaus denkbar vage und stofflos bleibt.

Also warum sollte man nicht gemeinsame Sache machen, zum beiderseitigen Vorteil? Der Schatten gewinnt den Ästheten als von ihm ausgehaltenen Reisebegleiter auf der Brautfahrt – denn der Aufsteiger gedenkt die Königstochter zu heiraten, sich ins Zentrum der Macht einzuheiraten. Da aber sein einziger gesellschaftlicher Makel darin besteht, daß er verräterischerweise selbst keinen Schatten wirft (weil er ja eigentlich keine Substanz hat), und weil seinem einstigen Körper und Herrn ohnehin nichts anderes übrigbleibt (der ja mit den Jahren so sehr an Substanz eingebüßt hat) – deshalb macht er nun den Rollentausch perfekt. Er hält den Ästheten am Leben – unter zwei Bedingungen: erstens soll er bitteschön für ein bißchen Spaß sorgen (»ich bezahle die Reise, und Sie machen die Reisebeschreibung und sind so ein bißchen unterhaltsam, wenn wir unterwegs sind«), und zweitens soll er sich überall als seinen, des Schattens, Schatten ausgeben. »Andere Menschen«, erläutert er der Königstochter, »haben einen gewöhnlichen Schatten, aber ich schätze das Gewöhnliche nicht besonders. Man gibt seinem Diener bessere Kleider zur Livree, als man sie selbst trägt, und deshalb habe ich meinen Schatten zum Menschen aufputzen lassen; ja, Sie sehen, daß ich ihm sogar einen Schatten gegeben habe. Das alles ist natürlich sehr kostspielig« – aber das macht die Sache ja nur reizvoller. Zu den Aufgaben des menschlichen Schattens gehört, daß er sich immer, den Lichtverhältnissen entsprechend, an der jeweils richtigen Seite seines neuen Herrn hält und daß er aushilft, wenn es in der Konversation einmal mit dem Wahren-Schönen-Guten hapern sollte (was nur zwei Seiten derselben Medaille sind). Denn bei Hofe hält man schon noch auf Poesie und Bildung, auch wenn man ansonsten eher Gefallen an den gutgekleideten Goldkettenträgern hat, und deshalb bedarf der Schatten, um gegenüber der Königstochter nicht schattenhaft-nackt dazustehen, der ästhetischen Deckung: »›Das hab ich schon als Kind gewußt‹, sagte der Schatten, ›ich glaube, sogar mein Schatten da drüben an der Tür kann das beantworten (...) er hat mich nun so viele Jahre begleitet und aufgepaßt, – ich möchte es doch annehmen! aber Ihre Königliche Hoheit gestatten mir, Sie darauf aufmerksam zu machen, daß er so stolz darauf ist, für einen Menschen gehalten zu werden, daß man ihn, wenn er in der richtigen Stimmung sein soll – und das muß er, um gut zu antworten –, durchaus wie einen Menschen behandeln muß.‹ (...) Und dann ging sie hinüber zu dem gelehrten Mann an der Tür, und sie redete mit ihm (...) und er antwortete so klug und gut. ›Was das nur für ein Mann sein muß, der einen so weisen Schatten hat!‹ dachte sie, ›es wäre ja ein reiner Segen für mein Volk und Reich, wenn ich ihn zum Gemahl nähme; – ich tu's!‹«

Und sie tut's tatsächlich. Die skandalöse Umkehrung der ursprünglichen Verhältnisse, in deren Verlauf der Schatten zum König und der Schreiber zum Schatten wird – sie ist nichts weiter als folgerichtig. Die nackte Macht ist kein schöner Anblick, und wo ihr Agent auf Freiersfüßen die Königstochter umschwänzelt, da bedarf er eines Schattens, der sich erstens noch immer auf die ewigen Werte versteht und der zweitens den Mund hält und alles mitmacht – gegen anständige Bezahlung und eine zwar etwas erniedrigende, aber alles in allem doch komfortable symbolische Position zu Füßen des Usurpators, immerhin auf der Schloßterrasse in der Sonne.

So wäre alles gut und das Märchen am Happy-End – wenn der erniedrigte Ästhet nicht zum schlechten Schluß noch die Verknüpfung zwischen dem Wahren-Schönen-Guten und der Menschenwürde, die der Schatten behauptet hatte, beim Wort nähme. Weil aber diese beiden Konzepte in seinem Kopf sogar die Rhetorik des Schattens überlebt haben, und weil sie zusammengehören, darum jagt am Ende der alte Meister dem neuen Herrn doch noch einen gehörigen Schrecken ein – lassen wir das

Märchen noch einmal etwas ausführlicher zu Wort kommen: »›Ich habe das Grauenvollste erlebt, was man erleben kann!‹ sagte der Schatten, ›denk dir – ja, so ein armes Schattenhirn kann nicht viel vertragen; – denk dir, mein Schatten ist verrückt geworden, er glaubt, er wäre der Mensch und ich – denk nur, – ich wäre sein Schatten!‹ – ›Das ist ja furchtbar!‹ sagte die Prinzessin, ›er ist doch hinter Schloß und Riegel?‹ – ›Das ist er! Ich fürchte, er wird sich nie mehr erholen.‹ – ›Armer Schatten!‹ sagte die Prinzessin, ›er ist sehr unglücklich; es ist eine wahre Wohltat, ihn von dem bißchen Leben zu erlösen, das er noch hat, und wenn ich recht darüber nachdenke, scheint mir, es wird notwendig sein, daß die Sache in aller Stille erledigt wird!‹ – ›Das ist wirklich hart!‹ sagte der Schatten, ›immerhin war das doch ein treuer Diener!‹ und dann war es, als ob er seufzte. – ›Sie sind ein edler Charakter!‹ sagte die Königstochter. – Am Abend war die ganze Stadt illuminiert, und die Kanonen gingen los: bum! und die Soldaten präsentierten das Gewehr. Das war eine Hochzeit! Die Königstochter und der Schatten traten auf den Balkon hinaus, um sich sehen zu lassen und noch einmal ein Hurra zu bekommen. Der gelehrte Mann hörte nichts von alldem, denn ihm hatten sie das Leben genommen.«

Solange er der vereinten Macht von Staat und Salon als Diener dienstbar war, haben sie ihn gewähren lassen; als er aufbegehrt – oder nein: nur widerspricht, ach was: bloß die eigene Restwürde behaupten will, da wird er halt geschlachtet, ohne viel Aufhebens und durchaus ohne Einbußen für den Märchenschluß mit Hurrarufen und Böllerschüssen. Der Schreiber neuen Typs bedient sich des alten bei Bedarf so rücksichtslos wie erfolgreich (und zwar pikanterweise erfolgreich für beide Seiten) – aber was hier Erfolg hat, das ist ja bei poetischem Lichte besehen gar nicht die Poesie, sondern eine sich vollkommen selbst genügende Macht, die sich fallweise und zweckmäßig auch literarisch drapiert. Und die glänzende Gestalt der Jungfrau Poesie selbst glänzt denn am Ende des Märchens auch nur noch durch Abwesenheit.

Das märchenhafte Happy-End ist also zwar ein perfektes

Ende, nur eben nicht mehr ganz *happy*. Der Dichter-Denker alten Schlages, der ein ›Wahres, Schönes und Gutes‹ mehr proklamiert als praktiziert und die lebendige Poesie nicht einmal dann erkennt, wenn sie ihm leibhaftig gegenübersteht – er ist schon längst mausetot, ehe ihn die Herrschaft erledigen läßt. Dieser Kritiker, der hilflos klagende Worthülsenverwahrer des Klassizismus, war der Dichtung schon längst verlorengegangen, ehe er sein schattenhaftes *alter ego* auf die Suche nach ihr schickte und sich selbst zur Nachtruhe begab. Sein Gegenstück und Widersacher emanzipiert sich dagegen zum Kritiker neuen Typs, der die Zeichen der Zeit erkannt hat – kein italienreisender Romantiker mehr, sondern ein Klatsch-Journalist im Focus der Metropole. Für die Poesie freilich, auf die er zumindest einen flüchtigen Blick geworfen hat, ist er genauso fremd und verloren wie sein einstiger Ziehvater: Hatte dieser sich im Festhalten an Begriffen, denen unbemerkt längst der Inhalt abhanden gekommen war, zunächst um seine Macht und dann ums Leben bringen lassen, so geht sein alerter Schatten im Bündnis mit der Macht in der Macht auf. Hatte der eine sich noch gefragt, wie man nach Chamisso denn noch eine Schatten-Geschichte schreiben könne, so pfeift der andere auf sämtliche Chamissos und schreibt, wenn er noch schreibt, Erpressungsbriefe.

Die Poesie hingegen ist in dieser 1835 noch neuen Welt zwar abwesend, wirkungslos und buchstäblich sprachlos – aber sie ist eben nur unbekannt verzogen. Da, wo man den Eingang zu ihr suchen mochte, erstreckte sich ja die Ladenzeile der Fußgängerzone; die Welt, in der sich der Schatten wie zu Hause fühlt. Aber im Unterschied zu den beiden Helden der Geschichte ist sie am Ende keineswegs am Ende. Der ästhetische Kritiker, der halb ein philosophischer Gelehrter und halb ein steckengebliebener Dichter war und sich deshalb noch irgendwie mit ihr im Bunde fühlte, hat zwar den Kontakt mit ihr genauso verloren wie sein Schatten und stirbt einen häßlichen und rohen Tod; das Märchen entsteht hier nur über seine Leiche. Aber über seine Leiche – entsteht eben ein Märchen. Andersens Märchen vom Ende der Literaturkritik ist ein Märchen *als* Literaturkritik und wird auf diesem Umweg unversehens eine poetische Literaturkritik und literaturkritische Poesie.

Denn während wir zugesehen haben, wie der eine Literat vor die Hunde ging und der andere, der Hundehalter, aufhörte, ein Literat zu sein – währenddessen hat sich fast unbemerkt ein dritter erhoben, und das ist der Schreiber dieses Märchens selbst. Er liest nicht nur Chamisso und die Artikel der Zeitungen und die Erpressungsbriefe gleich mit, er schreibt auch die Geschichte vom Schatten, die sein Wiedergänger im Text nicht mehr zustande bringt: Das hier *war* ja diese Geschichte, eben Andersens Märchen vom Schatten. Indem aber dieses Märchen das Verhältnis zwischen Poesie, Kritik und Macht so konsequent und selbstironisch reflektiert, wird in ihm die Macht, von der es handelt, unterlaufen und die Poesie, von der es auch handelt, wieder zum Leuchten gebracht. Es sind die beiden Seiten derselben Münze. Bei Andersen geschieht, was der gelehrte Mann Roland Barthes einhundertvierzig Jahre später in seiner Antrittsvorlesung am *Collège de France* proklamiert hat: von einem Ort aus zu reden, der außerhalb der Macht steht. Nicht die Institution ist dieser Ort, sondern die Weise seines Redens. Der Macht entkommt der Kritiker natürlich ausgerechnet im *Collège de France* sowenig wie der Dichter Andersen im Kopenhagener Salon und im weltliterarischen Kanon. Aber in der Weise seines selbstreflexiven, seines zugleich kritischen und poetischen Redens von der Poesie stellt er die Macht (und sich selber) für einen Augenblick bloß; und in ihrer Nacktheit ist sie gebannt – wenn nicht in Scham, dann doch in Schande.

Auch wenn Andersens erneuerte Frühromantik vom Jahr 1997 so weit entfernt scheint wie Neapel von Kopenhagen – ein paar Entgegnungen auf Nörglers Einwände lassen sich vielleicht doch festhalten: Unentbehrlich ist Literaturkritik sowenig wie die Literatur selbst. Die Welt der Schatten und Königstöchter (und, wie man sah, zunächst auch noch der Betrieb der Statthalter des Wahren-Schönen-Guten) läuft auch ohne sie wie geschmiert. Aber wenn doch die Poesie selbst unter diesen Umständen nicht totzukriegen und von den Schicksalen ihrer kritischen Vermittler so gar nicht betroffen ist – was für eine Literaturkritik verlangt sie dann? Zunächst: gar keine. Nicht Jungfrau Poesie bedarf hier der Vermittler, sondern die Nachbarn und die Passanten auf der Straße, die nachts zuweilen Sphärenklänge hören und eine wunderbar leuchtende Gestalt auf einem Balkon sehen, zu dem sie den Zugang nicht finden. Die aber würden eine Kritik gut gebrauchen können, in der die Poesie sich weder programmatischen Letztwerten fügen soll und dabei als fremde und lebendige Gestalt aus dem Blick gerät noch zu Erwerb und Erhalt einer ihr fremden Macht beliebig ein- und abgeschaltet wird – sondern eine, die sich aus ihrer eigenen Beschaffenheit sozusagen von selbst ergibt. Und das wäre – immer laut Andersen – ein Dolmetscher-Handwerk, das ohne die Beschwörung idealistischer Formeln auskäme, und eine Kritik, die so ist, wie Andersens Märchen es auf seine Weise als Text vormacht – die nämlich den poetischen Prozeß fortsetzt und dem Ziel folgt, diese Bewegung in Gang zu halten. Sind nicht die Produkte der Poesie selbst immerfort Gewebe aus Übersetzungen, im buchstäblichen wie im metaphorischen Sinne? Auf Andersens Märchen jedenfalls trifft das zu, das doch zusammengewoben ist aus demjenigen Chamissos, aus Volksmärchen, Zeitungsartikeln und aus allen möglichen Kopenhagener Briefen und Lokalgeschichten. Wenn das so ist, dann sollte ein Leser diese Bewegung wohl ruhig fortsetzen dürfen. Denn dann könnte Andersens Märchen vom Schatten zu jenen Texten gehören, die der gelehrte Mann Barthes zur Unterscheidung von den bloß passiv »lesbaren« die »schreibbaren« genannt hat.

Selbstporträt

Von Hans Christian Andersen

Sieh dort am Hang! Wer ragt da lang empor,
Das Angesicht so bleich wie vormals Werther?
Die Nase lang wie ein Kanonenrohr.
Die Äuglein (winzig!) Richtung Himmel kehrt er.

Er singt was Deutsches, so mit »ach, woher…?«,
und starrt nach West, als würd' er was vermissen.
Was hat er, warum seufzt er bloß so schwer?
Ja lieber Gott, man kann nicht alles wissen!

Doch ist er wohl, auch wenn ihr's nicht versteht,
ein Irrer – ein Verliebter – ein Poet.

Aus dem Dänischen von Heinrich Detering

Kannibalen und Pistolen – die übersetzte Pippi Langstrumpf

Von Astrid Surmatz

Im vergangenen Jahr wurde Astrid Lindgren neunzig Jahre alt, die schwedische *Pippi Långstrump* zweiundfünfzig, die deutsche *Pippi Langstrumpf* immerhin achtundvierzig. Lauter Damen mit Lebenserfahrung, und eine Reihe von Büchern, die vielen Menschen in Deutschland sehr ans Herz gewachsen sind. Blicken wir also ein wenig zurück auf die Aufnahme, die Astrid Lindgrens berühmtestes Buch in Schweden und der Welt erfahren hat.

In früheren Jahrhunderten haben die Schweden ihre Kinderbücher aus Deutschland, aus England und aus Frankreich importiert. Das erste schwedische Kinderbuch, erschienen vor vierhundert Jahren, war eine Übersetzung aus dem Deutschen. Wie kommt es, daß sich der Wind so gedreht hat? Angefangen hat es wohl mit Hans Christian Andersen, mit Selma Lagerlöf ging es weiter; und um die letzte Jahrhundertwende hat sich das Bild geändert. Carl Larssons Bilder etwa oder die Jugendstil-Bilderbücher der Elsa Beskow sind vielen Deutschen noch heute ein Begriff; Beskows *Hänschen im Blaubeerwald* erlebt noch immer Neuauflagen. Bis zum Zweiten Weltkrieg wurde viel skandinavische Kinder- und Jugendliteratur nach Deutschland importiert. Dann kam der Nationalsozialismus. Mit seinen Machthabern versuchten sich manche skandinavischen Kinderbuchautoren erfolgreich zu arrangieren – Marie Hamsun etwa, die Autorin der *Langerud*-Bücher (und Ehefrau Knut Hamsuns). Selma Lagerlöfs Bücher dagegen, darunter der *Nils Holgersson,* wurden nur so lange verlegt, bis die Verfasserin sich offen gegen die Nazis äußerte und versuchte, jüdischen Freunden die Flucht aus Deutschland zu ermöglichen. Die Ideen, die in der ersten Jahrhunderthälfte über die Möglichkeiten einer neuen Kinderliteratur entwickelt worden waren, wurden vom Nationalsozialismus in Deutschland vernichtet; sie hatten, als der Krieg zu Ende war, in Skandinavien sozusagen überwintert.

Und dort debütierten um 1945 eine ganze Reihe neuer Kinderbuchautoren – so die Finnlandschwedin Tove Jansson, die Mutter der *Mumins,* und eine Autorin namens Astrid Lindgren. 1944 war ihr erstes Buch erschienen, eine Mädchengeschichte unter dem Titel *Britt-Marie erleichtert ihr Herz.* 1945 dann erschien der (allerdings schon früher geschriebene) erste Band der *Pippi Langstrumpf,* dessen Titelheldin den stärksten Mann der Welt, er heißt übrigens Adolf, im Zirkus unter allgemeinem Jubel der Zuschauer auf die Matte wirft. Dieses Buch war etwas ganz Neues; und selbst im gelassenen Schweden stellte die aufmüpfige Pippi sämtliche Erziehungsvorstellungen auf den Kopf. So eine Figur hatte es im Kinderbuch bis dahin nicht gegeben; und der Protest blieb nicht aus. In der Zeitung ›Aftonbladet‹ schrieb ein bekannter Kritiker, Pippi müsse der Phantasie eines Geisteskranken entsprungen sein, und sagte dem Buch einen raschen Untergang voraus. Daß es in ungefähr siebzig Sprachen übersetzt, gar ein literarischer Klassiker werden würde, schien damals unvorstellbar.

Und in Deutschland? Hier war das Buch bereits von mehreren Verlegern abgelehnt worden, als Friedrich Oetinger sich 1949 dazu entschloß, es herauszubringen. Das war ein Wagnis, um so mehr, als viele andere Verlage sich zu dieser Zeit vor allem darauf verließen, Titel der zwanziger Jahre wiederaufzulegen. Niemand konnte voraussehen, wie das Buch zwischen Nachkriegshunger und Wirtschaftswunder aufgenommen werden würde. Die Kritiker waren geteilter Meinung – einige lobten die Neuartigkeit, andere warnten vor moralischen Gefährdungen und rieten dazu, die Lektüre für Kinder unter vierzehn Jahren zu verbieten. Die größte Gefahr sahen manche Kritiker, Bibliothekare und Eltern in der möglichen Nachahmung: wenn sich nun alle Kinder so benähmen wie Pippi?

Dabei war Pippi in der deutschen Übersetzung von 1949 schon etwas besser erzogen als im schwedischen Original. (Um Mißverständnissen vorzubeugen: Der Text, der heute im Buchhandel erhältlich ist, stimmt mit dieser frühen Version nicht mehr überein; der Oetinger-Verlag hat die Übersetzungen inzwischen korrigiert und die meisten zensierten oder geänderten Textstellen wieder dem Original entsprechend in den deutschen Text aufgenommen.) Ein Beispiel: Während eines Waldausflugs schlägt die schwedische Pippi vor, man könne doch Pilze sammeln, »und brach *einen schönen, roten Fliegenpilz* ab. ›Ich frage mich, ob man den essen kann‹, sagte sie weiter. ›Jedenfalls kann man ihn nicht trinken, so viel ist klar. (...) Vielleicht geht's ja!‹« So jedenfalls lautet der Text in wörtlicher Übersetzung. Die deutsche Übersetzung von 1949 ist vorsichtiger: »›Man sollte wirklich Pilze sammeln‹, sagte Pippi und brach *einen schönen braunen Steinpilz* ab. ›Ich frage mich, ob man den essen kann.‹« (*Pippi Langstrumpf,* 1949, S. 98.) Daß hier also der Fliegen- zum Steinpilz mutiert ist, hinderte Ursel Wolf nicht, in *Bücherei und Bildung* (2. 9. 1950) mit den Worten vor Buch und Pilz zu warnen, die kindlichen Leser würden vielleicht »im Wald auch erst einmal Pilze anknabbern, um festzustellen, ob sie giftig sind – wie Pippi – oder Geschirr auf Steinböden werfen (...) oder wie Pippi die Meinung vertreten, daß die Schule völlig unnötig sei. So führt gerade das Fehlen alles Moralisierenden, das anfänglich so begeistert, dazu, das Buch für unsere Arbeit abzulehnen (...) bis etwa zum 14. Lebensjahr.«

Ein zweites Beispiel: Am Ende des ersten Bandes gibt Pippi ihren beiden Freunden Tommy und Annika je eine Pistole mit nach Hause. In Schweden hat man diese Szene als Autonomieerklärung für die beiden Kinder gedeutet. In Deutschland hat man sie zunächst auch wortgetreu übersetzt, um sie später frei umzudichten: »Wollt ihr übrigens jeder eine Pistole haben? *Aber nein, ich glaube, wir legen sie lieber wieder in die Kiste. Das ist nichts für Kinder!*«

Nicht nur Tommy und Annika wurden so entwaffnet, sondern auch Pippis Garderobe korrigiert. Vor lauter Bedenken angesichts des kurzen Kleidchens, das Pippi im schwedischen Text trägt, wurde der Heldin in der deutschen Übersetzung vorsichtshalber eine blaue Hose untergezogen: »Ihr Kleid war sehr komisch. Pippi hatte es selbst genäht. Es war wunderschön gelb; aber weil der Stoff nicht ausgereicht hatte, war es zu kurz, *und so guckte eine blaue Hose mit weißen Punkten darunter hervor.*« Und schließlich fehlte in dieser ersten Übersetzung auch die Klatschgeschichte von der wild bellenden Dienstmagd Malin, die sich im Bein der Pastorsgattin verbeißt, drei Tage lang daran hängenbleibt und sich erst am Freitag wieder davon löst.

Es sind unterschiedliche Gründe, die solche Eingriffe veranlaßt haben können: Angst vor einer Vorbildwirkung (die lesenden Kinder könnten sich an Pilzen vergiften oder in Beinen anderer Leute festbeißen), Verminderung der ohnehin erheblichen Fremdheit des Textes, normative Vorstellungen davon, was in guter Kinderliteratur vorkommen solle. In den achtziger und neunziger Jahren haben sich zwar manche Normen verändert, die Normativität aber nicht – bekanntlich ist Pippi als asoziales Kind kritisiert worden, als Kapitalistin (schließlich wirft sie mit Goldstücken um sich) oder Rassistin *(Pippi in Taka-Tuka-Land).*

Dieser Mischung aus Idealismus und Angst vor Tabus begegnet man nicht nur in deutschen *Pippi*-Übersetzungen. In Frankreich wurde das Buch zusammengekürzt und moralisch gereinigt; auch Astrid Lindgrens Einspruch half nichts. So fragte die Autorin beispielsweise an, warum Pippi in der französischen Übersetzung nicht ein Pferd hochhebe, sondern nur ein Pony. Die Antwort: Vielleicht könne man schwedischen Kindern weismachen, daß ein Kind ein Pferd stemmen könne, aber französischen ganz bestimmt nicht. Inzwischen hat Astrid Lindgren in Frankreich eine vorzügliche Neuübersetzung durchgesetzt, die vor zwei Jahren erschienen ist.

Pippis amerikanischer Verleger schließlich hatte schon in den fünfziger Jahren Angst vor einem möglichen Rassismus-Vorwurf, und so verwandelte man in der amerikanischen Übersetzung 1951 Pippis Vater der Einfachheit halber vom »Negerkönig« zum »Kannibalenkönig« – eine Lösung, die auch in anderen Ländern übernommen wurde. Daß Tommys und Annikas Eltern ihre Kinder nun im dritten Band seelenruhig auf eine

Insel voller Kannibalen ziehen lassen, ist zwar etwas erstaunlich. Aber soviel ich weiß, hat sich noch kein Kannibale über die Übersetzung beschwert.

Der nordische Humor unterscheidet sich kaum vom mitteleuropäischen.
RUDI KLEIN

Die Folgen eines Aufrufs des isländischen Präsidenten anläßlich der bevorstehenden Unabhängigkeit des Landes

Von Göran Tunström

Es war einmal, sagte Vater, in grauer Vorzeit, genauer am 17. September 1943 um sieben Uhr abends. Da begab es sich, daß Sveinn Björnsson, unser künftiger Präsident, eine Ansprache an die Nation hielt, die deren gesamte Existenz berühren würde. Nach zahlreichen lyrischen Ausbrüchen und einer Liste alles dessen, was der Krieg den Isländern gegeben hatte, angefangen bei Besatzungssoldaten bis hin zu Heringsölfabriken und einer verzwanzigfachten Eierproduktion, behauptete er, die brütende Dunkelheit, unter der das Volk jetzt lebe, werde dann wie weggeblasen sein. Ein neues Leben werde anbrechen, ein Leben, wie es zuvor nicht dagewesen sei, werde entflammt werden wie in den Gedichten Jónas Hallgrimssons: Es werde ein neues Volk mit einem neuen Herzen zur Welt kommen, und »die Vorzeit werde nur noch ein Erröten auf den Abhängen des Fjälls sein«.

Und dann fuhr er mit seiner klassischen Ansprache fort, welche die Nation dazu brachte, sich näher über die Radios zu beugen: »Wir sind ein kleines Volk, aber kein armes. Wir haben genügend Land und die reichsten nur denkbaren Fischgewässer. Wir könnten in materiellem Wohlergehen leben. Doch genügt das? Ich frage euch, ihr Söhne Heimdalls, genügt das?« Unser wahrscheinlicher künftiger Präsident hielt länger den Atem an, als es je ein anderer getan hatte, solange Funkstille gemessen wird. Danach zitierte er die Zeilen von Bjarni Thorarensen, die unsere Nation meist in Tränen ausbrechen läßt:

Am schönsten und teuersten
Und auf ewig am größten
Bist du in der Liebe deiner Kinder
Und in unseren Träumen von der Zukunft…

Dann wechselte Sveinn erneut die Stimme und wiederholte seinen rhetorischen Schlenker: »Nochmals frage ich euch, ihr Söhne Heimdalls, genügt das?«

Aus natürlichen Gründen konnte die Nation nicht antworten. Sie wartete mit offenen Mündern und gab der Stimme damit die Chance, selbst zu sagen: »In eurem Namen antworte ich: Nein und nochmals nein. Wir müssen unsere Erde füllen, unsere leeren Landgebiete, und wir müssen es jetzt tun. Deshalb, ihr Söhne Heimdalls: Sucht euch heute abend eine Frau vom Geschlecht Heimdalls und befruchtet sie. Ja, laßt in dieser Nacht das Leben von zehntausend neuen Isländern entstehen, so wie einst an einer einfachen Krippe ein Licht entzündet wurde. Diese Kinder sollen Kinder der Selbständigkeit genannt werden, und von dem Staat, den wir dann, in neun Monaten, am 17. Juni 1944 ausrufen werden, sollen sie als Taufgeschenk eine an den Preisindex gekoppelte Krone erhalten sowie einen Fußball – alternativ eine Puppe aus reinstem Zelluloid. In strahlender Sonne will ich, euer wahrscheinlicher künftiger Präsident, diese neuen Leben, die unser Land aufbauen werden, in Empfang nehmen, und in diesem Land sollen Milch und Honig fließen. Ja, es soll ein Land Gosen werden.«

Und Vaters Erzählungen zufolge geschieht dies: In einer engen Wohnung am Undurstigur steht während der Ansprache unseres künftigen Präsidenten ein achtzehnjähriger Jüngling und schluckt seine tägliche Ration natürlichen Hai-Lebertrans. Er nimmt seine Dosis gegen Schmerz, Überdruß und Verzweiflung, denn natürlicher Hai-Lebertran hilft gegen alles. Der Name des Jünglings ist Nestor. Er ist lang und schlaksig und dürfte in seinem Gebet an den Hai-Lebertran wohl auch etwas von einem stärkeren Knochengerüst gesagt haben. Er hat ein langes, schmales Gesicht mit hohem Haaransatz; es klappert, wenn er sich von dem Zimmer in die Küche bewegt, in der das Radio steht, und seine Lippen umschließen halbgeöffnet die vorstehenden Schneidezähne. Er lächelt ein wenig, als Sveinn die allen so wohlbekannten Zeilen zitiert, und als Sveinn sich auf die schon beschriebene Weise zum Mikrophon beugt, äfft Nestor ihn nach. Sein Mund ist geöffnet, und als die mächtigen Schlußworte verklungen sind, bleibt Nestor der natürliche Hai-Lebertran im Hals stecken. Er schnappt nach Luft, stützt sich am Schreibtisch ab, auf dem er seine dichterischen Versuche aufbewahrt, worauf diese zu Boden fallen, um recht eigentlich nie mehr aufgehoben zu werden. Stöhnend und von Tränen geblendet tastet er sich zur Tür, schafft es, sie zu öffnen und taumelt auf die leere Straße hinaus, denn in diesem Moment ist es noch keinem aus dem fruchtbaren Teil der Bevölkerung gelungen, sich von der Botschaft zu erholen, und Nestor versucht, wie er auf der schlammigen Straße da liegt, einen Laut herauszubringen, einen Ruf, doch es wird kein Ruf, es wird ein Flüstern, und das Flüstern lautet:

»Hilfe.«

Den Gesetzen der Naturwissenschaft zufolge hätte dieses Flüstern von keiner lebenden Seele wahrgenommen werden dürfen, doch das Wort »Hilfe« ist ein eigentümliches Wort, Pétur, vergiß das nicht; es scheint gelegentlich die gleichen Fähigkeiten zu besitzen wie die automatisch ihr Ziel ansteuernden Raketen von heute, denn statt vor seinem Gesicht in den Schlamm zu fallen, findet es zwischen den Häusern seinen Weg zur Freyjugata, biegt links beim Baronsstigur ab, umrundet das Heck der Kirche, setzt seinen Weg zur Njálsgata fort, macht einen Bogen zum Vitastigur, und dort dringt es mit einem schwach schwirrenden Laut in den Gehörgang eines jungen Mädchens ein, in das Ohr eines panisch flüchtenden Mädchens ohne Höschen. Ihr Name ist Sunneva, und bevor meine Geschichte zu Ende ist, wird sie deine Großmutter sein, Pétur. Achtzehn Jahre alt ist sie um diese Zeit, die einzige Tochter eines zweifelhaften Kaufmanns namens Erling Jonsson, der den größten Teil seiner Zeit in Borgs Restaurant zubrachte. Sunneva war immer dabei, denn ihre Mutter war nach Kopenhagen geflüchtet; Sunneva saß neben ihrem zunehmend betrunkenen Vater und sehnte sich danach, umarmt zu werden, was dazu führte, daß sie eine zu Flirts neigende Dame wurde, gelegentlich etwas laut, manchmal etwas locker. Nestor, der im Restaurant arbeitete, mochte sie nicht, denn sie würdigte ihn nie eines Blicks.

Die Blicke waren den Soldaten vorbehalten, die sich hier aufhielten, um uns vor anderen Soldaten zu schützen. Sie schufen für die Eingeborenen Arbeit und Wohlstand, und zum Dank wurde ihnen zuweilen erlaubt, mit den Töchtern des Landes Bekanntschaft zu schließen, und beide Parteien hatten viel Verführerisches zu bieten.

Sunneva, meine *Mutter,* stand an diesem Tag – dem 17. September 1943 – aus einem Soldatenbett auf und sollte als Dank für den Besuch etwas Schönes wählen dürfen, was sie an ihrem lieblichen Körper tragen konnte. Der Soldat hielt ein schwarzes Höschen hoch. Danach ein rosafarbenes:

»Such dir aus, welches du haben willst.«

»Du kannst mir doch beide geben.«

»Es gibt vielleicht noch andere arme Mädchen, die es nötig haben, sich den Popo zu wärmen.«

»Ich bin nicht arm«, sagte Sunneva, »höchstens im Geiste.«

»Wie findest du denn das hier?«

Da stand der Soldat vor ihr und hielt ihr ein spitzenbesetztes Prachtstück hin.

»Das ist das Schönste, das ich je gesehen habe.«

»Dann nimm es doch, Darling.«

»Das geht nicht. Ich darf kein Grün tragen.«

»Kein Grün tragen?« sagte der Soldat.

»In unserer Familie liegt ein Fluch auf Grün. Mein Vater würde mich töten, so wie ein einstiger Verwandter umgebracht wurde, als er eine grüne Wolljacke trug. Im siebzehnten Jahrhundert.«

Der Soldat lächelte:

»Bist du denn kein modernes Mädchen, das sich über solchen Aberglauben hinwegsetzt?«

»Neein. Jaa, doch, vielleicht. Aber das Ding wird mich ins Unglück stürzen«, sagte Sunneva und schnappte sich das Höschen.

Zu Hause zog sie die verhaßten alten Unterhosen aus und wollte sich gerade unter Aufbietung aller ihr möglichen Rationalität das grüne Höschen überstreifen – als der Vater, Erling, betrunken in der Tür erschien:

»Was um alles in der Welt erlaubst du dir da, Mädchen?«

Er riß das Höschen an sich, ließ es auf den Fußboden fallen und trampelte darauf herum:

»Begreifst du nicht... siehst du nicht...«

»Das war das schönste von allen.«

»Aber weißt du denn nicht...«

»Das ist Aberglaube. Du hast das alles in den falschen Hals bekommen, und ich bin ein modernes Mädchen. Außerdem ist es *pistazien*farben.«

Erling blieb das Wort im Hals stecken. Er kaute und schluckte, bis ihm der Schaum aus dem Mund spritzte:

»Raus aus meinem Haus«, brüllte er mit der beginnenden Wut, die sich nicht mehr legen würde, bis er neun Monate später mein Großvater wurde.

Doch an der Ecke Bragagata und Undurstigur liegt Nestor und stöhnt. Er sieht Sunneva mit etwas Grünem in der Hand angelaufen kommen:

»Klopf mir auf den Rü... Rü... Rücken. Der Hai... Hai... Hai-Lebertran ist mir in die falsche Keh... Keh... Kehle ger... ger... geraten.«

Sunneva kniet sich hin und schlägt ihm mit den Händen hart auf den Rücken, bis der natürliche Hai-Lebertran herauskommt. Nestor bleibt befreit, mit blutunterlaufenen Augen und mit dem Gesicht nach unten liegen. Er wischt sich an Sunnevas ausgebreitetem Rock ab und legt ihr den Kopf in den Schoß.

»Hast du was Falsches gegessen?«

»Hai-Lebertran.«

»Den du in den falschen Hals bekommen hast. Warum das denn?«

»Aber hast du nicht gehört, was der Präsident gesagt hat?«

»Welcher Präsident?«

»Unser wahrscheinlicher künftiger Präsident, Sveinn. Im Radio, Sunneva.«

»Woher kennst du meinen Namen?«

»Den kennt doch *jeder.*«

In diesem Augenblick war von der Njálsgata her in der im übrigen völlig stillen Stadt ein entsetzliches Gebrüll zu hören: »Sunneva, Sunneva!« Diese ergriff Nestors Hand: »Kannst du mich irgendwo verstecken?«

»Ich wohne da drüben«, sagte er und zeigte auf das kleine gelbe Haus am Undurstigur. Er erhob sich mit Mühe und zog sie in die Wohnung.

»Vater tobt vor Wut. Ich darf dieses Ding hier nicht anziehen.«

»Du hast es doch gar nicht an. Was trägst du statt dessen?«

»Gar nichts. Du hast sicher von Erlings Angst vor allem Grünen gehört. Kein Salat, kein Spinat, nichts. Was soll dieser Sveinn noch gesagt haben?«

»Er hat eine sehr wichtige Ansprache gehalten, aber wenn du sie nicht gehört hast, ist sie schwer zu erklären, und wenn du sie gehört hättest, würde ich dich fragen, ob du Lust hast. Weil es zum Besten des Landes ist.«

»Was denn?« Sie wirbelte das grüne Höschen mit der Hand herum.

»Daß das Land mehr Kinder braucht. Und daß wir als Taufgeschenk eine an einen Index gekoppelte Krone bekommen würden, wenn… wenn es zum siebzehnten Juni im nächsten Jahr ein Kind gibt, wenn wir eine freie Nation werden.«

»Sind wir das nicht jetzt schon?«

»Wir sollen noch freier werden. Mit einem eigenen Präsidenten. Lauter solchen Dingen. Mit einem Nationalfeiertag und Gesang. Du weißt schon.«

Das Gebrüll kam jetzt immer näher. Nestor konnte durchs Fenster sehen, wie der Alte von Hauseingang zu Hauseingang lief und gegen die Türen schlug. Sunneva stürzte sich kopfüber unter die Decke, und Nestor tauchte hinterher.

»Glaubst *du* an solches abergläubisches Zeug?« flüsterte sie in der Dunkelheit.

»Ich weiß nicht. Manchmal *muß* man an etwas glauben, woran man nicht glauben will. An natürlichen Hai-Lebertran glaube ich aber.«

Jetzt war der Alte vor Nestors Fenster, das im Parterre lag. Nestor meinte fast, das Gesicht des Alten zu erkennen, das nur einen Meter von seinem entfernt war. Er preßte sich noch mehr an Sunneva und erhielt einen Stoß ihrer nackten Beine... und ja, der Rock war hochgerutscht. Er berührte sie und schluckte:

»Das hier ist ein... ein großes Er... Er... Erlebnis für mich.« Und im Schatten dieser Worte preßte er sich eng an sie und flüsterte in das sehr nahegelegene Ohr:

»Würdest du mit mir gern ein Kind machen, ich meine, weil der Präsident es nun mal will.«

»Nun ja, ich weiß nicht. Kinder schreien. Bei Kindern muß man die Windeln wechseln. Nein, Kinder will ich nicht, aber du darfst mich gern umarmen, ich meine, weil du mich gerettet hast.«

»Wenn ich verspreche, mich um all das zu kümmern.«

»Das sagst du nur.«

»Nein, ich verspreche auf Ehre und Gewissen, mich um all die praktischen Dinge zu kümmern.«

Jetzt hörte er, wie der Mann da draußen sich entfernte, der böse und verzweifelte Erling Jonsson. Sie lagen still im Bett und atmeten.

»Du kannst nicht ahnen, was das hier für mich bedeutet. Ich bin noch nie einer Frau so nahe gekommen. Du weißt, ich komme aus Ísafjörður.«

»Einmal ist es immer das erste Mal«, erwiderte Sunneva einfach.

»Ich weiß nur theoretisch, wie man liebt.«

»Ach was, lieben, du brauchst nicht so hoch zu greifen.«

»Obwohl ich das Gefühl habe, als würde der Körper die Theorie jetzt in die Praxis umsetzen.«

»Na schön«, seufzte Sunneva. »Wenn du versprichst, dich um

das Kind zu kümmern. Wie hieß er noch, dieser Präsident? Was hast du gesagt?«

Ja, ja, Pétur, so hat es sich vielleicht zugetragen, als ich als Spermium hierher zu wandern begann. Aber Tatsache bleibt: Zusammen mit elftausend sogenannten Kindern der Selbständigkeit kam ich – dem Wunsch des Präsidenten gemäß – am 17. Juni 1944 zur Welt. Es war ein regnerischer Tag. Der Gesang wurde von stöhnenden, schreienden Müttern in allen Ställen und Herbergen übertönt, denn der gute und inzwischen ausgerufene Präsident war in seinem Idealismus erhört worden, hatte aber dieses eine Detail vergessen: die Entbindungskliniken ausbauen zu lassen. Und Vater mußte sich um mich kümmern, denn Mutters lockere Sitten legten sich erst dann, als sie gläubig wurde. Und sie wurde wahrhaft gläubig. Als Lára starb. In dem Augenblick holte sie etwas ein: ein Licht, wie sie behauptete. Ein wanderndes Licht, das lange zu ihr unterwegs war.

Aus dem Schwedischen von Hans-Joachim Maass

Hafen

Von Rolf Jacobsen

Hier enden alle Straßen und der Markt.
Das breite staubbraune Pflaster
hört hier auf.
Licht fällt ein in die Stadt.
Hafen.

Nach Tagen des Hungers
der wohlvertraute Klang der Kais, Lärm der Eisenplatten.
Ich erreiche den Eckspeicher
und die hundert grauen Lagerhäuser.
– Jetzt sehe ich meinen Garten gen Himmel wachsen,
den Wald aus turmhohen Dampfbäumen,
schwarzblau, rotbraun
mit strahlend weißen Blumen.

MS Brunla läuft heute abend aus.
Korbstühle leuchten an Deck, es riecht nach Farbe.
Koffer werden verstaut, Winschen kläffen laut.
Unter dem qualmenden Rumpf gleiten
Eisenbahnwaggons dahin mit Fisch und Holz.

Das Meer hat Eisenpfosten.
Hinter grauen, schwarzen, roten
Eisenburgen knurren Propeller
das Straßenpflaster an. – Gespensterschatten
gleiten über die milchige See dahinter. – Blenda aus
Hamburg.
Masten schreiten himmelwärts.

Lächelnd schwingt der Kran
einen gelben Wimpel ins Vormittagsgrau.
Hunderte von Kisten in der Luft.
Apfelsinen.
– San Pedro de toros, Valencia!

(1933)

Aus dem Norwegischen von Werner Lewerenz

Mutti

Von Ingvar Ambjørnsen

Die Anregung zu Mutti kam vom ›Spiegel‹-*Bericht über norwegische Kinder deutscher Besatzungssoldaten, die in der DDR aufwuchsen und deren Biographien von der Stasi mißbraucht wurden. Es gab aber noch die anderen Kinder, die nicht bei ihren deutschen Adoptiveltern bleiben durften, sondern die nach Norwegen zurückgebracht wurden, wo niemand sie haben wollte, ihre leiblichen Mütter schon gar nicht. Einige haben sich in den letzten Jahren, seit die norwegischen Archive geöffnet wurden, auf die Suche nach ihrer deutschen Familie gemacht, den einzigen Menschen, von denen sie jemals Liebe und Zuneigung erfahren hatten.*

Sie verließen die Autobahn und fuhren weiter durch einen Wald. Es war fast neun Uhr abends, es war noch hell, der Julihimmel wölbte sich über der Landschaft. Es war kühl, aber ihr gefiel der Luftzug vom offenen Fenster. Es war schön hier. Uralte Laubbäume auf beiden Straßenseiten, sie sah einen Schatten, der sich bewegte, irgendein Tier lief durch den Farn.

Er sah sie an. »Bist du gespannt?«

»Ich weiß nicht. Nicht so, wie ich erwartet hatte.«

»Ehrlich gesagt, ich begreife nicht, warum du das willst.«

Sie gab keine Antwort. Diesen Satz hatte er in letzter Zeit sehr oft gesagt.

Der Wald lag hinter ihnen. Rapsfelder. Kohl. Kartoffeln. Die Felder zogen sich bis ins Unendliche hin. In der Ferne ragte ein Kirchturm aus der grünen Landschaft auf, das Dorf, in dem sie übernachten wollten.

Sie dachte an einen roten Ball. An einen roten Ball vor einer blauen Wand. An das Gewicht des Balls in ihren Händen.

»Hier muß es irgendwo sein«, sagte er. »Die nächste Straße rechts?«

Sie schaute auf der Karte nach. »Ja«, sagte sie. »Hier.«

Sie fanden die Abzweigung. Er hielt am Straßenrand, und sie stieg aus. Sie hatten das alles schon oft besprochen, er sollte im Auto sitzenbleiben.

Es hatte eben erst geregnet. Der Weg war uneben und voller schlammiger Pfützen. Was sagte ihre Erinnerung? Sie war sich nicht sicher. Die Scheune war neu, das niedrige Wohnhaus aus Ziegelsteinen dagegen...

Auf dem Hof stand ein junger Mann, der sich am Motor eines Treckers zu schaffen machte. Er hatte die Ärmel hochgekrempelt, sie sah das Muskelspiel seiner mit Öl befleckten Oberarme.

Er legte den Schraubenschlüssel auf den Treckersitz und sah sie an.

Sie stellte sich vor. Sagte, sie komme aus Norwegen und suche Herrn Randers.

Und hörte noch einmal das, was der Journalist ihr bereits gesagt hatte. Der Mann hatte den Hof vor fünf Jahren von Helmut Randers gekauft. Was aus Herrn Randers geworden war, wußte er nicht. Der war sehr krank gewesen, Krebs, keine Ahnung, ob es noch Angehörige gab.

Sie sah sich um. Rosensträucher vor dem Wohnhaus. Die massive weißgestrichene Holztür. War die damals nicht blau gewesen?

Und dann hörte sie das Lachen. Emmas lautes, munteres Lachen. Hörte es irgendwo ganz weit hinten in ihrem Gehirn. Doch, dachte sie. Das war hier.

Das Dorf war eine kleine Idylle, mit vielen engen Gassen und Straßen, einem von schiefen alten Häusern umkränzten Marktplatz. Das Gasthaus lag neben dem Rathaus, es sah aus, als habe es schon im Dreißigjährigen Krieg als Gasthaus gedient, es war gut erhalten und von wildem Wein überwuchert.

Er hielt den Wagen an. »Na?«

»Nein«, sagte sie. »Das sagt mir alles nichts. Aber sie haben wohl kaum die Kinder mitgenommen, wenn sie zum Markt gefahren sind.«

Ein junges Mädchen führte sie auf ihr Zimmer. Das Zimmer

war eng, aber hell, es blickte auf einen Garten, wo die Restaurantgäste unter den Buchen saßen. Die Gäste tranken Bier aus Steinkrügen und genossen ihr spätes Abendessen.

»Ich glaube, ich könnte meine rechte Hand fressen«, sagte er. »Komm.«

Sie fanden neben einem Karpfenteich einen freien Tisch, und dann sahen sie zu, wie die grauschwarzen Karpfenrücken durch das trübe Wasser schwammen. Eine junge Frau brachte ihnen die Speisekarte, sie bestellten sofort ein Bier, dann studierten sie das Menü. Es gab kräftige deutsche Bauernkost, sie dachte, gleich wird sich seine Laune bessern.

Beim Essen sagte er: »Das war sicher ein seltsamer Tag für dich.«

»Ja. Sehr seltsam.«

»Aber dieser Journalist… konnte er denn gar nichts über die Familie in Erfahrung bringen?«

»Er war auf Durchreise. Er hatte anderes zu tun. Helmut ist tot. Das spüre ich. Und die Alten auch.«

Und dann hörte sie wieder dieses Lachen. Und es kam nicht aus ihrer Erinnerung, sondern aus einem offenen Fenster im Haus, sie hörte das Lachen, sie hörte Geschirr klirren, sie hörte das Lachen, ihr wurde schwindelig. Sie legte Messer und Gabel hin.

»Stimmt was nicht?« Er trank das kalte Bier und musterte sie über den Krugrand hinweg.

»Das ist Emma«, sagte sie. »Ich bin ganz sicher.«

Er blickte sich um.

»Das Lachen. Nur Emma kann so lachen. Und dieses Lachen ist bei mir, seit ich fünf Jahre alt war. Ich habe es im Traum gehört.«

Er stellte den Bierkrug hin und aß weiter. »Ich glaube, du träumst. Wünschst dir etwas, das du nicht bekommen kannst. Das ist einfach zu unwahrscheinlich.«

Aber das war es gar nicht. Im Gegenteil, es war wahrscheinlich, daß Emma einen Mann aus der Gegend geheiratet hatte. Sie hatte seinen Namen angenommen und war deshalb nicht unter Randers im Telefonbuch zu finden gewesen. Und mehr Zeit hatte der Journalist nicht gehabt. Er hatte gerade noch den Hof ausfindig machen und im Telefonbuch nachschauen können.

Sie stand auf.

»Bitte«, sagte er. »Blamier uns doch hier nicht. Ich möchte schließlich hier übernachten.«

Sie fand den Weg in die Küche, folgte dem Klappern der Töpfe, dem Klirren von Besteck. Als sie die Küche betrat, verstummte alles. Zwei Köche lehnten rauchend an der Geschirrspülmaschine. Vor einem Tisch stand eine Frau, die um einiges älter war als sie selber, und schnitt hauchdünne Scheiben von einem gekochten Schinken. Ihre grauen Haare waren nach hinten gekämmt und im Nacken zu einem Knoten hochgesteckt.

Sie ging über den mit schwarzweißen Fliesen belegten Boden und reichte der Frau die Hand. Die andere griff verdutzt danach, es kam nicht oft vor, daß ein Gast die Küche betrat.

»Du bist Emma, nicht wahr?«

Die andere nickte stumm.

»Ich heiße Ingrid«, hörte sie sich selber sagen. »Du hast mich immer Iki genannt.«

Emma holte tief Luft, weinen mußte sie aber trotzdem. Sie umarmten sich, bis sie beide ganz leer waren.

Und dann sagte Emma zu den beiden Köchen, die verlegen vor der Geschirrspülmaschine standen:

»Geht jetzt nach Hause, Jungs.« Dann holte sie eine Flasche und zwei Gläser.

»Ich glaube, wir brauchen jetzt einen Schluck. Nein, mehrere. Herr Jesus, nach all den Jahren!«

Sie setzten sich an den Tisch. Emma wischte sich mit ihrem kräftigen rosa Unterarm die Tränen ab. »Mama hat nie aufgehört, von dir zu sprechen. Erst als ...«

»Sie ist tot, nicht wahr?«

»Nein, sie lebt noch. Aber sie ... manchmal ist sie bei klarem Verstand, aber meistens ist sie sehr weit weg.«

»Und die anderen?«

»Alle tot. Nur Mama und ich sind noch übrig. Und du. Weißt du noch, wie du abgeholt worden bist?«

»Ja. Ich kann mich an das rote Kreuz auf dem Wagen erinnern. Sie haben es sicher gut gemeint, aber ich habe meine Eltern verloren. Und dich und Helmut und Uwe.«

»Und deine eigene Mutter? Was ist in Norwegen passiert?«

»Waisenhaus. Pflegefamilien. Ich bin wie ein Paket weitergereicht worden. Ich habe meine eigene Mutter erst gefunden, als ich zwanzig war. Sie wollte mich nicht treffen, sie hatte ihre eigene Familie. Meinen Vater kenne ich überhaupt nicht. Ich glaube, der hat später in der DDR gelebt.«

Emma nickte. »Du warst mein Schwesterchen. Du hast bei mir geschlafen. Ich glaube, ich habe wochenlang geweint, nachdem du abgeholt worden warst. Aber ich habe mich damit getröstet, daß du zu deiner richtigen Mama nach Norwegen gebracht worden warst. Himmel. Gut, daß ich nicht gewußt habe, daß sie dich in ein Nichts zurückgeschickt haben.«

Ingrid schüttelte den Kopf. »Nichts wäre eine bessere Lösung gewesen, als das, was mich erwartete. ›Deutschengören‹ standen nicht besonders hoch im Kurs.«

Sie tranken. Sie tranken die halbe Nacht und wanderten um fünfzig Jahre zurück in der Zeit.

Mutti saß in sich zusammengesunken in einem Rollstuhl, ganz am Ende des grünen Flurs. Sie zupfte sich am Arm und schaute aus dem Fenster. Es regnete. Ein kräftiger Guß schüttelte draußen die Baumkronen.

»Ich habe Iki mitgebracht«, sagte Emma. »Sie ist den ganzen Weg aus Norwegen gekommen.«

Ingrid legte die Blumen auf einen kleinen Tisch und umarmte die alte Frau.

»Ich weiß nicht, wer Sie sind«, sagte Mutti. »Aber etwas zu essen sollen Sie bekommen. Von meinem Hof ist noch niemand hungrig weggegangen. Nicht einmal während Herrn Hitlers Krieg!«

Aus dem Norwegischen von Gabriele Haefs

Die Kunst, ein Neger in Norwegen zu sein

Von Are Kalvø

Die Norweger fangen früh an, etwas über Menschen aus anderen Ländern zu lernen. In der Schule gibt es Unterrichtsfilme, die heißen ›So leben sie dort‹. Aus ihnen lernen wir, daß in Afrika alle große Krüge auf dem Kopf tragen und wilde Partys veranstalten, auf denen die Damen ihre Titten schlenkern lassen und halbnackte Herren mit Knochenresten in den Nasen auf Trommeln einhämmern, wobei sie ›hayiijayiiiiijayiiiiahahaaa‹ brüllen; alles geht ziemlich wild vonstatten, aber Hoffnung ist zum Glück in Sicht, denn etwas weiter weg in einem kleinen Schuppen steht eine europäische Missionsdame in Khakizeug und schwitzt gewaltig und lehrt die kleinen Negerkinder, daß eins und eins zwei ist.

Schon früh also lernen wir Norweger, uns um andere zu kümmern. Und damit hören wir später im Leben nicht auf. Die meisten Norweger haben Neger sowohl im Film als auf Sammelbüchsen während ihrer Jugend gesehen. Viele Norweger waren schon im Ausland auf Urlaub und haben einem süßen, kleinen Eingeborenen einiges zuviel für etwas Keramikzeug bezahlt.

Johann Olav Koss hat sich stellvertretend für uns alle vieler Neger angenommen, auch wenn die sicher nicht vorher wußten, wer er ist. Gro Harlem Brundtlandt hat viele Reden für Neger gehalten, obwohl alle wissen, daß sie anderes zu tun hat. Und wir haben den Friedenspreis an Menschen mit den merkwürdigsten Hautfarben verliehen.

Das alles zeigt, daß das Verhältnis der Norweger zu Menschen mit einem anderen kulturellen Hintergrund von Weitsicht, Sympathie und Großzügigkeit geprägt ist.

Wenn aber die Beziehungen zwischen eingeborenen Norwegern und Ausländern in Norwegen dennoch nicht ganz problemfrei sind, dann hat das folglich mit mangelnder Kenntnis zu tun. Auf seiten der Ausländer. Viele sind einfach nicht geschickt genug, um Ausländer zu sein. Viele wissen erschreckend wenig darüber, womit sie die Eingeborenen erfreuen können, wie sie diese achten und ihre Erwartungen erfüllen können. Viele wissen auch nicht, wie sie sich benehmen sollen, um von den Eingeborenen akzeptiert und auf lange Sicht vielleicht ihnen gleich zu werden.

Deswegen, lieber Neger, kriegst du jetzt diese Zeilen, die mit wirklich gutgemeinten Ratschlägen und Tips, mit anregenden Beispielen dich die Kunst lehren, ein Neger in Norwegen zu sein.

Selbstverständlich geht es nicht nur um Neger. Es geht alle ›Fremdkulturellen‹ in Norwegen an. ›Fremdkulturell‹ ist ein Begriff, der erfunden wurde, damit die Politiker nicht immer ›Schwarze‹ im Fernsehen sagen müssen. Von diesen Politikern wird ›fremdkulturell‹ auch gern als Sammelbegriff für jene Ausländer benutzt, die so unheimlich aussehen, daß sie ältere Damen dazu bringen, die Zukunftspartei zu wählen (am rechtesten Rand des politischen Spektrums in Norwegen befindliche Partei, Übs.). ›Neger‹ ist natürlich viel genauer.

Die Norweger mögen Ausländer, die exotisch und charmant sind. Bereits da stoßen Ausländer in Norwegen auf ein Problem. Es verhält sich nämlich so, daß ziemlich vielen Norwegern die Ausländer dann exotisch und charmant vorkommen, wenn sie sich im Ausland aufhalten.

Wenn wir Norweger im Ausland Urlaub machen, in eine Bar hineinspazieren und auf einen Eingeborenen treffen, der ›Arsch‹ auf norwegisch sagen kann, dann finden wir das furchtbar süß und charmant. Ein Neger, der in einer Bar in Sykkylven herumhängt und ›Arsch‹ sagt, wird kaum auf die gleiche Begeisterung stoßen.

Es gibt mehr Beispiele von der Sorte. Wir Norweger deuten jedenfalls leicht etwas im Ausland als exotisch und charmant, was wir ganz anders auffassen, begegnet es uns in Norwegen.

Wenn wir z. B. einen unrasierten, zahnlosen alten Mann in einem norwegischen Park erblicken, dann sagen wir, wir haben die Schattenseite der Gesellschaft angeschaut. Treffen wir auf einen zahnlosen, unrasierten alten Mann auf einer griechischen Insel, dann behaupten wir, etwas Echtes, Ursprüngliches, Ungekünsteltes gesehen zu haben, und fotografieren ihn. Und dann zeigen wir das Bild Freunden, die nicken und finden das entzückend. Zweifellos würden wir aber als nicht mehr ganz sauber von den Kumpels angesehen werden, würden wir stolz ein Fotoalbum mit Porträts zahnloser alter Alkoholiker von Bømlo, Stavseng oder Hokksund vorzeigen. Auch ein alter Mann auf einer Bank im Ausland ist entzückend. Ein alter Ausländer auf einer Bank in Norwegen ist höchst wahrscheinlich ein Schnorrer.

Wir Norweger finden es unerhört, daß ein norwegischer Imbißbudenbesitzer dann auf hat, wenn es ihm paßt. Dagegen finden wir es klasse, wenn die örtliche Taverne im Süden dann offen hat, wenn es dem Inhaber paßt, denn der Inhaber heißt José, hat einen großen Bauch und zwinkert der fünfzig Jahre alten Charter-Dame so zu, wie ihr zum letztenmal vor zwanzig Jahren von ihrem Mann zugezwinkert wurde. Und folglich denkt die Charter-Dame: Warum können norwegische Männer sich eigentlich nicht ein bißchen südländischer benehmen. Aber alle wissen, daß dieselbe Dame alles andere als geschmeichelt wäre, wenn ihr ein übergewichtiger Inhaber von City Grill & Bistro in Kyrksæterøra zugezwinkert hätte.

Und wenn der Inhaber von City Grill & Bistro in Kyrksæterøra zu allem Überfluß auch noch ein übergewichtiger Ausländer gewesen wäre, dann wäre sie darüber hinaus direkt zur Polizei oder zur Lokalzeitung gegangen und hätte bei der nächsten Wahl für die Zukunftspartei gestimmt.

Wir Norweger meinen, daß Chinatown in San Francisco ein farbenprächtiger, nachgerade festlicher Stadtteil ist – doch Grønland in Oslo ist eine soziale Problemzone mit einer unverhältnismäßig hohen Anhäufung fremdkultureller Elemente.

Was kannst du, der du fremdkulturell bist, daraus lernen? Na selbstverständlich, daß es schwierig ist, als Ausländer in Norwegen für exotisch und entzückend gehalten zu werden. Aber auch daß die Norweger am liebsten selbst den Zeitpunkt bestimmen möchten, zu dem sie Lust haben, exotische Ausländer zu erleben. Deswegen ist es sehr wichtig, daß du nicht immer und überall exotisch und farbenprächtig bist. Z. B. solltest du ein Stockwerk höher nicht exotisch sein oder auch nicht nach zehn Uhr abends und genausowenig während des Fußballtotos.

Aber wenn du erst einmal exotisch bist, dann ist es wichtig, daß du das geschickt machst. Da solltest du etwas machen, daß du exotischer dastehst, als du wirklich bist. Es ist ziemlich hilfreich, sehr farbige Kleider anzuhaben oder seltene Instrumente zu spielen, z. B. Trommeln mit Trommelfellen aus dem Leder einer Gnu-Oberlippe. Dann kannst du auch Geschichten erfinden, wie deine Vorfahren dieses Instrument verwendeten, um die Götter in Trockenzeiten zu beschwichtigen.

Dann kann man dich auch in sozialen oder kulturellen Zusammenhängen als ethnographische Bereicherung verwenden. Oder du gibst einen teuren Kurs für fünfundvierzigjährige, gerade geschiedene Frauen mit offenen Sinnen. Und wer weiß? Wenn du dich nur geschickt genug anstellst, kann es passieren, daß du dermaleinst auf einer CD-Einspielung der Evangelischen Heimvolkshochschulen im Hintergrund trommeln darfst.

Wenn ein Norweger vergißt, das Treppenhaus zu putzen, wenn er an der Reihe ist, dann ist das so, weil er faul oder vergeßlich ist. Wenn ein Neger vergißt, das Treppenhaus zu putzen, dann tut er das, weil er ein Neger ist. Daraus folgt, daß fremdkulturelle Besonderheiten im Alltag leicht für eine ungemütliche Stimmung sorgen. Und genau deswegen ist es eine in Norwegen sehr verbreitete Meinung, daß fremdkulturelle Menschen so schnell wie möglich norwegisch werden sollen.

Aus dem Norwegischen von Stephan Opitz

Ein verkleideter Norweger
NIKOLAUS HEIDELBACH

Idealzeit

Von Lars Saabye Christensen

Manchmal kamen unsere Eltern auf die Idee, etwas Lustiges für uns zu organisieren. Das war nicht besonders witzig. Und das Lustigste, was sie sich vorstellen konnten, war ein Skiwettlauf. Er startete im Januar bei Gaustad, und unsere Eltern hatten viel Spaß. Die Übereifrigsten unserer Väter schliefen die Nacht vorher draußen im Zelt, um auf die Loipe aufzupassen, wie sie sagten. Es gab auch Preise, Diplome mit drei Namen drunter, winzigkleine Pokale und Trosttüten mit IFA-Lakritzpastillen drin. Aber das blödeste daran war, daß es nicht darum ging, wer am schnellsten war. Wir sollten Idealzeit laufen.

Die Loipe führte in einer Schleife vom Acker durch den Wald hindurch auf eine Lichtung, von der aus wir Gaustad sehen konnten, wo die Idioten in den Fenstern hingen und uns wild anfeuerten, und danach führte die Spur wieder zurück, und als wir auf dem Acker wieder ankamen, standen alle Väter in ihren riesigen Anoraks da und stoppten mit schmalen Augen und Falten auf der Stirn unsere Zeit, und unsere Mütter winkten mit Thermoskannen, Butterbrotpaketen, sauren Blutapfelsinen und steinharter Kochschokolade, und sie sahen auch nicht ganz gesund aus.

Wir starteten im Abstand von zwanzig Sekunden, und das Allerwitzigste, was unsere Eltern sich ausgedacht hatten, das war, daß sie alle möglichen komischen Dinge entlang der Loipe ausgelegt hatten, die wir entdecken und uns merken sollten. Das konnte eine Brille sein, eine Krawatte, ein Fingerhandschuh oder vielleicht ein Unterhemd. Diese Dinge hingen in den Bäumen und lagen im Schnee, und wenn wir endlich ans Ziel kamen, mußten wir zwei ernsthaften Vätern, die im Zelt geschlafen hatten, alles aufzählen, was wir gesehen hatten. Dadurch sollten wir lernen, gut aufzupassen und lieber mit Weile zu eilen.

So latschten wir also die Loipe entlang, einer nach dem anderen, eine unbeholfene Bande von Zwergen, Puddingen und

Grünschnäbeln, die nach Gegenständen Ausschau hielten, die dort nichts zu suchen hatten, und die in einer Zeit laufen sollten, die unsere Eltern vorher festgelegt hatten, die wir aber nicht kannten. Auf solche Ideen kamen unsere Eltern. Sie sagten, das sei lustig.

Jonny und ich gewannen nie. Ich lief zu schnell und sah nichts. Jonny lief zu langsam und sah zuviel. Im Ziel berichtete er immer von leeren Schnapsflaschen, Zigarrenstummeln und Bierkorken. Da wurden die Väter, die im Zelt geschlafen hatten, sauer, und Jonny wurde disqualifiziert. Nicht, daß ihm das viel ausmachte. Denn wer will schon so ein Diplom über seinem Bett haben, mit Trysil-Knut auf einem Ski mit einem Riesenskistock, unterzeichnet vom Hausmeister, dem Dirigenten des Schulorchesters und Jacobsen vom Lebensmittelladen? Jedenfalls weder Jonny noch ich.

In dem Winter, als wir dreizehn wurden, Bonna-Bruchski und rote Rattenfallen zu Weihnachten bekommen hatten, weigerten wir uns, mitzumachen. Aber es nützte nichts. Jonny nannte es Schicksal, er hatte das Wort im Lexikon nachgeschlagen, Schicksal, er wußte, wovon er sprach. An einem Sonntag mit Tauwetter standen wir also wieder in Gaustad auf den Äckern und bekamen unsere Startnummer auf den Anorak geheftet, und es war einfach entsetzlich, wir waren jetzt die Ältesten in der Straße, unser Ruf stand auf dem Spiel, und besonders lustig ist es nicht, als Pudding angesehen zu werden, wenn du dreizehn bist. Auf Jonnys Stirn lief eine schmale Falte von der rechten Schläfe bis zum linken Auge, und er lehnte alle Apfelsinen dankend ab. Ich schwitzte vor Scham im Nacken. Aber unsere Eltern hatten viel Spaß.

»Zeigt, was ihr könnt!« sagte Papa und schlug mir viermal auf den Rücken.

»Und sperr die Augen auf!« rief Mama.

Ich startete vierzig Sekunden nach Jonny. Er wartete hinter der erstbesten Kiefer auf mich. Ich trat aus der Spur und ließ die Grünschnäbel mit aufgerissenen Augen vorbeilaufen.

»Haste was gesehen?« fragte ich.

»Vierzig verrückte Eltern, 352 Apfelsinen, sechs Pokale, acht

Diplome, neunzehn Thermoskannen und vier verkaterte Väter«, antwortete Jonny sauer und holte zwei Ascot aus der Anoraktasche.

Wir pafften, bis uns der Gaumen brannte.

»Wir scheißen drauf«, sagte Jonny plötzlich.

»Meinst du?«

»Verflucht, wir gehen zum Kikut.«

Und das taten wir. Wir stopften unsere Nummernschilder in die Tasche und verschwanden in der Nordmarka. Das war ein verdammt gutes Gefühl, einfach in der Nordmarka zu verschwinden, die Geschwindigkeit selbst zu bestimmen, eine andere Loipe zu nehmen als die, die unsere Eltern abgesteckt hatten, auf alles zu scheißen. Wir sagten den ganzen Weg lang kein Wort, denn Jonny und ich müssen nicht in einem fort quatschen, damit es uns gut geht. Uns geht es auch so gut. Nach ein paar Stunden brummten wir über den Bjørnsjø, und dann saßen wir beim Kikut mit heißem Johannisbeersaft und einem Schokoladenriegel zum Teilen.

»Ich war im Keller, um das richtige Wachs zu finden«, erzählte Jonny.

»Und womit hast du gewachst?«

»Und da unten habe ich ein altes Fotoalbum gefunden. Weißt du, so ein richtiges Fotoalbum.«

»Ja, klar. Mit Fotos drin.«

»*Alte* Fotos. Von Mama und Papa. Als sie jung waren.«

»Das lag im Keller?«

»Oben in einem Koffer. Und der Koffer lag hinter der Kohlenschütte, unter einer Matratze, auf dem Papas Fahrrad lag.«

»Dann hast du gar kein Wachs gefunden?«

»Es waren Fotos vom Krieg. Mit Jahreszahl und so draufgeschrieben. 1943. *Torbjørn und ich in Otta.* Das hat Mama geschrieben.«

»Torbjørn?«

»Das ist mein Vater. Er heißt Torbjørn. Also, der Krieg sah nicht besonders blutig aus.«

»Nein?«

»Nur lauter Kuhmägde und riesige Ziegenkäse. Aber weißt du was? Ich habe sie nicht wiedererkannt.«

»Deine Eltern?«

»Kein Stück. Wenn die nicht ihren Namen druntergeschrieben hätten, das hätte sonst jemand sein können. Ich habe sie einfach nicht wiedererkannt.«

Ich holte mehr Johannisbeersaft, und als ich mich wieder hinsetzte, sagte Jonny:

»Ich kann es mir irgendwie gar nicht vorstellen. Ich kann mir nicht vorstellen, daß Mutter und Vater mal ein Liebespaar waren. Und das sind sie auf den Fotos. Das krieg ich einfach nicht in die Birne.«

»Ich auch nicht«, erwiderte ich. »Daß meine Eltern mal ein Liebespaar waren, meine ich. Ich bin mir sicher, daß Papa schon mit Hut auf dem Kopf und Tasche unterm Arm geboren wurde.«

»Daß die miteinander bumsen«, fuhr Jonny fort und lehnte sich über den Tisch. »Schon bei dem Gedanken wird mir schlecht.«

»Hast du denn solche Gedanken?«

»Nein«, antwortete Jonny. »Aber erinnerst du dich noch an das Fußballspiel, das letztes Jahr abgesagt wurde?«

»Als wir bei Dælenenga spielen sollten?«

»Genau. An einem Samstag. Und als ich früher nach Hause gekommen bin, als meine Eltern gedacht haben, da lagen Mama und Papa mitten im Wohnzimmer auf dem Sofa.«

Ich brach das letzte Stück Schokolade in zwei gleiche Teile. Aber Jonny wollte keins.

»Auf dem Sofa?« flüsterte ich.

»Auf dem Sofa. Und ich bin einfach so reingestürmt. Habe nur Papas graue Strümpfe gesehen, einen Hemdenzipfel und Mama, die herumschrie.«

»Wie schrecklich.«

»An dem Tag gab's nicht viel zum Mittag. Und als ich ins Bett sollte, ist Papa in mein Zimmer gekommen. Weißt du, was er gesagt hat?«

»Nee. Woher soll ich das denn wissen?«

»Er hat gesagt, ich hätte das alles falsch verstanden.«

»Falsch verstanden?«

»Genau. Das hat Papa gesagt. Daß ich das nur nicht glauben sollte. Es war nämlich gar nicht so, wie ich es gesehen hatte.«

»Das hat er doch nicht so gesagt?«

»Doch. Und am nächsten Tag hat er das noch mal gesagt.«

»Und was hat deine Mutter gesagt?«

»Die hat zwei Wochen lang gar nicht geredet. Und Papa hat am nächsten Montag ein neues Sofa gekauft und das Wohnzimmer umgeräumt.«

»Komische Leute«, sagte ich.

Da entdeckten wir zwei Mädchen aus der Parallelklasse, Vivi und Merete. Wir sanken in uns zusammen. Sie kamen herein, die Haare voll Schnee, mit feuchten Kniebundhosen und Eiszapfen an den Wimpern. Die Wärme im Raum entflammte einen Brand in ihren Gesichtern, es sah aus, als züngelten Flammen an ihren Wangen empor. Jetzt hatten sie uns auch gesehen. Sie kauften sich Kakao und Waffeln. Sie setzten sich an unseren Tisch. Es war nicht so leicht, so schnell etwas Elegantes von sich zu geben. Wir saßen stumm da, schaukelten hin und her und warfen einander verstohlen Blicke zu. Aber jemand mußte den Anfang machen, und jemand, das war Jonny oder ich.

»Wir haben uns gerade über unsere Eltern unterhalten«, sagte ich.

Jonny gab mir einen gehörigen Tritt mit seinem Skistiefel unter dem Tisch, und dann wurde es wieder still. Zwei können den Mund halten, aber vier, das wird auf die Dauer ziemlich anstrengend.

»Ziemlicher Pappschnee«, sagte Jonny schließlich.

»Vor allem in Gaustad«, fügte ich hinzu.

»Womit habt ihr gewachst?« fragte Merete.

»Mit Vaseline und Talkum«, antwortete Jonny.

Die Mädchen lachten. Was hätte ich ohne Jonny gemacht? Ich weiß es nicht, ich weiß es wirklich nicht. Vivi kämmte sich das Wasser aus den Haaren, und in Meretes Augen schmolzen die Eiszapfen und tropften auf den Boden. Dann war es wieder still.

Aber wir hatten etwas gesagt. Wir hatten unseren Teil gesagt. Jetzt waren sie an der Reihe.

»Macht ihr bei dem Wettrennen nicht mit?« fragte Vivi.

»Doch nicht bei dem Scheiß«, sagte Jonny.

»Doch nicht bei dem Scheiß«, sagte ich. »Das ist doch nur was für Puddinge.«

Die Mädchen sahen einander an, Jonny guckte aus dem Fenster.

»Und ihr seid also keine Puddinge«, sagte Merete.

Ich faltete das Schokoladenpapier zusammen. Ich faltete es zwanzigmal. Das war Rekord.

»Natürlich nicht«, sagte ich leise und versuchte, Augenkontakt mit Jonny zu bekommen, aber er hatte wohl draußen einen Elch gesehen, der unsere Skier auffressen wollte.

»Vielleicht habt ihr ja nur Angst zu verlieren«, meinte Vivi.

»Gegen die Puddinge.«

Da drehte Jonny sich endlich um.

»Dieses Wettrennen kannst du gleich vergessen. Derjenige, der gewinnt, hat eigentlich verloren. Und das wissen alle.«

Die Mädchen begriffen nichts. Jonny mußte es genauer erklären.

»Idealzeit«, sagte er. »Der Witz bei der Sache ist nicht, am schnellsten zu laufen. Der Witz ist, genau das richtige Tempo zu haben. Und das ist ein ziemlich schlechter Witz.«

»Ein total bescheuerter Witz«, sagte ich. »Wir können nicht mal drüber lachen.«

»Genau«, sagte Jonny. »Wir können nicht mal drüber lachen.«

»Aber das kann doch ganz lustig sein«, sagte Vivi.

»Lustig? Stell dir mal 'ne Mathearbeit vor, ja? Wenn du alles richtig machst, kriegste nur 'ne Vier minus. Und wenn du nur die Hälfte schaffst, dann kriegste 'ne Eins plus. He?«

»Mir graut schon vor der Zwischenprüfung«, meinte Merete plötzlich.

»Mußt dir nur 'nen Schummelzettel in den Strumpf schieben und dann aufs Klo gehen«, erklärte Jonny.

»Dürft ihr da allein hingehen?« fragte Vivi.

Jonny sah mich an. Jetzt mußte ich endlich auch mal was sagen.

Ich sagte etwas.

»Allein hingehen?«

»Na, aufs Klo.«

»Die Aufsicht geht mit aufs Klo«, sagte Jonny. »Aber er geht doch nicht mit in die Kabine, du spinnst ja wohl.«

Jonny aß eine Waffel mit Erdbeermarmelade. Ich auch.

»Das macht aber unsere Aufsicht. Wir dürfen nicht die Tür zumachen.«

Jonny und ich sahen uns an, schluckten die Waffeln runter und ließen langsam die Luft wieder raus. Ich war an der Reihe, wieder etwas zu sagen.

»Müßt ihr, müßt ihr bei sperrangelweit offener Tür auf dem Klo sitzen?«

»Na, wir pinkeln ja nicht in die Rinne wie ihr«, entgegnete Vivi.

»Nein. Natürlich nicht. Das ist doch klar.«

»Bruchrechnen ist für mich das schlimmste«, sagte Jonny leise. Und viel mehr sagten wir nicht, bis wir nach Hause fuhren. Und währenddessen sagten wir auch nicht besonders viel. Der Himmel begann über dem Kiefernwald zu glühen, genau wie Vivis und Meretes Gesichter, als sie in die Hütte gekommen waren und wir sie entdeckt hatten, bevor sie uns sahen. Das sah ganz schön aus, aber das konnte ich nicht sagen. Es gab viel, was ich eigentlich hätte sagen mögen, aber nie sagte. Ich könnte ein ganzes Buch damit vollschreiben, was ich nicht gesagt hatte, mit allem, was mir einfiel, wenn es zu spät war, tolle Sachen. Und ich könnte ein Lexikon damit vollschreiben, was ich nicht getan hatte, aber was zu tun ich plante, hinterher, im Kopf, in den Träumen, allein, wenn die Chance vorbei war und alle schon nach Hause gegangen waren.

Doch bei der Bjørnhütte gab es einen Abhang, einen steilen Abhang hinter einigen engstehenden Bäumen, die in den Schnee getaucht dastanden, als wären sie aus Softeis. Dort gab es keine Spur, wir machten uns unsere Loipe selbst, es ergab sich einfach so, mein Herz bebte, die Skistöcke zitterten, aber es gab keinen anderen Weg, das nannte man wohl Schicksal, und für einen Augenblick sehnte ich mich zurück zum Wettrennen, zur Idealzeit, zu den Diplomen mit Trysil-Knut und sauren Blutapfelsinen und IFA-Pastillen.

Wir setzten uns hin, auf den Abhang, ein Stück voneinander entfernt, Jonny und Merete, Vivi und ich. Sie beugte sich über mich, sie schmeckte nach Kaugummi, heißem Kakao und Schweiß, dem Schweiß eines Mädchens, das war was anderes als der Gestank im Umkleideraum in der Garderobe, o ja, er war vermischt mit dem Geruch nach Haaren, Lippen und Parfüm. Ich weiß nicht, wonach ich schmecke, vielleicht nach Skiwachs, Knäckebrot und schmutzigen Strümpfen, wahrscheinlich. Wir lagen dort im Schnee, Vivi hielt ihren Arm um meinen Hals, und sie war stärker, als ich gedacht hatte, denn ich hatte sie im letzten Herbst im Frogner Stadion einen kleinen Ball werfen sehen, und der war bei neuneinhalb Metern gelandet. Mein Körper schwoll an, ich schwoll an, ich blähte mich auf, und meine Zunge war steif vor Kälte. Dann schmolz sie, sie schlängelte sich einfach in meinem Mund herum, schmolz wie eine gefrorene Safttüte, und wir stubsten uns gegenseitig, wir lagen im Schnee, und meine Hände machten sich selbständig. Ich wühlte in ihrer Anoraktasche, ich fand einen grünen Kamm, einen Lippenstift, Apfelsinenschale, eine Straßenbahnkarte, zwei Skigurte in den norwegischen Farben, einen Bleistift und drei Haarnadeln. Dann fand ich ihre Brüste, und plötzlich lag sie ganz unter mir, sie wand sich ein wenig, zeichnete einen halben Engel im Schnee ab. Ich hatte meine Skier nicht abgeschnallt, ich lag über ihr, wie ein Skispringer in einem reichlich verwickelten Sprung, und landete zu früh auf der Aufsprungbahn.

»Nein«, sagte sie leise.

»Nein?«

»Nein.«

Dann standen wir auf, alle vier, wie verwirrte Tiere, jedes aus seiner Grube. Ich überlegte, wie lange das Ganze wohl gedauert hatte, mochte aber nicht auf die Uhr gucken. Ich bürstete den

Schnee von Vivis Rücken ab. Jonny bürstete den Schnee von Meretes Rücken ab. Wir fanden die Loipe und liefen weiter nach Hause, als wenn nichts geschehen wäre.

Vivi und Merete nahmen die Bahn von Sognsvann aus. Das war's also. Sie schnallten ihre Skier draußen fest und verschwanden im Wagen. Wir blieben noch stehen und winkten ihnen hinterher.

»O Mann«, sagte Jonny.

»O Mann«, sagte ich.

Er schaute auf die Uhr.

»Jetzt sind sie bestimmt verdammt sauer auf uns.«

»Wer?«

»Na, was meinst du, wer? Unsere Eltern natürlich.«

»Natürlich. Wie spät ist es?«

»Halb sechs.«

»Halb sechs! Das gibt eine Standpauke. Lange und gründlich.«

Wir stakten uns zu den Gaustadäckern rüber, während die Dunkelheit flache Schatten entlang der Loipe warf. Die Preise waren abgeräumt, die Apfelsinenschalen weggeworfen, die Pokale verteilt und die Ziellinie zerrissen. Aber dort, wo die Loipe begann, standen vier Menschen in einem engen Kreis. Es waren Jonnys und meine Eltern. Wir fuhren mit geknickten Köpfen und hohem Puls zu ihnen. Wir waren auf das Schlimmste gefaßt. Wir bremsten beide mit einem eleganten Pflug. Sie drehten sich zu uns um, wir konnten kaum ihre Gesichter erkennen.

»Hattet ihr einen schönen Lauf?« fragte Papa.

Ich sah Jonny an.

»Doch, ja«, antwortete ich.

»Seid ihr weit gelaufen?« fragte Jonnys Vater.

»Doch, ja«, antwortete Jonny. »Ziemlich.«

»Gute Schneeverhältnisse?« fragte Mama.

Jonny sah mich an.

»Weiter oben war's prima«, sagte ich.

»Bergauf war's ein bißchen rutschig«, sagte Jonny. »Dafür ging es runter um so besser.«

»Ich brauche wohl gar nicht zu fragen, ob ihr unterwegs was gesehen habt«, bemerkte sein Vater.

Jetzt sahen Jonny und ich uns gleichzeitig an. Ich wollte das aufzählen, was wir letztes Jahr gesehen hatten, Unterhemd, Brille, Fingerhandschuh, Auspufftopf. Aber da war Jonny bereits losgefahren, und unsere Eltern lachten, sie lachten laut und ausgiebig. Ich beeilte mich, ihn einzuholen, und hinter uns kamen die Alten, sie lachten immer noch.

Wir fanden die Haltestelle Majorstua, hakten die Skier an der Frognerstraßenbahn ein und setzten uns ganz hinten hinein.

»Komisch«, sagte Jonny leise.

»Total verrückt«, sagte ich. »Was ist bloß los?«

»Die sind durchgedreht.«

»Durchgedreht und total verrückt. Vielleicht konnten sie die Apfelsinen nicht vertragen?«

Sie stiegen ein und setzten sich ganz vorn hin. Sie blinzelten nach hinten zu uns, lächelten und winkten uns zu. Wir taten, als würden wir sie gar nicht kennen.

»Dann möchte ich lieber eine Standpauke«, flüsterte Jonny.

»Ja«, stimmte ich ihm zu. »Eine Standpauke ist besser. Warum meckern die überhaupt nicht? Sonst meckern sie doch immer.«

Endlich fuhr die Straßenbahn los. Jonny zeigte auf die Kondomreklame auf dem Vinkelgården und kreuzte die Finger über der Nase.

»Ist was bei dir draus geworden?« fragte er.

»Ja.«

»Bei mir auch.«

»Unglaublich, was die alles in ihren Anoraktaschen haben.«

»Ja, unglaublich.«

Mama, Papa und ich stiegen am Frognerplass aus. Ich ging auf der anderen Straßenseite. Zum Mittag gab es Koteletts und als Dessert Schokoladenpudding. Aber ich konnte nichts essen. Ich sagte, ich wäre satt. Es gelang mir einfach nicht, den Löffel durch die dünne Haut durchzuzirkeln und dann dieses glitschige Geräusch zu hören, wenn er in etwas Weichem versank, das zitterte und vibrierte. Und ich mochte mir nicht die Fotos vom Heiligabend angucken, die Papa endlich hatte entwickeln lassen, ich mochte es nicht, denn es war vorbei, und ich konnte ihr breites Lächeln und die Geschenke, die ich nicht gebrauchen konnte, nicht ertragen.

Jetzt lachten sie nicht mehr.

»Aber Christian«, sagte Mama. »Ist was passiert?«

Ich ging ins Bett. Ich glaube, ich träumte von Uhren, ich stand in einem Uhrmachergeschäft am Drammensvei, wohin Papa mich einmal mitgenommen hatte, aber jetzt war ich allein dort, und die Uhren tickten von allen Seiten, und jede zeigte eine andere Zeit. Dann wachte ich aus einem anderen Traum auf, meinem alten Traum, ich lief Ski, hatte aber nur einen Skistock, und ich war gerade erst angekommen. Das Laken neben mir war naß. Ich stand auf, zog das Laken vom Bett, hängte es zum Trocknen über die Fensterbank. Es war schon fast Morgen, ein ganz zartes Licht bahnte sich seinen Weg, und da sah ich die Bettlaken, die aus all den anderen Fenstern heraushingen, weiße, nasse Laken, an einem Sonntagmorgen, in Skillebekk, wir winkten einander zu, alle Jungs, und wußten, daß es noch einige Stunden dauern würde, bis unsere Eltern es für nötig hielten, aufzuwachen.

Aus dem Norwegischen von Christel Hildebrandt

Maskerade

Von Lisbet Hiide

Wir tragen unterschiedliche Masken. Meine ist kugelrund, wehmütig. Mit weißen Ringen um Mund und Augen, Striche mit schwarzem Stift. Buschige Augenbrauen. Eine Grimasse. Mit Plastiknase. Rot und blinkend. Eine Glatze unter der gestreiften Mütze mit dem flachen Bommel. Schwarze Schleife mit Silberstreifen. Seine Maske ist weiß, mit stark geschminkten Augen. Schön. Golden shadow. Tiefroter Mund. Wir halten uns eng umschlungen, während wir gehen. Es ist Silvester. Wir küssen uns. Ich reiche ihm bis zum Bauchnabel. Mit kurzen, kräftigen Beinen und langen, flachen Herrenschuhen. Ein großkarierter Anzug in Grün-Lila-Gelb mit weiten Beinen. Ausgestopft. Daß ich mit meinem dicken Bauch gerade noch gehen kann. Ich wackle dick und feierlich neben meinem in Seide gehüllten Geliebten. The thin white duke.

Große Schneeflocken sind in der Luft. Und auf Kristoffers Haar. Sie glitzern in seinen Locken. Sternschnuppen. Eine Hexengruppe kommt uns auf der Straße entgegen. Johlende Mädchen mit langen, verfilzten Perücken. Sie reißen ihn mir aus den Händen. Werfen ihn wie eine Stoffpuppe zwischen sich hin und her. Mit gerußten Gesichtern. Halbnackt. Drücken ihn in den Schnee hinunter. Lachen. Küssen ihn eine nach der anderen gründlich ab. Er hat Ruß in seinem schönen weißen Gesicht und auf seinem Anzug. Er schreit. Ihr Lachen übertönt ihn. Ich bleibe stehen und proste einem kleinen, fetten Clown zu, der mir mit traurigen Augen entgegenwackelt.

Wir wollen zu einem Fest. Wir gehen die Straße entlang. Fakkeln und vereinzelte Raketen am Himmel. Wir wollen zur Silvesterparty bei Lotte und ihrem neuen Geliebten, in die Sorgenfrigate. Genau im richtigen alten Viertel. Genau im richtigen alten Haus aus der Mitte dieses Jahrhunderts mit den üblichen Verzierungen am Giebel. Ältere Pappeln und 2CVs. Namensschilder und Gegensprechanlage. Dinki-Paare mit unterschiedlichen Nachnamen und Doppel-W in der letzten Silbe. Das Treppenhaus mit Weihnachtspapier dekoriert. »Willkommen« gesprüht mit roter Farbe und Pfeile, damit man sich nicht verläuft. Lotte hinkt uns entgegen. Rot im Gesicht unter dem weißen Puder. Weiße Ballerina mit hochgestecktem Haar und Tüllrock. Der Traum aller kleinen Mädchen. Sie stolpert mit rosa Spitzenschuhen auf den Treppenstufen. Seide. Nachdem sie uns überschwenglich umarmt hat. Das ist also Kristoffer. Zieht uns in den Eingang hinein. Versucht, uns unbemerkt ins Wohnzimmer zu schieben. Ein rotbärtiger Wikinger mit großen Hörnern redet in leiser Babysprache auf ein großes, modelartiges Mädchen ohne Kostüm ein. Sie schreit: Fuck! und schmeißt die Tür Kristoffer direkt vor der Nase zu. Ich falle in die Arme von Eric mit dem mächtigen Bart. Steif. Er riecht streng. Sein Panzer und seine Keule klirren. Lottes Neuer. Mit Knutschflecken am Hals. War blöd, sie einzuladen, schnaubt Lotte. Wo sie gerade erst ausgezogen ist.

Die Wohnung ist frisch gestrichen. Leichter Farbgeruch. Blaue Wände mit weißen Türrahmen und Einfassungen. Der Kronleuchter überhäuft mit bunten Girlanden. Lange Streifen Seidenpapier unter der Decke. Violett-gelb-grünes Kreppapier.

Eine kleine, grüngekleidete Frau saugt lange grüne Streifen von der Decke mit ihrer kleinen roten Zunge auf.

Eine Blattlaus mit dunkelgrünem Gesicht und ebensolchen Händen. Eine kleine grüne Kappe. Grüner Rock, unten wie Zungen eingeschnitten. Sie leckt Stühle und Türrahmen ab und saugt einen hellgrünen Papierstreifen von der Schulter ihres Nachbarn auf. Vereinzelt stehen Gipsbüsten auf Sockeln im Zimmer. Von berühmten Verstorbenen. Eric ist Kunsthistoriker und Sammler. Ein langer, dunkler Mann in weißem Smoking entfernt stöhnend eine Beethoven-Büste und springt selbst auf den Sockel. Er ist unsterblich geworden. Herausragend und berühmt. Für einen Abend.

Ein Dutzend Menschen sitzen bequem auf den hellblauen Sofas. Mit Drinks, Gelächter und knallbunten Kostümen. Wir kommen zu spät. Auf dem großen Glastisch Snacks in allen Variationen. Große Porzellanschüsseln mit Wasser und darin schwimmende Kerzen. Wie fließendes Licht.

Lotte bringt uns Begrüßungsgetränke. Auf Zehenspitzen mit abstehendem Rock und gestrecktem Spann. Macht Pirouetten. Mit dem Tablett über dem Kopf. Der Wikinger applaudiert. Umfaßt die schmale Taille und hebt Lotte in die Luft. Sie stöhnt. Der Wikinger ist da. Sie sind schrecklich verliebt. Lotte stellt uns vor. Sille und Kristoffer. Ich mache einen Knicks und einen Handstand-Überschlag. Rückwärts. Gehe in die Brücke. Verliere fast meine Nase. Der Anzug ist unerträglich heiß. Keiner lacht. Es ist noch zu früh. Ich trinke schnell mein Glas aus, noch eins. Extrastarker Aperitif mit Trauben. Der pure Schnaps. Löst die Zungenbänder. Am wichtigsten Feiertag des Jahres. Der immer ein etwas bedrückendes Gefühl mit sich bringt. Schwierig, ihn zu genießen. Den ganzen großen Freudentaumel.

Abgesehen von Kristoffer und mir. Er lacht über mich. Laut. Nennt mich sein kleines, dickes Hefebrötchen. Verdreht mir die Nase. Aschenputtel kommt zu uns. Groß und mager, rußig im Gesicht und am Hals. Mit nackten Beinen unter mehreren Lagen schmutzigem Stoff, auf den bleiche Pailletten genäht sind. Sie umfaßt Kristoffer: Bist du mein Prinz? Hat jemand ihn gesehen? Er muß verschwunden sein. Ich habe überall nach ihm gesucht. Ein kräftiger Typ mit Doppelkinn über einem engsitzenden Trikot. Länglicher Backenbart. Offensichtlich allein, unterhält er alle an dem niedrigen Glastisch. Ist darauf aus, etwas für die Nacht aufzureißen. Wirft Komplimente in alle Richtungen. Krault die Damen unterm Kinn. Reibt Schenkel an Schenkel. Die Finger jucken. Mit roter Haube. Feuerrotem Trikot und rundem, vorstehendem Bauch (nicht ausgestopft). Noch ein runderer Teil steht vor. Weiter unten. Betont durch das Trikot. Er mischt Smirnoff in die Drinks. Unzufrieden mit der Stimmung. Der Ausgelassenheit. Erzählt Witze, um die Paare aufzulockern. Sie sitzen brav und still nebeneinander in ihren Partnerkostümen. Romeo und Julia. Sie hat ihren Teil bereits getrunken. Schläft schnarchend (Vorspiel). Der Scheich mit der Haremsdame. Sie atmet schwer durch ihren Schleier. Leckt sich die Finger nach Romeo. Mit hellblauen Augen, leichtem Silberblick. Jeder guckt in eine andere Richtung. Sie reden kein Wort miteinander. Er ist in jeder Hinsicht auf der Suche nach einer neuen ersten Frau. Rotkäppchen und der Wolf essen Erdnüsse. Geben sich heimlich Küßchen. Mit roter Samtkappe. Braune, feste Zöpfe mit Seidenschleifen. Knallrote Wangen. Der Korb mit Flaschen und festlichen Etiketten. Ich schaue mich nach Georg um. Ihrem schönen Geliebten. Sie hat ihn als alte Dame ausstaffiert. Fast zwei Meter hoch in kurzem Blümchenkleid, Schuhen mit Blockabsatz und Topfhut mit Schleier. Kurze graue Locken. Er rührt mit säuerlicher Miene in seinem Drink herum. Sitzt peinlich geniert in einer Ecke. Er ist einfach zu attraktiv und sie schrecklich eifersüchtig. Für heute hat sie das Problem gelöst. Die Blattlaus geht auf die Pflanzen auf den Fensterbänken los, schluckt Blatt für Blatt in kleinen Stückchen. Sie wird krank werden, denke ich. Wir suchen uns einen Platz. Sitzen hinter einem Typen, der allein tanzt in breitkrempigem Hut mit Ketten (klirrenden) und nacktem Oberkörper. Er ascht mit einer dicken, fetten Zigarre auf meine Mütze und küßt Kristoffer auf den Mund. Setzt sich auf mich. Zwingt mich, ihm Platz zu machen. Ich lächle tapfer. Treffe den Blick eines unangenehm langen, dunklen Mannes (Stelzen). Er steht unbeweglich an die Wand geklebt, rührt sein Glas nicht an. Starrt mich unverwandt an. Spottend. Ich starre trotzig zurück. Er trägt eine Maske. Er ist der Tod.

Wir sammeln uns im Kreis und stoßen an. Das kalte Büfett wartet. Kartoffelsalat, Trauben und fetter roter Lachs glitzern auf dem Tisch. Ich stehe zwischen Aschenputtel und dem Tod. Sie hat sich ihre Handschuhe angezogen und besprengt seine Maske mit Wein. Er legt einen kalten, klammen Arm um meine Schulter. Kristoffer fegt ihn zur Seite. *My thin white duke.* Hält seine Hand beschützend über meinen Hintern. Supermann hängt um Lottes, der Wirtin, Hals. Er ist unsicher auf den Beinen, wedelt mit seiner Kappe und präsentiert sein orange-grünes Zeichen auf dem schmalen Brustkasten. Wir stoßen auf das neue Jahr an. Georg lispelt sich durch die Herrenrede. Cecilie stößt ihm in die Seite. In sein kurzes Blümchenkleid mit den langen, behaarten Beinen, zusammengepreßt. Der lange Halbnackte mit den Ketten streichelt ihm über die Brust. Reißt ihm das Kleid vom Leib. Drückt ihn gegen die Wand. Ich werfe Cecilie einen schnellen Blick zu. Sie hat einen angespannten Gesichtsausdruck.

Wir feiern ausgelassen. Singen handgeschriebene Lieder von Zetteln, vollgeklebt mit roten Weihnachtsmännern und Herzen. Fuchs, du hast die Gans gestohlen. In immer schnellerem Tempo. Supermann ist der Fuchs. Die Damen sind die Gänse. Er läuft mit offenen Klauen im Zickzack zwischen den Röcken hin und her, Schreie und Flüche. Cecilie schlägt mit dem Löffel gegen ihr Glas. Sie möchte ein bißchen Ernst in die Feierstimmung bringen. Nickt eifrig in ihrer roten Haube. Die Zöpfe lösen sich fast auf. Die große rote Seidenschleife wippt unter ihrem Kinn. Sie möchte für mehr Frieden und weniger Bomben anstoßen. Schluß mit diesen Männerkriegen. Supermann bläst ihr mit einer langen rosa Kindertröte ins Ohr. Mit einem komischen Geräusch. Tut tut. Dreht die Musik weiter auf. *Matthew Wilder. Break my stride.*

Alle probieren einander. Romeo, mit Julia in sicherem Abstand, tanzt mit entblößtem Bauch allein auf dem Tisch. Supermann hat sich Lotte gepackt und wirbelt sie herum, daß ihr Tüllrock an einer Stuhlecke aufreißt. Cecilie fängt Georg und tanzt eng mit ihm. Mund an Mund. Die Blattlaus sitzt hingerissen auf Erics Schulter, dem feurigen Wikinger, der versucht, sie abzuschütteln. Da verbeißt sie sich in seinem Bart. Der Tod verbeugt sich vor Aschenputtel. Es scheint, als hätte sie endlich ihren Prinzen gefunden. Ihre Finger krabbeln unter seine Kleidung. Kristoffer stupst mich gemütlich zurück und fordert mich auf, meine Nummer aufzuführen. Ich blinke gehorsam mit der Nase. Jongliere Apfelsinen. Schlage einen Salto mortale und gehe mit meinem dicken Bauch und den kurzen, dicken Armen auf den Händen. Ich möchte ihn so gern unterhalten.

Here she comes at last, ruft Eric und blinkt mit dem Lichtschalter. *Hi Jo... Joanna... Special guest star!* Alle schnappen nach Luft.

Matthew Wilder bleibt hängen … *my stride* … *my stride* … Seine weiche Stimme ist zerhackt. Der Tanz hört auf. Ich komme mühsam wieder auf die Beine. Ziehe die Jacke zurecht, die mir lächerlich erscheint. Unförmig. Der grüne Bommel fällt mir ins Gesicht. Das Gummiband kneift unter dem Kinn. Die Nase blinkt rot. Alle Frauen räuspern sich unruhig. Nur Supermann torkelt weiter. Sein Lachen dröhnt in der plötzlichen Stille. O Scheißeee, was für Musik! Er reibt sich die Augen. Kneift sich in den Arm. Häääää? Zu den anderen. Niemand achtet auf ihn. Auf den ersten Blick erscheint sie ganz nackt. Ein nackter Engel. Alice ist hier aus dem Wunderland. Marilyn Baby auf ihrem ersten Nacktfoto. Wo ist Hugh Hefner. Der Bodyguard. Große, glänzende Sterne bedecken ihre Brustwarzen. Ein durchsichtiger Schleier ist an den Handgelenken befestigt. Betont die üppigen Linien ihres Körpers. Ein glänzendes goldenes Dreieck ist vor der Scham befestigt. Meterhohe Absätze an Riemchenschuhen. Haut, weich wie Sahne. Sie schimmert feucht, als sie einen Schritt ins Zimmer macht.

Wie ein Titelbild der Zeitschrift ›Cocktail‹ aus den Fünfzigern. Keiner kann seinen Blick von ihr lösen. Wir anderen. Wir stehen im Schatten vor der Bühne. Blaß, mit farblosen Lippen und Seitenscheitel. Aschenputtel glotzt. Mit aufgesperrtem Mund und kugelrunden Augen. Wischt sich langsam den Ruß ab. Zupft die Haare zurecht. Lotte räumt hektisch das Büfett auf. Zupft an Eric, damit er ihr helfe. Beißt ihm fest ins Ohr. Mein Kragen knistert steif. Er scheuert. Mein Bauch wölbt sich vor. Ich schwitze, und meine Nase blinkt. Eine lächerliche Idee, dieses Kostüm. Der Hut betont noch mein breites, viereckiges Gesicht. Ich nehme ihn unauffällig ab. Die Perücke ist noch schlimmer. Glatzköpfig mit spärlichen Haarbüscheln an den Ohren. Dämliche Idee. Cecilie setzt sich Georg auf den Schoß. Hält ihm die Hände vor die Augen. Tut, als spiele sie Verstecken.

Kristoffer lacht hingerissen. Sie hat ihn im Visier. Schlängelt sich zu ihm hin. Saugt seinen Blick fest. Die auserlesene Taille. Die Schenkel lang und elegant. Der funkelnde Diament im Nabel. Sich wiegende Brüste. Freundlich all die starrenden Augen anlächelnd. Von Blicken abhängig, denke ich. Ich packe Kristoffers Hand. Er zerreißt die Stille mit einem ansteckenden Lachen. Hi, I'm Eve. Sie lacht bereitwillig, aber nur für die Männer. Drückt Romeos Hand. Verbeugt sich vor dem Scheich. Fegt Supermann hin. Bereits drei Gefallene, Eric, Georg und Kristoffer. Sie schlürft sie in sich. Kristoffer küßt ihr schon zum dritten Mal die Hand. Ihre Augen werden bei dem Anblick seines schönen Nackens schmal. Blitzen gelb auf. Ocker. Rotkäppchen hat ihre Zöpfe gelöst. Lotte barbusig. Sie hat diverse Knöpfe ihrer Verkleidung geöffnet. Aschenputtel mit tiefrotem Lippenstift. Lächelt mit halboffenem Mund. Die Blattlaus hat ihren Rock fortgeworfen. Liegt ausgestreckt auf dem Boden, im Spagat. Nichts nützt etwas.

Kristoffer bietet ihr Roastbeef an. Das ist etwas für sie, denke ich. Rohes Fleisch. Sie lehnt dankend ab und ergreift seine Hand, deutet auf mich. *Jesus, she is such a cute fat little thing. Give her some.* Alle drehen sich um. Kristoffer lacht am lautesten. Ihr Gesicht flimmert vor meinen Augen. Die kurzen, spitzen Zähne. Die glänzende Zunge. Der Champagner knallt zwei Stunden zu früh. Sie trinkt nur Champagner. In winzigkleinen Schlucken. Mit zur Seite geneigtem Kopf und Schmollmund. *Hi, Adam, do you want to join me in paradise.* Sie zieht ihn eng an sich. Am Schlips. Knöpft langsam die weiße Seidenjacke auf. Zieht sie ihm aus. Löst den Schlips am Hals. Schwingt ihn über dem Kopf und wirft ihn mir zu. Ich fange ihn auf und wische mir meine Augen damit ab. Stopfe ihn mir in den Mund, um nicht zu schreien. Kristoffer folgt ihr. Hält sie eng umfaßt. Sie öffnet sein Hemd. Knopf für Knopf. Lockt ihn heraus. Geht in die Hocke und zieht den Reißverschluß hinunter. Lacht mich mit ihren spitzen weißen Zähnen an. Wackelt mit dem Hintern. Zieht ihm die Hose aus. Tosender Applaus. Er steht da in Unterhose, Seidenshorts. Sie hat sich ihren Adam erschaffen. Jetzt gehört er ihr, der Versucherin. *Taste my apple.* Sie streckt sich auf Zehenspitzen. Kristoffer beugt sich vor, um zuzubeißen. Aber er ist nicht grün. Er ist rot. Und breit und feucht und offen. Kristoffer streift ihren Mund kaum mit seinen Lippen. Sie neckt ihn. *No, try it again. You didn't make it.* Alle lachen. Er küßt noch einmal. Heftiger. Länger. Legt sie über seine Schenkel. Beugt sie nach hinten.

Ich bin ein Messer in der Luft. In schwarzem Trikot. Mit Handschuhen. Sie ist das Opfer. Mit ihrer sahnezarten Haut auf ein Brett gespannt. Der Goldschmuck auf den Warzen zittert. Ich werde sie mit Messern umkränzen. Ihren Umriß. Die Orchestertrommel spielt einen Wirbel. Ich ziele, groß, breitschultrig, mit zurückgekämmtem, pomadisiertem Haar. In Lederstiefeln. Das Publikum hält den Atem an. Ich werfe ein Messer nach dem anderen in ihren warmen, saftigen Körper. Der Goldschmuck fällt von den Brustwarzen. Der Trommelwirbel steigert sich zur Klimax. Übertönt ihre Schreie. Die Haut zittert. Rote, feine Streifen entlang den Schenkeln.

Ich springe auf den Tisch. Schreie. Sie sind mitten in ihrem bisher längsten. Mit geschlossenen Augen. Sie legt sich genießerisch auf den Boden. Er auf sie, um eine maximale Ausbeute zu haben. Ich leere die Weinflasche in einem Zug. Es läuft mir über mein Lätzchen. Ich bekomme einen Schluckauf. Gebärde mich schlimmer als ich bin. Aber seht nur ihr Haar! Alle folgen meinem Finger. Ein dünner Spalt mittelbraunen Haars in den blonden Wogen. Joanna hört das Lachen. Zieht ihre kleine, gerade Nase kraus. Kristoffer ist es peinlich, er kommt auf die Beine. Sie versteht nicht und bittet ihn zu übersetzen. *Your hair is falling… off.* Er war noch nie besonders gut in Englisch. Das Lachen schlägt ihnen entgegen. Aschenputtel wirft sich vor Lachen krümmend über den Tisch, daß die Gläser klirren. Lotte kichert immer noch am Büfett. Joanna schiebt schnell die Perücke zurecht. Wütend. Gibt ihm eine Ohrfeige. Er reibt sich unglücklich die Wange.

Jetzt ist sie dran, schreie ich heiser, immer noch auf dem Tisch. *Mit Striptease … Striptease … come on.* Ja. Das sind die anderen Frauen. Ja. Ja. Alle stacheln sich gegenseitig auf. Die Männer sind geil und wollen mehr. Was sie nur von ihr kriegen können. Sie dreht sich mit einem eiskalten Blick um. Ergreift ihre Jacke, um unangefochten hinauszustolzieren. Ich schnappe mir ihre Perücke. Schwere blonde Locken. Werfe sie auf den Boden.

Sie faucht und beugt sich hinunter, um sie aufzuheben. Da ist Aschenputtel schon zur Stelle und tritt ihr in den seidenweichen Hintern. Wir helfen ihr ein bißchen, brülle ich noch heiserer, alles soll runter! Cecilie zerrt und zieht an dem Golddreieck, daß die Glasperlen herunterkullern. Die Blattlaus erkämpft sich die Schuhe. Hochhackig. Und wackelt glücklich auf ihnen herum. Lotte springt auf sie und drückt sie gegen ihren zappelnden Widerstand an die Wand. Jetzt sollst du's zu spüren kriegen … Sie kratzt, ein Nagel nach dem anderen löst sich in der Klebenaht. Sie schlägt wild um sich. Wütend. Hysterisch. Wovor hat sie solche Angst? Sie geht direkt auf mich zu und schlägt mir ins Gesicht. Ich tauche in meinem Kragen unter. Beiße. Beiße mich fest in den wogenden, steinbesetzten Strotzenden. Ich hatte recht. Den Mund voll Gummi. Hautfarben. Joanna hat genug. Wirft sich ihren Pelz über. Jetzt viel kleiner als bei ihrem Kommen. Wie gerupft. Tappt zur Tür. Schreiend. Keiner versperrt ihr den Weg.

Aus dem Norwegischen von Christel Hildebrandt

Warum sich die norwegische Tarnkappe nicht durchsetzen konnte.
RUDI KLEIN

Ich wohne

Tua Forsström

Ich wohne in einem Vorort westlich
von Helsinki, aber das Gefühl, auf einer Insel
zu leben, hat man nicht, anders als in gewissen sternenklaren
Nächten mit außergewöhnlicher Akustik   Die Gegend
ist bekannt für hohe Mieten und für
reichliches Krähenvorkommen   Im übrigen
sieht alles gleich aus
Man wohnt irgendwo in einem Haus, das
einem zugewiesen wird und das man sein eigen nennt, man
geht in den Laden, stumpft ab, wird in Kästchen
gepackt, hofft, mißtraut den Nachbarn und den
versteckten Mikrofonen in der Wand, der Kamera im
Badezimmerspiegel
Das Gefühl, auf einer Insel zu leben, hat man hier selten.
Die Feuchtigkeit
vom Meer, Nebel und Zug verschlechtern
das Klima, ringsum schreien die Krähen und
frühmorgens kann es passieren, daß das
Leben plötzlich so ist wie es sein könnte.

Aus dem Finnlandschwedischen von Werner Lewerenz

Nordische Raben (4)

Ohne Geheimnis

Von Brigitte Kronauer

Zwei Raben hüpfen von dort nach hier,
Jeder tut wie ein natürliches Tier.

Zwei Raben flattern klap, klap, klap,
Sie streiten ein Geheimnis ab.

Zwei Raben zerren am selben Knochen.
Sie sind viel älter als tausend Wochen.

Zwei Raben stechen mit Schnäbeln durchs Gitter.
Zwei Brüder in schwarzem Gefiederflitter.

Das Mädchen, das im Schatten seiner Träume lebte

Von Svend Åge Madsen

Schließlich kriegte die dritte Schwester, Rigmor, einen Kolonialwarenhändler, der sie mit sich nach Århus nahm, wo sie lebten und lebten und lebten und lebten und lebten.

Eskild Laveran herrschte im Geschäft, wo er sich nur selten Hilfe von seiner Frau wünschte. In der Wohnung obendrüber, wo Rigmor einzog, wurde sie von Konrad, der Koras und Eskilds Sohn war, indessen als ein Schatten der Frau betrachtet, die dort früher regiert hatte. Aus Furcht davor, in der verkehrten Geschichte zu landen, verbat sich die junge Frau die Bezeichnung Stiefmutter, worauf der Knabe bei seiner Konfirmation, ein halbes Jahr nachdem sie in die Stadt gekommen war, in seiner Dankrede, die sorgsam mit Bleistift geschrieben war, so daß keine Versprecher möglich waren, zweimal von ihr als seiner Halbmutter sprach. Da Kasper, den sie ein Jahr später zur Welt brachte, allmählich als ein Schatten-Konrad betrachtet wurde, brach der Konflikt lichterloh aus, und an seinem achtzehnten Geburtstag verließ Konrad das Haus. Da waren die Deutschen gerade eben über die Grenze hereingeströmt, weil Rigmors Vater nicht mehr an ihr entlangritt und ihnen entgegentrompetete.

Eines Nachts, zu dieser Zeit hatten die Deutschen sich schon wieder nach Hause zurückgezogen, träumte Rigmor, daß sie eine Schüssel fallen ließ. Als sie am nächsten Tag mit eben derselben Schüssel an der Spüle stand, kam ihr der Traum in den Sinn, und im selben Moment ließ sie die Schüssel fallen. Ein paar Tage später waren Eskilds Hausschuhe weg, und erst als sie sich nach längerem Suchen erinnerte, daß sie sie in der vorigen Nacht im falschen Schrank gefunden hatte, kamen sie wieder zum Vorschein.

Hiernach geschah es immer öfter, daß die Ereignisse des Tages in den Träumen der Nacht vorweggenommen waren. Wenn die Ovens anriefen, was nicht besonders oft passierte, saß Rigmor schon am Telefon parat. Kam ein unerwarteter Besucher, konnte der Betreffende sicher sein, den Kaffeetisch fertig gedeckt zu finden. Anfangs fand Rigmor das lustig, aber im Laufe der Zeit wurde es eine Plage. Wenn ein Brief von einer ihrer Schwestern kam, vermochte sie ihn kaum zu öffnen, weil sie aus dem nächtlichen Traum den Inhalt kannte. Saß sie am Fenster, gab es keinen Grund, einen Blick auf die Straße zu werfen, weil sie schon wußte, wer vorbeikommen würde, in welcher Kleidung und wer zur Begrüßung stehenbleiben würde.

Die Träume wurden immer detaillierter, bis sie schließlich minutiös jedes einzelne Ereignis des Tages erfaßten. Zuletzt konnte sie keinen Knopf knöpfen, keinen Fingernagel schneiden, keine Zeitung aufschlagen, kein Holzstück brechen, um es in den Ofen zu stecken, und um keine Straßenecke biegen, ohne daß sie in der Nacht zuvor denselben Knopf geknöpft, den Nagel geschnitten, die Zeitung aufgeschlagen, das Holzstück gebrochen und die Ecke umrundet hätte.

In der folgenden Zeit war es ihr einziges Bestreben, den Zwang der Träume zu brechen. Wenn sie den Wunsch spürte, sich aus dem Sessel zu erheben und in die Küche zu gehen, ließ sie es bleiben, aus Angst davor, daß der Traum sie schon dorthin geführt hatte. Statt dessen blieb sie mit zusammengepreßten Händen sitzen, bis ihr wieder einfiel, daß es genau diese Situation gewesen war, die der Traum vorausgesagt hatte. Zu den seltsamsten Zeiten sprang sie auf und eilte nach draußen, in der Hoffnung, dem Traum zuvorzukommen, nur um den Radfahrer zu erblicken, der von dem starken Windstoß erfaßt wurde und stürzte und den ihr der Traum schon gezeigt hatte, oder das neue Kleid im Schaufenster, das sie schon in der vorigen Nacht bewundert hatte.

Was immer sie auch anstellte, der Traum war vor ihr dagewesen. Sie saß vor dem Ofen, ein Holzstück von der Apfelsinenkiste in der Hand. Statt es zu zerbrechen, wie sie es vorgehabt hatte, sprang sie auf, lief zum Bücherregal und ließ es dahinter zu Boden gleiten. Gerade als sie es losließ und hinter dem Möbel hinabrutschen hörte, fiel ihr der Traum wieder ein, in dem sie sich vage gewundert hatte, weshalb sie da am Bücherregal stand und ein Holzstück dahinter zu Boden gleiten ließ. Sie sprach Fremde auf der Straße an und fragte nach dem Weg oder nach der Uhrzeit, und gerade als sie antworteten, »zweite Straße, dann links« oder »Viertel nach vier«, begriff sie, daß sie nur gefragt hatte, damit der Traum in Erfüllung ging.

Sie konnte nicht fassen, welche Kraft sie daran hinderte, die Kenntnis zu nutzen, mit der ihre Traumfähigkeit sie ausstattete. Wie an dem Tag, an dem ihr in den Sinn kam, Kasper würde sich beim Fußballspielen das Knie aufschlagen. Sie stürzte nach unten, um ihn zu warnen, nur um ihn auf dem Heimweg mit seinem blutenden Knie zu treffen. Oder als sie Eskild warnte, daß er sich am Abend im eigenen Grand einen kleinen Schlemm einhandeln würde, was ihn dazu brachte, eingedenk ihrer Warnung gegen alle Vernunft Pik auszuspielen, womit er sich gerade einen kleinen Schlemm einhandelte.

Eines Tages fiel ihr ein Kriminalroman in die Hände, und sie las ihn ohne großes Interesse, bis sie kurz vor dem Ende innehielt und sich darüber klar wurde, daß sie außerstande war zu erraten, wer der Mörder war. In diesem Augenblick verstand sie, daß sie hier ihre Richtung gefunden hatte, weil die Traumkraft offenbar an den Buchdeckeln endete, außerstande, in sie einzudringen. Nach dieser Entdeckung verging kein Tag, an dem sie nicht einen Kriminalroman gelesen hätte, um, wenigstens während der drei Stunden, die sie zum Lesen brauchte, eine neue Welt zu erleben, die der Traum nicht schon erforscht hatte.

Sie wurde das fleißigste Mitglied von Gustafssons Leihbücherei. Da man nur zwei Bücher auf einmal ausleihen durfte, kam es bald soweit, daß sie jeden Vormittag den wohlbekannten Weg ging, den sie nicht nur am vorigen Tage gegangen war, sondern auch in der Nacht dazwischen, hinunter zum Geschäft in der Wallstraße, wo sie mit traumwandlerischer Sicherheit die beiden neuen Bücher herausnahm, die sie sich in der Nacht bereits ausgesucht hatte. Kaum war sie dann nach Hause gekommen, als sie sich schon mit Todesverachtung in die Welt des Verbrechens stürzte, wo sie bald jeden Weg kannte und trotzdem etwas Neues finden konnte, sobald sie nur um die nächste Straßenecke bog.

Über viele Jahre ging dieser Verkehr weiter, aber auf die Dauer liest man nicht ungestraft zwölf Kriminalromane in der Woche. Irgendwann wurde es ihr ganz einfach unmöglich, noch einen zu finden, den sie nicht schon gelesen hatte. Egal wie gründlich sie ihren Staubsaugerblick durch Buchhandlungen, Trödelwagen, Bibliotheken und Antiquariate gleiten ließ, es gab keine verborgenen Geheimnisse mehr, und sie mußte zu den Büchern zurückkehren, die sie zuerst gelesen hatte. Damit begann ein neues Erlebnis, und es sah zum Verwechseln einem gleich, das sie schon durchgemacht hatte. Jetzt konnte ein Verbrecher nicht den Revolver ziehen und den Hahn spannen, ohne daß sie wußte oder fühlte, daß er vor zehn Jahren schon dasselbe getan hatte. Und der Schrei des Opfers klang wie ein Echo des Schreies, der jahrelang in einem Buch und in ihrem eigenen Kopf begraben gewesen war.

Die Qual kehrte mit erneuter Kraft zurück. Sie fing an, weniger zu essen, weil sie nicht in der Lage war, ein Essen zu genießen, das sie schon in der vorangegangenen Nacht durchgekaut hatte. Sie versuchte weniger zu schlafen, in der Hoffnung, daß sie auf diese Weise die Träume so eingrenzen könnte, daß wenigstens ein Teil des Tages ihr neu sein könnte. Das Ergebnis war nur, daß sie in dieser Zeit schlaflos dalag, dalag und sich an die Ereignisse des Tages erinnerte, die sie damit also zum dritten Mal erlebte.

Einige Zeit nach dem Tod ihres Mannes, als ihr ganzes Dasein sich aufzulösen drohte, weil alles nur Wiederholungen geträumter Erinnerungen waren, die sich verdoppelten und verdoppelten, unternahm sie eine gewaltige Anstrengung. Sie erinnerte sich, daß die letzte Zeit, in der die Träume sie nicht gequält hatten, damals gewesen war, als Kasper noch klein war. Wenn sie noch ein Kind bekam, konnte *das* vielleicht das Problem beseitigen. Aber einerseits war sie schon weit über vierzig, und andererseits war sie verwitwet, weshalb sie ein Kind jedenfalls auf natürlichem Wege nicht erwarten konnte. Statt dessen richtete sie alle ihre Gedanken, all ihre Aufmerksamkeit, all ihre geistige Kraft auf einen neuen Säugling, in der Hoffnung, die Träume zwingen und ausnützen zu können, die ihr bis jetzt nur eine Qual gewesen waren. Sie dachte intensiv an ein Kind, das plötzlich ohne jede Erklärung einfach da war, und hoffte, die Gedanken würden einen Traum nach sich ziehen und danach Wirklichkeit werden, aber es half alles nichts.

Da sah sie ein, daß eine natürlichere Erklärung her mußte. Deshalb dachte sie und dachte sie, in allen ihren wachen Stunden, tagaus und tagein, an ein Mädchen, das zu ihr kam und einen Säugling ablieferte. Eines schönen Nachts gelang es tatsächlich. In der betreffenden Nacht träumte sie, ein blondes Mädchen käme ins Geschäft, stellte ohne Erklärung einen Bastkorb mit einem Säugling auf den Tresen und ginge wieder hinaus, indem sie dem verblüfften Kassierer den Namen des Mädchens zuriefe. Der Traum erregte Rigmor derartig, daß sie in diesem Augenblick erwachte, und erst nachdem sie sich lange hin- und hergewälzt hatte, fiel sie in einen traumlosen Schlaf. Sie konnte sich kaum vom Geschäft fernhalten, aber traute sich doch nicht hinunterzugehen, aus Angst, sie könnte störend eingreifen. Kurz nach Ladenschluß kam Kasper, zögernd, vorsichtig, verwundert mit dem Bastkorb herauf, in dem ein drei Monate altes Mädchen lag.

Rigmor Laveran erhob sich und nahm mit der größten Selbstverständlichkeit das Kind auf und drückte es an sich, ohne überhaupt zu merken, daß sie diese Handlung vollzog, ohne daß sie sie zuvor geträumt hatte.

Alles war neu. Das kleine Mädchen lächelte, und das ereignete sich zum ersten Mal in der Weltgeschichte. Sie sagte ihre ersten Laute, sie spielte mit den Händchen, drehte sich auf den Bauch, setzte sich auf, sprach ihre ersten Wörter aus, stand, lag, lief, sprach, redete altklug, verlor den ersten Milchzahn, kam in die Schule, buchstabierte, vertiefte sich in ihre Bücher. Alles, jede Sekunde, jede Handlung, war vollständig neu, und Rigmor erlebte es mit einer tiefen Dankbarkeit und noch intensiver als damals, als Kasper aufwuchs, weil sie diesmal verstand, wie einmalig das Ganze war.

Sehr allmählich begannen die Wahrträume sich wieder einzufinden, und Rigmor griff wieder auf die Kriminalromane zurück, von denen mehrere in dem Halbdutzend Jahre herausgekommen waren, in dem sie keine Verwendung dafür gehabt hatte. Anfangs reichten einige Kapitel täglich aus, aber schrittweise nahm ihr Bedarf zu, und fünf Jahre später schmierte sie ihre Frühstücksbrote mit dem Blick auf einen Kriminalroman, der aufgeschlagen auf dem Küchentisch neben ihr lag, und konnte kaum den Mülleimer hinuntertragen, ohne daß sich die Entzugserscheinungen meldeten. Bis sie eines Tages mit einer Influenza und so hohem Fieber das Bett hüten mußte, daß sie am Lesen gehindert war. Anfangs litt sie die fürchterlichsten Qualen, bis sie die Augen zusammenkniff und entdeckte, daß die Erzählung, in der sie das Fieber unterbrochen hatte, sich von selbst in ihrem Kopf fortsetzte. Vielleicht war es auch nicht dieselbe Erzählung, vielleicht war es ein anderer Handlungsverlauf, den sie dichtete, das fand sie niemals heraus, denn sie war so hingerissen von diesem inneren Wortstrom, daß sie jedes Interesse an dem der Bücher verlor. Öffnete sie die Augen, wurde der Wortstrom sofort unterbrochen, und sie stand der unheimlichen Scheinwirklichkeit von Angesicht zu Angesicht gegenüber, die der Traum der vergangenen Nacht ihr schon gezeigt hatte. Darum kniff sie die Augen sofort wieder zusammen, und allmählich wurde es ihr zur Gewohnheit, den ganzen Tag mit geschlossenen Augen in der Welt herumzulaufen, in der sie sich mit Leichtigkeit orientieren konnte, weil sie in der ganzen vorigen Nacht ihre Bekanntschaft gemacht hatte, und gleichzeitig gespannt dem unendlichen Strom von Wörtern zu lauschen, der durch sie hindurchlief.

Als sie eines Tages, nachdem sie einige Jahre auf diese Weise verlebt hatte, einmal die Augen aufschlug, entdeckte sie, ohne daß es sie sonderlich bekümmert oder gefreut hätte, daß die Welt verschwunden war, oder, wie die anderen es formulierten, daß ihre Augen erblindet waren. Die einzige Bedeutung, die es für sie besaß, war, daß es nun nicht mehr nötig war, die Augen zusammenzukneifen. Die blinde alte Dame konnte mit weit geöffneten Augen der langen Erzählung folgen, die zuweilen haarsträubend war, zuweilen komisch, zuweilen blutrünstig, die sich aber niemals wiederholte.

Aus dem Dänischen von Heinrich Detering

Kleiner Skandinavischsprachkurs

von Tex Rubinowitz und Max Goldt
(beide Skandinavistikstudenten, 1 Semester)
geschrieben am 24. Dezember 1995 im deutschen Restaurant "Schnurrbart" in Hong Kong

Mølfermäljocherganalanlægere
MÜLLVERBRENNUNGSANLAGE

Tyskerøgg – Deutschrock

Huusenklængere – House Music

Gnæggerebrøden – Knäckebrot

Brædåbbler – Bratapfel

Yol – Der Weg

Sürü – Die Herde

TEX RUBINOWITZ & MAX GOLDT

Sommer

Von Inger Edelfeldt

I

Damals wohnten wir in einem weißen Haus. In jenem Sommer war es frisch gestrichen. Meine Mutter hatte immer wieder darauf bestanden, und jetzt war es endlich weiß. Von der anderen Seite der Äcker aus konnte man es leuchtend weiß wie eine Perle vor dem dunklen Waldrand liegen sehen. Das heißt, ich selbst habe es nie von dort aus gesehen, dazu sind meine Augen zu schwach. Aber ich hörte, wie meine Mutter es beschrieb, und das klang schön.

Es war ein Sommer, der viel Weiß enthielt. Meine ältere Schwester war vor kurzem konfirmiert worden, und zu diesem Anlaß hatten wir weiße Kleider bekommen.

Die hoch gelegenen Fenster der guten Stube gingen auf die Äcker hinaus. In jenem Sommer hatte ich zum ersten Mal meine Freude daran, daß die Möwen dort kreisten. Ihr Kreischen gefiel mir. Manchmal stand ich lange dort und hörte ihnen zu, um dann plötzlich zu entdecken, daß ich lächelte – kein gewöhnliches Lächeln, sondern ein Lächeln, das für niemanden bestimmt war, das Lächeln eines Tieres, wenn es so etwas überhaupt gibt.

Oder ich saß auf der Mauer unterhalb des Hauses, die Steine wurden in der Sonne brennend heiß, und ich konnte die Hitze auf meiner nackten Haut kaum ertragen, blieb aber dennoch dort sitzen, und der Himmel war sehr blau, ich spürte die blaue Farbe im Mund und im ganzen Körper. Ich hörte den Wind durchs Getreide streichen, der Wind brachte Freiheit und Reinheit mit, wie vom Meer. Hinter mir wachte das Haus, hoch wie ein Schloß. Oft lagen die Katzen im Kies. Ihr Fell wurde heiß, und man konnte das Gesicht in ihre trägen Körper bohren.

Hinter dem Haus führte eine Birkenallee zur Einfahrt hinauf.

In jenem Sommer glaubte meine Schwester natürlich an Gott. Früher waren wir uns sehr nahe gestanden. Sie war nur ein Jahr älter als ich.

»Der ganze Blödsinn, den wir gemacht haben, kam nur daher, weil wir so allein waren«, sagte sie plötzlich. »Weil wir wegen Vater keine Freunde aus der Stadt mitbringen durften. Dieses ganze dumme Zeug vergeß ich jetzt. Mag nicht mehr daran denken!«

Na ja, das wird sich ändern, dachte ich.

In jenem Sommer hatte unser Vater endgültig aufgehört zu sprechen. Ich glaube nicht, daß er stumm war, aber mit uns sprach er jedenfalls nicht. Daran gewöhnte man sich. Er versah seine Arbeit, ging pünktlich zum Melken, baute mit den anderen den neuen Schweinestall. Aber kaum war er zu Hause, ging er in sein Zimmer und schloß die Tür hinter sich. Das Rollo an seinem Fenster war immer heruntergezogen. Frühstück, Mittagessen und Abendessen nahm er dort ein.

»Er will für sich sein«, sagte unsere Mutter. »Ihr müßt versprechen, ihn nichts zu fragen. Eigentlich ist er ja ganz normal. Er macht doch alles, was er tun soll.«

Ich überlegte, was mein Vater wohl empfinden mochte. Vielleicht hatte er entdeckt, daß er überhaupt nicht existierte, oder daß er nicht wußte, was ein Mensch eigentlich ist. Das ist ein unangenehmes Gefühl – es ist, als genüge die bloße Luft, um einen zerbröckeln zu lassen. Dann mag man seine eigene Stimme nicht hören, weil sie einer anderen Person zu gehören scheint. Das habe ich auch schon erlebt, da möchte man nur still und eingehüllt im Dunkeln liegen, weil einem alles zu hell vorkommt.

Ich selbst legte mich immer in unsere selbstgebaute Hütte. Dort gab es starke Düfte. Meine Schwester behauptete, die Hütte würde stinken. Eingeräuchert von Geheimnissen war die Hütte. Ich blieb meistens eine Zeitlang liegen und tat etwas, von dem ich nicht wußte, was es war. Dann trat ich wieder hinaus und war gestärkt. Ich hatte etwas ausgeführt, das wie durch Zauberei aus der Dunkelheit gekommen war, einfach so, weil es vorhanden sein wollte.

»Du bist in der Hütte gewesen«, sagte meine Schwester dann. »Das merke ich am Geruch.«

Und das, obwohl ich jedesmal duschte und die sauberen, hellen Sachen anzog.

»Man merkt es trotzdem«, sagte sie. »Deinen Bewegungen sieht man es auch an.«

Ich zuckte die Schultern.

»Wir sollten sie abreißen«, sagte meine Schwester. »Wir sollten die Hütte abreißen.«

»Wenn du sie abreißt, bringe ich dich um«, sagte ich.

Sie begriff, daß es mir ernst war, das sah ich ihr an.

Den ganzen Sommer fragte ich mich, wann endlich etwas passieren würde. Ich nahm allerdings nicht an, daß etwas Außergewöhnliches passieren würde, aber in mir war ein Warten, das vorher nicht dagewesen war. Inzwischen steckte es in allem, was ich erlebte, bisweilen war es fast unerträglich. Einige Zeit überlegte ich, ob das vielleicht doch etwas mit Gott zu tun hatte. Alles schien zu rufen, daß es berührt werden wollte – die Bäume, die Erde, das Haus, sogar der Himmel, alles schien zu rufen: Koste mich, berühr mich!

Wäre ich Gott gewesen, hätte ich mir unser Haus wie einen Zuckerwürfel auf die Handfläche gestellt und es abgeleckt.

2

In meinem Innern kann ich immer noch die Küche spüren, unsere große Küche. An diesem Nachmittag saßen meine Schwester und ich dort und hülsten Erbsen aus. Unsere Mutter hantierte am Herd.

Von der Straße her war das Geräusch eines Automotors zu hören. Auf einmal folgte ein füchterliches Krachen.

Mutter schrie auf – das heißt, sie stieß einen gellenden Schrei aus. Dann blieb sie einen Augenblick unbeweglich stehen, völlig verstummt. Schließlich atmete sie aus.

Wir selbst waren sofort erstarrt, sonst nichts. Auf dem ganzen Tisch lagen Erbsen verstreut.

»Das ist keiner von uns«, sagte sie mit einer dünnen, zischenden Stimme, die wie die Stimme einer Puppe klang, wenn Puppen sprechen könnten. »Sie haben den Traktor genommen. Niemand von uns ist mit dem Auto unterwegs.« Sie ging zur Tür, wir kamen hinterher.

»Ihr bleibt hier«, sagte sie. »Wenn ihr mich rufen hört, müßt ihr die Nummer 90 000 wählen!«

Dann rannte sie davon, ihre Füße trommelten in einem raschen Wirbel die Blechstufen der Treppe hinunter.

Wir blieben auf der obersten Stufe stehen und sahen sie verschwinden.

»Sie kriecht durch die Eibenhecke«, sagte meine Schwester.

Danach war es vollkommen still. Doch, im Birkenwäldchen zwitscherten die Vögel. Es roch bereits nach Kühle. Lange Schatten fielen auf tiefgrünes Gras. Ein schwacher Wind strich durch die Weide, als wolle er »ätsch« sagen. Das schien alles nicht darauf hinzudeuten, daß jemand gestorben war.

»Ruft sie?« fragte meine Schwester.

Doch das tat sie nicht.

Wir blieben auf der Treppe stehen – wie lange, das weiß ich nicht.

Meine Mutter ging neben ihm her, neben einem fremden Mann. Er trat mit festem Schritt auf, das hörte ich schon, bevor sie so nahe waren, daß ich sie sehen konnte. Das Eigenartige war, daß sie so klein wirkte, wie ein kleines Mädchen. Das gefiel mir gar nicht. Aber ich blieb nicht daran hängen. Der Mann schien in keiner Weise verletzt zu sein.

»Das hier sind meine Töchter«, sagte meine Mutter, worauf wir ihn begrüßten.

»Sollen wir den Krankenwagen anrufen?« fragte meine Schwester gierig.

»Nein, nein«, antwortete er. Er wolle sich nur kurz ausruhen. Wenn er sich ausgeruht habe, könnten wir den Abschleppdienst anrufen.

»Das Auto liegt auf dem Kopf im Graben«, berichtete unsere Mutter aufgelöst. »Totalschaden.«

Ich selbst sagte nichts.

»Soll ich das Fahrrad nehmen und Vater holen?« fragte meine Schwester. Vater war mit Einar unten beim Dorf, um einen neuen Weidezaun zu errichten.

Das wollte unsere Mutter nicht.

»Kommen Sie doch bitte in die Stube, dort können Sie sich eine Weile aufs Sofa legen«, sagte sie zu dem Mann.

Er tat, was sie sagte. Für unsere Zimmer war er ziemlich lang und groß, das Haus wurde kleiner, als er hereinkam. Das Sofa war zu kurz, seine Füße ragten in die Luft, ich fragte mich, warum er nicht einfach auf dem Bett liegen durfte, sagte aber nichts, ich war nicht betulich wie meine Schwester.

»Unglaublich, wie die Vögel hier zwitschern«, sagte er.

»Er hat sich an der Schulter verletzt«, sagte meine Schwester zu meiner Mutter. »Sieh mal, der Stoff ist schon ganz durchblutet.«

Meine Mutter zuckte zusammen. »Das muß ausgewaschen werden«, sagte sie. »Los, hol Watte und Salubrin.«

»Ach, das ist doch nichts«, sagte er. Er hatte eine tiefe Stimme, die aus dem Innern eines Baumstammes zu kommen schien. Seine Stimme gefiel mir.

»Wunden müssen gesäubert werden«, sagte meine Mutter. »Vielleicht könnten Sie das Hemd ausziehen?«

Meine Schwester verließ das Zimmer. Meine Mutter wandte sich halb ab, aber ich ahnte, daß sie herüberschielte, als er sich auszog. Dann ging sie ebenfalls aus dem Zimmer.

Kurz war ich mit ihm allein. Ich setzte mich auf den Stuhl, der dem Sofa gegenüberstand.

»Wie alt bist du?« fragte der Mann.

»Dreizehn.«

»Du hast schöne Haare«, sagte er. »Ihr wohnt in einem schönen Haus.«

Ich beobachtete ihn aufmerksam. Er war ganz anders als alle, die ich bisher gesehen hatte. Nicht wie Vater oder Einar oder sonst einer der Männer, denen ich begegnet war. Vielleicht hatte es damit zu tun, daß er überlebt hatte.

»Tut es weh?« fragte ich.

»Nein.«

Meine Mutter und meine Schwester kamen ins Zimmer, sie brachten Wasser, Salubrin und Kompressen.

»Geh zur Seite«, sagte meine Schwester.

Ich setzte mich so hin, daß ich ihn möglichst deutlich sehen konnte.

Dann begann Mutter, die Wunde zu säubern. Ich hörte, wie er die Luft anhielt, und verstand, daß es brannte. Unsere Verletzungen hatte sie noch nie so lange ausgewaschen, wie sie jetzt seine Wunde auswusch.

»So«, sagte sie, »jetzt werden Sie sich ein Weilchen ausruhen wollen.« Sie stand auf, zog die Vorhänge zu und wiederholte: »Jetzt werden Sie allein sein und sich ausruhen wollen.« Ihre Stimme klang angespannt.

»Kommt, wir machen draußen in der Küche weiter«, sagte sie dann zu uns.

In der Küche lag der Boden voller Erbsen, die unter den Füßen zerplatzten.

»Darum kümmern wir uns später«, sagte sie.

Wir setzten uns wieder an den Tisch.

»Was ist, wenn er innere Verletzungen hat?« fragte meine Schwester. »Wir sollten lieber den Krankenwagen anrufen.«

Meine Mutter stand da und hatte uns den Rücken zugewandt. »Das will er unter keinen Umständen. Und so was muß man respektieren.«

»Wir können ihn nicht lange hier behalten, bald kommt Vater nach Hause.«

»Wir *werden* ihn auch nicht lange hierbehalten! Was redest du da für einen Unsinn?«

»Aber was ist, wenn er innere Verletzungen hat und dann daliegt und...«

»Still!«

Wir hülsten Erbsen aus. Ich hatte den Duft der Erbsen gern,

ein Duft aus der unerreichbaren Tiefe des Sommers. Und dieser ganze Nachmittag war genauso – durchtränkt von der Essenz des Sommers. Was das ist, läßt sich schwer erklären – es ist etwas, das man nicht aussprechen kann. Und jetzt lag er da, der Überlebende lag dort drinnen und war so groß in unserem weißen Haus. Daß er dort war, spürten wir auch hier, er verströmte irgendwie etwas Saftiges, wie reifes Obst, frisch gebratenes Fleisch oder eine Tenne voll frisch geerntetem Heu.

Ja, da lag eine Fülle in der Luft.

Ich stand von meinem Stuhl auf.

»Wohin gehst du jetzt?« fragte meine Schwester scharf.

»Aufs Klo.«

Und dorthin ging ich auch, ich drückte fest auf den Lichtknopf und schloß die Tür, blieb aber draußen davor stehen. Dann schlich ich mich geradezu überirdisch leise ins Zimmer, wo er lag.

Ich hörte seine Atemzüge. Er schien zu schlafen. Ich trat ganz nah zu ihm hin. Seine Augen waren geschlossen, als schliefe er tatsächlich. Im Zimmer roch es nach Salubrin, aber als ich näher kam, nahm ich noch andere Düfte wahr, einen schwach würzigen Duft, der von ihm kommen mußte, und einen Hauch von salzigem Blut. Ich hockte mich neben das Sofa und sah, wie sein Brustkorb sich hob. Sein Duft überwältigte mich.

Ich wußte, daß sie bald etwas ahnen und mich rufen würden.

Meine Hände waren kalt, daher rieb ich sie aneinander, bevor ich ihm die eine Hand auf den Brustkorb legte. Oh, wie heiß er war, heiß und fest, als hätte die Sonne den ganzen Tag darauf geschienen. Ich fand das Herz und ließ meine Hand dort ruhen. Es klopfte gleichmäßig und ruhig, ein dickes Herz, prall von Blut, das dort in der Dunkelheit schlug. Ich konnte es ganz deutlich spüren, als ob es in meine Hand hinaufwollte.

Aus Angst, daß er aufwachen könnte, zog ich meine Hand zurück.

Draußen zwitscherten die Vögel in den Birken, mit mechanischem Jubel, wie es ihre Art war. Das paßte, alles paßte, und ich war überwältigt.

Das Brummen eines Traktors drang immer deutlicher von der Straße herauf. Ich hörte, wie meine Schwester in der Küche aufstand.

Ich richtete mich auf und beugte mich tiefer über ihn, um sein Gesicht deutlich sehen zu können. Ich sah das schwache Beben unter seinen Augenlidern. Aber er schlug die Augen nicht auf, er schlief friedlich weiter, zufrieden wie ein Kind.

Dann ging ich in den Flur hinaus, öffnete und schloß die Toilettentür und gesellte mich zu meiner Mutter und meiner Schwester in der Küche, innerlich war mir ganz warm.

Während wir dort saßen und das Traktorengeräusch näher kam, dachte ich nur an ihn. Ich hoffte, daß mein Vater ihm erlauben würde, eine Zeitlang zu bleiben.

Wenn er aufwacht, will ich ihm die Hütte zeigen, und er soll mit mir dort sein, dort, wo das Spiel, das gespielt werden will, aus der Dunkelheit tritt, und wo man das, was hochgehoben werden will, in den Händen hält.

Er, dessen Herz schlägt.

Aus dem Schwedischen von Birgitta Kicherer

Ein Ghasel

Von Gustaf Fröding

Ich steh und seh die Welt an durch ein Gitter;
ich kann, ich will nicht trennen mich vom Gitter,
der Anblick ist so schön: da braust das Leben,
und hohe Wogen wirft es an das Gitter,
so schmerzlich froh und lockend klingt das Leben,
wenn Singen kommt und Lachen durch das Gitter.

Aus Erlen, Espen, Birken glänzt ein Licht,
am Hang darüber dunkeln Föhren dicht,
wie drängt der frische Duft sich durch das Gitter.
Über der Bucht ein wundervoller Schein,
in jedem Tropfen ist ein Edelstein,
sieh, welch ein Glanz dringt herrlich durch das Gitter.

Von Booten, Dampfern, welch Gedränge dort,
welch Hörnerklang, welche Gesänge dort,
und frohe Menschenscharen, ohne Zahl,
die ausziehn zu dem Fest in Berg und Tal;
ich will, ich will, ich soll, ich muß hinaus
und Leben trinken, sei es gleich auch aus,
will nicht ersticken, langsam, hinterm Gitter!

Vergebens muß ich rütteln, muß ich ringen
mit diesem alten regungslosen Gitter
– es wird sich nicht verbiegen, nicht zerspringen,
denn in mir selbst geschmiedet ist das Gitter,
und erst wenn ich zerbreche, bricht das Gitter.

Aus dem Schwedischen von Heinrich Detering

Gustaf Frödings deutsche Dichtung

Von Lutz Rühling

Deutschland war im vorigen Jahrhundert für viele Schriftsteller aus den skandinavischen Ländern nicht nur ein bevorzugtes Reiseziel, sondern häufig auch ein ideelles Heimatland, von dessen Kultur man sich gerne einverleiben ließ, wenn man sich ihr nur zugehörig fühlen durfte. Eine verbreitete Methode, dieses Ziel zu erreichen, war das Einschreiben in die deutsche Sprache und Literatur, das Verfassen deutschsprachiger Texte. Zu den bekanntesten Autoren, die dies Verfahren praktizierten, gehören der dänische Romantiker Adam Oehlenschläger, der in aller Bescheidenheit darauf spekulierte, als legitimer Nachfolger Goethes anerkannt zu werden, oder die finnlandschwedische Modernistin Edith Södergran, die zunächst auf deutsch schrieb, bevor sie nach langem Bedenken ins Schwedische überwechselte.

Weit entfernt von solch ambitionierten Zielsetzungen befindet sich ein Autor, der in seiner Heimat als einer der bedeutendsten seiner Zunft gilt: der schwedische Lyriker Gustaf Fröding (1860–1912). Fröding debütierte und reüssierte zugleich 1891 mit der Gedichtsammlung *Guitarr och dragharmonika* (dt. *Gitarre und Ziehharmonika*) und schrieb sich im Laufe seines nicht allzu langen Lebens zum populärsten skandinavischen Lyriker seiner Zeit empor, bekannt und geschätzt auch in Deutschland – Rilke etwa hat ein Gedicht von ihm übersetzt. Sein nicht sonderlich umfangreiches Œuvre umfaßt volkstümliche Dialektgedichte im Sinne der schwedischen Neuromantik ebenso wie Gedanken- und insbesondere Bekenntnislyrik, oftmals mit ausgeprägten narrativen und beschreibenden, also im weitesten Sinne mimetischen Zügen. Auch heute noch relevant für die schwedische Literaturgeschichte ist er nicht nur wegen seiner virtuosen, musikalisch-rhythmischen Sprachbeherrschung, sondern mehr noch wegen seiner formalen Experimente, die ihn vorübergehend an die Grenze zu modernistischen Verfahrensweisen brachten – jedenfalls in der Praxis, nicht in der Theorie. Ein wirklicher Neuerer, ein literarischer Revolutionär wie die oben erwähnte Edith Södergran ist er nämlich nicht gewesen; im Gegenteil: dem zeitgenössischen Symbolismus, gar dem frühen Modernismus stand er immer fern, hat ihn vermutlich nicht einmal zur Kenntnis genommen.

So erfolgreich das literarische Leben Frödings verlief, so unglücklich war sein privates: Von Schüben einer nicht eindeutig geklärten Seelen- oder Geisteskrankheit gebeutelt, verbrachte er viele Jahre seines Lebens in diversen Nervenheilanstalten und Sanatorien, wo auch einige seiner bedeutendsten Texte entstanden. So war er von 1889 bis 1890 für ein Jahr Insasse von *Dr. Kahlbaums Nerven-Heilanstalt* im oberschlesischen Görlitz, eine Zeit, in der paradoxerweise seine poetischen Fähigkeiten zur Reife gelangten. Die anstaltseigene Bibliothek besaß auch ein Exemplar des im neunzehnten Jahrhundert wohl populärsten deutschsprachigen lyrischen Werks überhaupt, Heines *Buch der Lieder*. Durch dieses ließ Fröding sich zu einem zu seinen Lebzeiten unveröffentlicht gebliebenen Zyklus von fünfzehn deutschsprachigen Gedichten mit dem vielsagenden Titel *Lieder der Langeweile* inspirieren, der Zeugnis ablegt von seiner Meisterschaft in der Gattung des Pastiche. Bemerkenswert sind diese Gedichte aber nicht deshalb, weil sie die ironische Brechung des romantischen Weltschmerzes nachahmen, wie sie das Vorbild aufweist, sondern weil sie eine Spur darüber hinausgehen und damit nicht mehr nur auf eine literarhistorische Vergangenheit, sondern ebenso auf die Zukunft verweisen: Fröding nähert sich hier – wiederum, ohne es selbst zu merken – der Ulk- und Nonsens-Poesie eines Edward Lear oder eines Christian Morgenstern an, wie sie seitdem als literarisches Subgenre der Moderne etabliert ist.

Die folgenden drei Gedichte halte ich gerade in dieser Hinsicht für die gelungensten und zugleich auch komischsten des Zyklus. Sie alle haben den tristen Anstaltsalltag zum Gegenstand, sie alle überhöhen diese Tristesse ins Absurde, und sie alle zeichnen ein mild ironisches Bild deutscher *Sekundärtugenden,* die man auch heute noch unschwer wiedererkennt: krachlederne Geselligkeit, stoische Gemütlichkeit und bildungsbürgerliche Gefühlsseligkeit.

Bezeichnenderweise hat Fröding seine Texte mit veristischen Anmerkungen versehen, die mit entlarvender, aber auch anrührender Naivität über die Spezifika des Anstaltslebens Rechenschaft geben wollen. So heißt es über den Hauptmann des ersten hier abgedruckten Gedichts: »Ein gemütlicher Sachse, der den französischen Feldzug mitgemacht hat«; und zu dem »ach ja« in der ersten Strophe des letzten Gedichts bemerkt der Dichter: »Die Lieblingsinterjection des Verfassers, der auch selbst ›Ach Ja‹ genannt worden ist, weil er sie so oft ausgesprochen hat.« Diese Anmerkungen machen deutlich, was für die gesamte Lyrik Frödings gilt: Die in die Zukunft weisenden Aspekte werden vom Autor selbst gar nicht bemerkt, werden gar durch den Verismus der kommentierenden Paratexte wieder zurückgenommen. Läßt man diese jedoch beiseite, dann stößt man auf eine Lyrik, an der auch Heinz Erhardt oder Robert Gernhardt ihre Freude gehabt hätten.

Und wäre ich nicht der Schwede,
ich wünschte, ich wäre der Hauptmann,
er singt und er lacht und er jauchzet,
er ist ein Glücklicher, glaubt man.

Nicht ihm mit Seufzen und Klagen
die selige Ruhe beraubt man
– er ist die Oase der Wüste,
ich wollte, ich wäre der Hauptmann.

*

Wie die alten Senatoren
sassen einst im alten Rom,
als hinein die Galler stürmten
wild in den geweihten Dom,

so Herr Strange, so Herr Schultze
sassen in dem Sopha still,
ruhig blickend, ruhig horchend
an das wilde Vaudeville.

Schreiet, tobet, Ihr Barbaren,
toll und greinenden Gesichts,
dem Herrn Strange, dem Herrn Schultze
thut es weniger als nichts.

*

Vorüber ging das Ungewitter,
der Abend kommt, der Mond ist da,
aus dem Gemach des Himmels tritt er
und ist so hold und bleich, ach ja!

Die kühlen Abendwinde wehen,
die Rosen duften wundervoll,
es klingt ein Lied durch die Alléen,
ein sanftes Wehmuthslied in Moll.

Ist dies die süsse Philomele,
es stirbt so fein melodisch hin?
Ach nein, das Lied kommt aus der Kehle
der holden Frau Professorin.

Sie singt und blicket an die Sterne,
sie seufzet »Ach!« sie seufzet »Au!«
– Nach dem Professor in der Ferne
wohl sehnt sich des Professors Frau!

Vier Eier

Von Per Højholt

1

Das praktische Ei ist noch ein Kind. Der Vater hat ein Radio- und Fernsehgeschäft in Birkerød, wo das Kleine oft herumläuft, mit den Hauptsprachen noch nicht vertraut. Im Winter denkt es an die langen verwehten Sommertage auf den seeländischen Landstraßen im Opel Rekord des Vaters. Das Ei hat eine Zukunft, darauf kann man sich verlassen, und flößt den Nachbarn Vertrauen ein.

2

Das kleine norwegische Ei ist ein Strauß Nelken, ausgesprochener Familienmensch, ein Streber, fürwahr. Nach und nach, wenn die Sehkraft schwindet, wird es sicher lästig mit so vielen Brillen, daß man mit der Hälfte auskommen könnte, wie man so sagt. Das kleine norwegische Ei blickt den Værnedamsvej entlang, während es darauf wartet, daß das Büro der Krankenkasse aufmacht. Es hat von 11–15 Uhr geöffnet.

3

Das unechte Ei, das überhaupt nicht unecht ist, sondern nur so genannt wird, damit man es von den echten Eiern unterscheiden kann, gibt seine akademische Laufbahn auf. Wie seine Mutter, Frau Hilda Petersen, und der Vater, Fähnrich Olaf Petersen, hält es sich meistens auf dem Land auf. In Anbetracht der Entfernung hört man es erstaunlich klar: Redakteur der Windrose.

4

Das Ei in der Mitte saß viele Jahre zu Pferd. Begann aus freien Stücken als Hubschrauber und war bei seinem Tod 1955 auf dem Gebiet Semantiker. Das macht ihm so schnell keiner nach! Drei Söhne, die allesamt Brillen auf dem kleinen norwegischen Ei sind, errichteten ihrem Erzeuger dieses Denkmal.

Aus dem Dänischen von Werner Lewerenz

Ungepuderte Haare

Von Margit Sandemo

»Nein, also wirklich, Elisabet«, seufzte ihre Mutter und hielt ihr energisch eine weißgepuderte Perücke vor die Augen. »Daß du zu Hause deine Haare offen tragen darfst, ist eins. Dein Vater ist eben einfach zu schwach und gibt deinen Launen nach. Aber jetzt fahren wir noch nach Christiania und werden bei vornehmen Leuten zu Gast sein. Und da kannst du einfach nicht so herumlaufen! Mit deinen eigenen Haaren, noch dazu ungepudert! So wie irgendeine Marktfrau!«

Elisabet Paladin vom Eisvolk schüttelte so heftig den Kopf, daß ihre nußbraunen Locken im Sonnenschein kastanienrot aufleuchteten. »Was gefällt euch denn nicht an meinen Haaren? Ich kann diese Perücken nicht ausstehen, die ersticken mich. Und habt ihr nicht die vielen kleinen Hühner mit ihren Perücken gesehen, wie die sich diskret im Nacken kratzen, bis die Perücken verrutschen? Von soviel eingeschlossenem Schmutz kriegt man doch höchstens Läuse.«

Mutter Tora blickte ihre eigensinnige neunzehnjährige Tochter resigniert an. »Dann laß deine Haare, wie sie sind. Füllig genug zum Hochstecken sind sie ja immerhin. Madame Sørensen kann sie mit Einlagen schön hochtürmen und vielleicht ein paar Blumen und Vogelfedern und anderen Schmuck darin befestigen, und dann pudern wir sie weiß. Das ist dann genauso gut.«

»Nein!« heulte Elisabet. »Ich kann Puder nicht vertragen, das habe ich doch gesagt!«

»Was für ein Unfug!« Die Mutter schüttelte so heftig die Puderquaste über dem Kopf ihrer Tochter aus, daß die in einer riesigen weißen Wolke fast verschwand.

Elisabet hustete und schnappte nach Luft.

»Jetzt stell dich nicht so an«, sagte die Mutter, aber als sie dann sah, daß sich die Augen ihrer Tochter röteten und mit Tränen füllten, und daß ihre Atembeschwerden wirklich echt zu sein schienen, erschrak sie. Rasch versuchte sie, Elisabet den Puder aus den Haaren zu kämmen. Sie holte Wasser und war außer sich vor Besorgnis. Elisabets Nase war so fest verstopft, daß sie erst nach einer langen Weile wieder sprechen konnte, die ihre Mutter mit einem ausgiebigen Vortrag über die Hoffnungslosigkeit von Vater und Tochter füllte.

»Dein Vater ist noch immer nicht zu Hause, und dabei müssen wir um vier Uhr aufbrechen. Was ist nur los mit euch beiden? Was soll ich mit euch machen? Er ist zum Fluß gegangen, um zusammen mit diesem entsetzlichen Vemund Tark die Flößer zu beaufsichtigen. Denkt ihr denn nie daran, daß ihr aus dem Hochadel stammt? Die Paladins waren Markgrafen, aber du läufst mit deinen natürlichen Haaren herum, und dein Vater hilft beim *Flößen!* Ab und zu schäme ich mich über euch dermaßen, daß ich den Verstand verlieren könnte!«

Frau Tora entstammte selber einer gutbürgerlichen Familie und glaubte, eine hervorragende Partie zu machen, als sie einen Paladin heiratete. Sie war die einzige, die weiterhin auf dem Markgrafentitel beharrte. Ulf sollte ihn ihrer Meinung nach weiter führen, obwohl in Norwegen alle Adelstitel abgeschafft worden waren. Tora war eine wirklich tüchtige Hausfrau für Elistrand, auf ihre Weise freundlich und gütig und in der ganzen Gegend hochangesehen, aber Ulf und Elisabet fanden sie doch bisweilen reichlich anstrengend.

Sie schrieben nun das Jahr 1770, und die Tochter würde bald ihren zwanzigsten Geburtstag feiern. Alle wußten, daß Frau Tora sie möglichst bald und möglichst gut verheiraten wollte. Deshalb war der Mutter diese Reise nach Christiania so wichtig. Dort würden sie schließlich die Honoratioren der Stadt treffen oder sie zumindest aus nicht allzu großer Entfernung sehen.

Elisabet hatte inzwischen die Sprache wiedergefunden. »Web ift Vebudd Talk?«

»Was sagst du da, Kind?«

Elisabet putzte sich die Nase. »Wer ist Vemund Tark?«

»Ein Barbar, wenn du meine ehrliche Meinung hören willst. Die Familie Tark besitzt am Stadtrand von Christiania ein wirklich bezauberndes Gut, hoch über dem Lärm der Stadt und geschützt von einem ausgesprochen gepflegten Park. Bezaubernde Menschen! Wenn ich so ein Zuhause hätte, dann würde ich anderswo keine Sekunde verbringen mögen. Aber der ältere Sohn, Vemund, besteht einfach darauf, in einer primitiven Hütte tief im zum Gut gehörigen Wald zu hausen.«

»Tark? Sind das nicht die, denen diese endlosen Wälder gehören?«

»Denen gehört entsetzlich viel. Wälder und Sägemühlen und Holzhandel und ich weiß nicht, was sonst noch alles. Uns könnte es genausogut gehen, wenn deine Stammutter Liv nicht so dumm gewesen wäre, den Holzhandel zu verkaufen, den sie von ihrem ersten Mann geerbt hatte. Ihr vom Eisvolk habt einfach keinen Geschäftssinn. Sieh dir doch nur deinen Vater an! Er ist mit Elistrand so zufrieden, wie es jetzt aussieht. Wir könnten aber auch noch Lindenallee und Gråstensholm haben, wenn er sich nicht einreden würde, daß die entfernten Verwandten in Schweden gehören, Menschen, die sich nie hier blicken lassen.«

Sehnsüchtig schaute sie aus dem Fenster zum um einiges großartigeren Gut Gråstensholm hinüber.

»Aber Tante Ingrid wohnt doch noch da«, widersprach Elisabet, während sie die verhaßte Perücke hinter dem Brennholzkasten versteckte.

»Die alte Hexe«, murmelte Tora zerstreut.

Und das war eine Wahrheit, die Elisabet nicht abstreiten konnte. »Und ihr Sohn, Onkel Daniel, will sich doch dort mit seiner Familie niederlassen, wenn er erst einmal aus dem Amt ausgeschieden ist.«

»Das wird er niemals tun, dazu hat er es in Schweden zu gut«, sagte die Mutter voller Überzeugung. »Gråstensholm wird leerstehen, wenn Ingrid nicht mehr da ist. Falls das je passieren wird. Wahrscheinlich wird sie ebenso lange leben wie Ulfs Großvater Ulfhedin.«

Elisabet blickte beklommen zu Gråstensholm hinüber. Sie glaubte schon, den Wind durch leere Fensterlöcher und baufällige Türme heulen zu hören. Das durfte einfach nicht passieren, es war schlimm genug, daß Lindenallee an Fremde verpachtet war. »Onkel Daniel kommt bestimmt. Oder seine Kinder.«

Tora schnaubte nur. »Ihr vom Eisvolk bleibt wirklich niemals auf dem *Boden!* Gott sei Lob und Dank dafür, daß du wenigstens nicht so bist wie Ingrid oder Ulfhedin!«

»Betroffen, meinst du?« Elisabet lächelte. »Das wäre doch witzig gewesen!«

»Also wirklich! Nein, aber Gott sei Dank ist dieser Spuk jetzt ja offenbar vorbei. Weder in der Generation deines Vaters noch in deiner eigenen ist jemand betroffen.«

»Ihr vergeßt wohl, Mutter, daß es in Vaters Generation durchaus einen gegeben hat. Er hieß Mar, und wir haben ihn niemals kennengelernt. Und die kleine Shira war doch eine Erwählte.«

»Das glaube ich einfach nicht«, erklärte Tora. »Sibirien und überhaupt, die Götter wissen, was noch alles.«

»Ja, aber Shira war doch einmal hier, als Vater noch klein war«, widersprach Elisabet. »Und Shiras Halbbruder war danach doch in Sibirien und hat Shira und Mar besucht.«

Sie wurde nachdenklich. »Aber Ihr habt recht, Mutter. In meiner Generation ist niemand betroffen. Ich nicht, Örjans Sohn nicht und Daniels zwei Kinder auch nicht. Niemand! Vater und Tante Ingrid halten das für Shiras Verdienst. Weil sie das klare Wasser gefunden hat und dadurch den Fluch von unserer Familie nehmen konnte.«

»Gebe Gott, daß das wirklich so gewesen ist«, murmelte Tora, die schon vergessen hatte, daß sie diese wahnwitzige Geschichte von Shiras Zaubergang nicht glaubte.

Obwohl sie sich oft genug über ihre kleine Familie und deren Abstammung vom Eisvolk härmte und grämte, betete sie Ulf und Elisabet im Grunde doch an. Es fiel ihr nur schwer, das wirklich zu zeigen, da sie ganz anders veranlagt war und eine ganz andere Erziehung hinter sich hatte.

Toras Gedanken berührten einen mit Angst und Scham beladenen Bereich. Sie warf dem Eisvolk vor, nicht auf dem Boden der Tatsachen zu bleiben. Aber sie selber lebte in der ewigen Angst, die anderen könnten erfahren, daß sie sich in ihrer Heimatgemeinde mit »Markgräfin« anreden ließ. Wenn das herauskäme, würde sie sich zu Tode schämen.

Elisabet zuckte zusammen. »Schaut einmal, Mutter! Da kommt der Großknecht vom Fluß her gerannt.«

Tora riß das Fenster auf. »Was ist los, Nils?«

Der Knecht blieb stehen und schwankte vor Erschöpfung. Er brauchte einige Sekunden, ehe er mit schwacher Stimme mitteilen konnte: »Mein Sohn ist ins Wasser gefallen. Sie konnten... ihn herausfischen, aber er hat sich böse verletzt. Ich soll vom Herrn ausrichten, daß jemand sich um den Verletzten kümmern muß.«

»Ich komme«, sagte Elisabet sofort. »Spann den Karren an und komm hinterher, dann bringen wir ihn nach Hause. Ich hole die Arzttasche und reite schon voraus.«

»Aber du nimmst den Damensattel, Elisabet«, mahnte die Mutter. »Und binde dir ein Tuch um deine ungestümen Haare. Da draußen sind doch Männer! Grobe, ungebildete Flößer!«

»Ist doch egal«, rief Elisabet im Hinausstürzen. »Hier geht es um Leben und Tod!«

Der größte Teil des sagenumwobenen Arzneivorrates, der dem Eisvolk gehörte, wurde von Ingrid auf Gråstensholm aufbewahrt. Aber auch Elistrand verfügte über seine eigene kleine Sammlung, die jetzt von Elisabet geholt wurde.

Der Knecht war schon im Stall verschwunden, und Elisabet jagte hinterher. Gleich darauf sah Tora ihre Tochter auf ihrem Reitpferd hervorsprengen.

Wieder riß die Mutter das Fenster auf. »Elisabet!« rief sie schockiert. »Nicht rittlings! Und noch dazu ohne Sattel! Elisabet! Elisab...«

Resigniert verstummte sie. Ihre Tochter war schon weit weg.

»Das Fest«, jammerte Tora vor sich hin. »Und dabei sahen wir nun endlich die Möglichkeit, sie mit einem Beamten zu verheiraten. Oder vielleicht sogar mit einem Pastor!«

Und das alles wurde nun durch einen schnöden Flößerbengel verdorben.

Es war wirklich zum Auswachsen!

Aus dem Norwegischen von Gabriele Haefs

Das Rennthier

Von Anders Arrebo

»Ein Beispiel des dänischen Witzes. Ich will diesesmal die Abbildung eines *Rennthiers* mittheilen, die ich aus dem Dänischen übersetzt habe, und bey der ich mich eben so sehr in Acht genommen habe, einigen Zierath hinzuzuthun, als einigen hinwegzulassen. Wenn jemand neugierig genug ist, den Maler kennen zu lernen, der in diesem Gemälde gewiß, meines Erachtens nicht wenig Feuer und Kunst gezeiget hat, der kann dasselbe bey dem ersten Verbesserer der dänischen Sprache, und dem Vorgänger der neuern dänischen Poeten *Aröbo* auf der 238. Seite desjenigen Werkes suchen, worinnen er die ganze Natur, unter dem Titel der *Sechs Tage der ersten Woche,* abzuschildern vorgenommen.«

Du dunkelgraues Thier, das auf der Berge Zinnen
Gekrönt, wie Hirsche prangt, du Pferd des harten Finnen,
O Rennthier, wo der Schnee bey *Zemblens* tiefem Eis
Das steile *Finnkirch* deckt, bist du der Thiere Preis.
Wer würde, sonder dich, den Finnen Kleider geben?
Wer schützt' in kalter Höh sein wohnungsloses Leben,
Wo Wasser, das man itzt in freye Lüfte gießt,
Gleich itzt, als halbes Eis, geronnen niederschießt?
Du giebst ihm Haub und Hut, wenn er mit scharfen Pfeilen
Auf seinem Schlittschuh geht, das Wild zu übereilen.
Dein kurzbehaartes Fell reicht ihm zu allem zu.
Du bist sein Gurt, sein Stock, sein Wams, sein Strumpf, sein Schuh;
Sein Bette, das ihm Ruh, sein Zelt, das Schutz gewähret,
Und seine Kuh, die ihn mit Käs und Butter nähret.
Ihm dient dein niedlich Fleisch an leckrer Hasen statt,
Ihn labet deine Milch, wenn er gejaget hat.
Du bist ihm Silber, Gold, und will man Hochzeit feyern,
Du dienst, statt Kuh und Sau, die Tochter auszusteuern.

Aus dem Dänischen von Johann Elias Schlegel, mit einer Vorbemerkung des Übersetzers

GUNK! GUNK!
>Thought I cou
organise freedo
how Scandinavia
of me<
Björk, "Hunte
WEIL HIER NOCH PLATZ IST:
EINIGE BESONDERS DOOFE
JOURNALISTEN-BEZEICHNUNGEN
FÜR DIE REYKJAVIKER POPKÜNSTLERIN
1.) EXZENTRISCHES POP-URMEL AUS DEM EIS
2.) OKTAVEN-PINGUIN
HOPPEL HOPPEL
3.) DIE DURCHGEKNALLTE AUS DER GLETSCHERSPALTE
4.) DIE POLARKREIS-ELFE MIT DEM BEREITS 10-JÄHRIGEN SOHN
oasis
H

KATZ & GOLDT

Der Rabe rät

Daniel Arnet
Der Anachronismus anarchischer Komik
Reime im Werk von Robert Gernhardt
Bern: Lang 1996

In einer Zeit, in der sich nix zusammenreimt, sucht der Mensch und Autor Trost bei Robert Gernhardt, der Wacht am Reim. Doch plötzlich auf Seite 85 passiert es: Der Reim verweigert sich! Angst. Betroffenheit. Wut. »Das wollen wir doch mal sehen … Da, nimm diesen erzwungenen Reim! Ravioli holi!« Am Ende Erleichterung: Der erzwungene Reim besiegt den verweigerten mit 47:42. Puh. *Tilo Eckardt*

Wolfgang Epple
Rabenvögel
Göttervögel – Galgenvögel
Karlsruhe: Braun 1996

»Hunderttausendfaches sinnloses Töten von Singvögeln?« fragt uns der G. Braun Buchverlag via seinen Verlagsleiter Klaus Kapp und sendet uns das »aktuelle Buch« zum »aktuellen Rabenvogelstreit« zur Besprechung zu. »Nein!« krächzen da die Raben im Steinfels wie aus einem Schnabel. Aber worum geht's denn?

Darum: Daß jedes Jahr in Deutschland Krähen, Elstern und Eichelhäher, die alle als Rabenvögel zu den Singvögeln gehören, in großer Zahl abgeschossen werden. Darum, daß »Jagdverbände ›Feuer frei!‹ auf das ›schwarze Gesindel‹ fordern und sich auf EG-Recht berufen«. Darum, daß das Verhältnis der Menschen zu den Rabenvögeln »seit jeher zwiespältig ist, zugleich geprägt von Ehrfurcht und Verteufelung«. Und darum schließlich, daß mit diesem Buch um »Sympathie für eine verfemte Vogelfamilie« geworben werden soll.

Und wen das alles nicht überzeugt, dem sollen doch die Raben die Augen aushacken. *(Die Red.)*

Harald Fricke/Rüdiger Zymner
Einübung in die Literaturwissenschaft: Parodieren geht über Studieren.
Paderborn: Ferdinand Schöningh, 2. Auflage 1993 (UTB-Taschenbuch)

Wer schon immer wissen wollte, was einen »Augenreim« von einem »Ohrenreim« unterscheidet, oder wie man »Charakterkomik«, »Typenkomik«, »Verwechslungskomik«, »Situationskomik«, »Sprachkomik« und »Dialogkomik« auseinanderhalten kann, ist hier richtig – vorausgesetzt, er hat Lust zu lernen und zu üben und will z. B. auch eine Passage aus Nietzsches *Zarathustra* in einen Sportbericht umschreiben oder den Gedanken »Moderne Dichtung ist verrückt« auf fünferlei Weise ausdrükken, nämlich »als Periphrase, als Vergleich, als partikulierende Synekdoche, als Antonomasie, als Metonymie«.

Wer sich dann durch alle Beispiele, Definitionen, Aufgaben, Tests und leider auch »Lernzielkontrollen« dieser unter dem Motto »Parodieren geht über Studieren« stehenden »Einübung in die Literaturwissenschaft« hindurchgearbeitet hat, die die Philologen Harald Fricke und Rüdiger Zymner gründlich und mit einer Portion Philologenkomik veranstalten, kann nicht nur wissenschaftlich korrekt lesen und schreiben, sondern, dem Kapitel »Zur Einübung in literaturwissenschaftliches Formulieren, Definieren und Argumentieren« mit Unterkapiteln wie »Korrekte und falsche Aussagenverknüpfungen« sei Dank, er kann sogar denken, logisch denken. Und weiß, was wahr ist. Nämlich dieser Übungssatz zum Beispiel: »Wenn dieser Zug hier nicht hält, bin ich auch gar nicht eingestiegen.« Und wenn Sie diesen Rabenrat nicht gelesen haben, habe ich ihn auch gar nicht geschrieben.

Peter Köhler

David Guterson
Schnee, der auf Zedern fällt
Berlin: Berlin Verlag 1995
Was da auf die Zedern fällt, ist eindeutig der Schnee von gestern – alle Flokken dieses durchsichtigen Gestöbers in älteren Vorbildern werden jedem bekannt vorkommen, dem die Melancholie Faulknerscher Folklore und der bedächtigen Spannungsaufbauten à la Highsmith nicht neu sind. Allen anderen ist der Roman durchaus zu empfehlen. *Bernd Eilert*

Jack Miles
Gott – Eine Biographie
München: Hanser 1996
Die Bibel wörtlich zu nehmen, ist gefährlich, wenn es sich um Glaubensfragen handelt; sie als biographisch verwertbares Material zu behandeln, ist keine schlechte Idee: Gott ist wirklich ein Charakter, den man persönlich nicht näher kennenlernen möchte.
Allerdings könnte man ihn auch knapper fassen:

– Lieber Gott, kannst du nicht all das Elend und Unglück aus der Welt schaffen?
– Ich kann schon – aber ich werde den Teufel tun, weil sich dann doch kein Mensch mehr um mich kümmern würde. *Bernd Eilert*

Hedwig Pauler
Deutscher Herzen Liederkranz
Lieder und Gedichte im Werk Karl Mays
Ebermannstadt/Ubstadt: KMG-Presse 1996
Gedichte mitten im epischen Erzählen? Das gibt es bei den Romantikern natürlich, bei Eichendorff und in den Märchen, aber auch schon in Schnabels *Felsenburg* und später bei Storm und, wenigstens in Anspielungen, bei Fontane. Auch bei Karl May haben wir das.
Hedwig Pauler hat Mays Gedicht-Einlagen und Gedicht-Anspielungen registriert und entschlüsselt. Man staunt, daß es so viele sind, und staunt auch über Mays Ironie: etwa wenn er Bürgers *Lenore* souverän verballhornt oder ein eigenes frühes Schwulstgedicht einem wahnsinnigen Dichter im Wilden Westen in den Mund legt und sich so über sich selbst mokiert.
Dabei ist Paulers Buch, May hin, May her, auch ein Blick in die Kulturgeschichte. Es verrät, was vor hundert Jahren an Lyrischem alles in war.

Martin Lowsky

Peter Rühmkorf
Ich habe Lust, im weiten Feld…
Göttingen: Wallstein 1996
Eigentlich ist der Fall schon värrrgässen. Und ob es lohnt, an die Geschmacklosigkeiten zu erinnern, die sich Marcel Reich-Ranicki bei seiner Rezeption des letzten Grass gegönnt hat, ist zweifelhaft. Ein mißlungenes Buch, eine miese Kampagne. Also. Dazu im speziellen und zu R. R. im besonderen noch was anzufügen – müßig. Lohnen tut's dann doch, wenn sich jemand wie Peter Rühmkorf der Sache erinnernd annimmt. Tagebuchnotizen, Briefe, eine Rede und deren Vorarbeiten – das Bild einer immer schon schwierigen, heiklen Literaturbetriebsbeziehung, die Rühmkorf nach manchem Schwanken und Kämpfen wegen

der Grasskampagne beendet hat. Für Freunde von Insiderhintergrundwissen, für Stilisten (denn jede Notiz von Rühmkorf hat Stil, im Gegensatz zu seinem Gegenpart). Schon sehr beklemmend, wie skrupulös da einer mit sich ringt, um eine Freundschaft zu erhalten, die eigentlich keine Basis mehr hat – und wohl nie eine war. Mußte Rühmkorf den Schmutz an die Öffentlichkeit wringen? Vermutlich schon. Muß man das lesen, wissen? Sicher nicht. Aber es dient der Klarheitsfindung. *Thomas Schaefer*

Helmut Walsdorff
Vor Gott sind alle Menschen bleich: eine Fundgrube origineller Versprecher
München: Claudius 1997
Eine »Syphilisarbeit« war das Zusammenstellen dieser Versprecher bestimmt, aber warum sind sie für ihren Herausgeber bloß »Wortmüll«? Warum muß er ihre komische Qualität extra betonen, als könnten sie keine Weihwässerchen trüben? Schmerzt die Einsicht so sehr, daß unser Unbewußtes nach dem Fehlleistungsprinzip schuftet und dem Gedankensprung als kritischer Fortbeweungsweise huldigt? Ignoriert man in Berliner Pfarrhäusern noch nach knapp hundert Jahren Freuds *Psychopathologie des Alltagslebens,* weil die Anwendung ihrer Erkenntnisse die Glaubensbrüder so schlecht dastehen läßt? Denkbar wär's, denn Anweisungen wie »Hungert deinen Feind, so speise ihn mit Durst« oder »Alle eure Särge werfet auf ihn« zeugen ebensowenig von Menschenfreundlichkeit den lieben »Mist-Christen« gegenüber wie der Hinweis darauf, am Kirchenausgang halte man »wie immer den Opferstrick für die Armen bereit«. Die unfreiwillige Luzidität ludischen Sprechens ist aber in der Politik nicht minder am Werk: »Da nehme ich gar kein Brett vor den Mund« zeigt das von Bundestagsabgeordneten vor dem Kopf, und die Versicherung »Keine Angst, dieser Kanzler sitzt auch morgen fett im Sattel«, die grenzt eben »schon an Demogagie«. Für die Nachrichtenredaktionen schließlich scheint Deutschland immer noch ein Volk ohne Raum zu sein, wenn Meldungen »aus der italienischen Hauptstadt Bonn« gebracht werden und »unklar ist, wieviele Libanesen die Hauptstadt Bayreuth verlassen haben«. Aber am besten gefiel mir ein Lapsus Cunnilinguae: »Protestanten feiern weder Mariä Himmelfahrt noch ihre unbeschleckte Empfängnis.« Also haut rein, Jungs!
Ulrich Blumenbach

Wolf Wondratschek
Einer von der Straße
München: Goldmann 1993
Wondratschek soll diesen *Tatsachenroman,* wenn ich mich recht entsinne, auf Wunsch jenes Herrn, dessen Biographie als Vorlage diente, geschrieben und dafür eine sechsstellige Summe von seinem Auftraggeber erhalten haben. Das Geld hätte der reichgewordene Straßenjunge sich sparen können, denn Wondratscheks Prosa ist nichts wert. Im besten Fall klingt sie wie eine angestrengte Raymond-Chandler-Parodie, im ungünstigsten wie Wondratschek, Beispiel: »Gelernt hatte sein Sohn Gastronomie ja.« Der gelernte Lyriker sollte lernen, daß man nur dann so schreiben darf, wie man spricht, wenn man so spricht, daß andere gerne zuhören. *Bernd Eilert*

Nach- und Hinweise

Ingvar Ambjørnsen (*1956; lebt in Hamburg)
Im vergangenen Herbst erschien der dritte Elling-Roman des in seiner Heimat Norwegen und in Deutschland gleichermaßen geschätzten Autors. *Mutti* wird hier mit freundlicher Genehmigung des Autors erstpubliziert.

Hans Christian Andersen (1805 Odensee – 1875 Kopenhagen)
Daß der Märchendichter, Romancier, Reiseschriftsteller, Dramatiker und Scherenschneider auch ein einfallsreicher Lyriker gewesen ist, ist in Deutschland trotz der Nachdichtungen von Chamisso und der Vertonungen von Robert Schumann und anderen in Vergessenheit geraten. Das vorliegende Selbstporträt stammt aus dem frühen Zyklus *Die Melodien des Herzens.*

Anders Arrebo (1587 Ærøskøbing – 1637 ebd.)
Der »Vorgänger der neuern dänischen Poeten« (J. E. Schlegel), dessen in unterschiedlichen Schreibungen überlieferter Name »Bewohner der Insel Ærø« bedeutet, hat mit seiner freien, stoff- und einfallsreichen Nachdichtung des französischen Schöpfungs-Epos *Hexaëmeron (Sechs-Tage-Werk)* ein Hauptwerk der skandinavischen Barockdichtung geschaffen.

Herman Bang (1857 Asserballe – 1912 Utah)
In seinen Romanen und Erzählungen ein Meister des psychologisch sensiblen Impressionismus, als Skandalgestalt der europäischen Gesellschaft mit seinem flamboyanten Auftreten ein Bruder Oscar Wildes, wurde Bang zum Vorbild für Schriftsteller wie den jungen Thomas Mann. Daß der gefeierte Erzähler auch ein politischer Journalist von Rang war, zeigen Essays wie der eigens für diesen ›Raben‹ erstmals ins Deutsche übersetzte.

Carl Michael Bellman (1740 Stockholm – 1795 ebd.)
Fredmans Epistel Nr. 27 erschien zuerst im Druck 1790; die *Epistel* entstand im August 1771. Der schwedische Text ist am verläßlichsten nachzulesen in: *C. M. Bellman, Fredmans Epistlar.* Text- och melodihistorisk utgåva. Textredaktör Gunnar Hillbom, Stockholm 1990.

Walter Boehlich (*1922; lebt in Frankfurt/Main)
Erstübersetzung und -kommentierung mit freundlicher Genehmigung des großen Publizisten.

Lars Saabye Christensen (*1953; lebt in Oslo und in Sortland)
Der norwegische Erzähler, Lyriker, Hörspiel-, Krimi-, Dreh- und Jugendbuchautor wurde international bekannt mit seinem Beatles-Roman *Yesterday,* der auch in der deutschen Übersetzung erfolgreich war. *Idealzeit* ist dem Buch *Ingens* entnommen und erscheint mit freundlicher Genehmigung des J. W. Cappelen Verlags hier erstmals in deutscher Übersetzung.

Heinrich Detering (*1959; lebt und lehrt in Kiel)
Sämtliche Übersetzungen und Texte sind Erstveröffentlichungen, die der Literaturwissenschaftler, Kritiker, Übersetzer und Co-Herausgeber dieses ›Raben‹ eigens zu demselben beigesteuert hat.

Inger Edelfeldt (*1956; lebt in Stockholm)
Die bedeutende zeitgenössische Lyrikerin und Erzählerin ist vor allem durch ihren Erzählband *Rit (Ritus)* bekannt geworden, dem die hier abgedruckte Kurzgeschichte mit freundlicher Genehmigung des Norstedts Förlag, Stockholm, entnommen ist. In überwiegend realistisch geprägten Werken erlaubt sie sich Experimente auch mit phantastischen Elementen. Ihr besonderes Interesse gilt Frauen-Themen.

Vilhelm Ekelund (1880 Stehag/Schonen – 1949 nahe Stockholm)
Mit musikalisch-melancholischen Texten wie dem für diesen ›Raben‹ ins Deutsche übertragenen *Eros*-Gedicht wurde Ekelund zur zentralen Gestalt des schwedischen Symbolismus in Schweden, ein geistiger Bruder Verlaines und des frühen George auch in seiner dunkel stilisierten Homoerotik. Abdruck mit freundlicher Genehmigung des Autors.

Tua Forsström (*1947 in Porvoo)
Mit den bislang acht Gedichtbänden, die sie seit 1972 veröffentlicht hat, wurde Tua Forsström zu einer der bekanntesten finnlandschwedischen Lyrikerinnen; 1998 erhält sie den Literaturpreis des Nordischen Rates. Das hier veröffentlichte Gedicht wurde mit freundlicher Genehmigung des Söderström Förlag in Helsinki eigens für diesen ›Raben‹ übersetzt.

Gustaf Fröding (1860 Alster – 1911 Stockholm)
Der vielleicht größte und sicher populärste schwedische Lyriker schrieb außer den von Lutz Rühling hier erstmals in Deutschland vorgestellten deutschsprachigen Versen Gedichte wie das eigens für diesen ›Raben‹ übersetzte ›Ghasel‹, die auf der Schwelle zur Moderne eine gefährdete und anmutige Balance halten.

Anne-Bitt Gerecke (*1969 in Göttingen; lebt in Kiel)
Die Übersetzerin aus dem Dänischen und Schwedischen unterrichtet deutsche und dänische Literatur an der Universität Kiel.

Robert Gernhardt (*1937 in Reval, Estland; lebt und arbeitet in Frankfurt a. M.)
Das *Tiefsee-Distichon* enstammt dem spottgünstigen Prachtband mit Gernhardts sämtlichen Bildergeschichten und Bildgedichten *Vom Schönen, Guten, Baren* (Zürich: Haffmans 1997). Sein Lyrikband *Lichte Gedichte,* »vielleicht das Buch des Jahres 97« (NDR 4), ist gerade in der fünften Auflage erschienen.

Max Goldt (*1958 in Göttingen; lebt und arbeitet in Berlin)
s. Katz und Rubinowitz
Zusammen mit Gerhard Henschel veröffentlichte Goldt im Haffmans Verlag zuletzt *Erntedankfäscht. 40 Gedichte und 40 Fotografien* (Zürich 1998).

Olaf Gulbransson (1873 Kristiania, d. i. Oslo – 1958 Tegernsee)
Der große Maler und Zeichner kam 1902 über Paris nach München und wurde bald wichtigster Mitarbeiter des ›Simplicissimus‹. Mit seiner Spottlust hat er schon sehr früh die Lächerlichkeit deutscher Italienreisender aufs Korn genommen. Die abgedruckte Zeichnung von 1908 ist dem Auswahlband *Simplicissimus. Ein Rückblick* (Hannover 1954) entnommen und erscheint mit freundlicher Genehmigung des Fackelträger-Verlags, Hannover.

Lars Gustafsson (*1936; lebt, schreibt, lehrt in Austin/Texas und Nyhyttan/Västmanland)
Erstpublikationen in deutscher Übersetzung mit freundlicher Genehmigung des Romanciers, Lyrikers, Essayisten, Philosophen.

Gabriele Haefs (*1953; lebt in Hamburg)
Alle Erstübersetzungen, eigens für diesen ›Raben‹ gefertigt, mit freundlicher Genehmigung der studierten Keltologin und hochprofessionellen Übersetzerin von so ziemlich allem, was in der norwegischen Literatur Rang und Namen hat.

Nikolaus Heidelbach (*1955 in Lahnstein; lebt und malt in Köln)
Die *Polarraben,* der *Alte Schwede* und *Ein verkleideter Norweger* wurden eigens für diesen ›Raben‹ gezeichnet. Abdruck mit freundlicher Genehmigung des Künstlers.

Lisbet Hiide (*1956; lebt in Oslo)
Die Erzählung *Maskerade* entstammt dem Band *Alices særegne opplevelse av natt* und erscheint mit freundlicher Genehmigung des Gyldendal Norsk Forlag hier erstmals in deutscher Übersetzung.

Christel Hildebrandt (*1952; lebt in Hamburg)
Die Übersetzerin und Herausgeberin skandinavischer Literatur hat die hier erscheinenden Erstübersetzungen eigens für den ›Raben‹ angefertigt, der sie mit freundlicher Genehmigung veröffentlicht.

Gunnar Hillbom (*1934; lebt in Stockholm)
Die kleine Melancholie zu Bellman schrieb der große Gelehrte eigens für den ›Raben‹ – Hillbom ist Herausgeber der Kritischen Bellman-Ausgabe der Königlichen Akademie der Wissenschaften zu Stockholm; die seltene Tatsache, daß ein großer Literaturwissenschaftler auch ein erstklassiger Gitarrist und Sänger ist, führte dazu, daß der Proprius-Verlag in Stockholm Hillbom mit der Einspielung sämtlicher Episteln und Sånger von CMB beauftragte (1994 und 1997).

Karin Hoff (*1963 in Bad Neuenahr; lebt in Kiel)
Die Literaturwissenschaftlerin und Übersetzerin aus dem Schwedischen unterrichtet skandinavische Literatur an der Universität Kiel und arbeitet an einem Buch, das unter anderem Thorild wieder in Erinnerung bringen wird.

Per Højholt (*1928; lebt in Silkeborg)
Den dänischen Geistesverwandten von Ror Wolf und Helmut Heißenbüttel, dessen in mittlerweile fast vierzig Bänden versammelte modernistische Sprachexperimente und theoretische Schriften ihm dank ihres Witzes in Dänemark eine Art intellektueller Popularität eingebracht haben, hat Werner Lewerenz für diesen ›Raben‹ ent-

deckt und aus den Bänden *Digte 1963–79* und *Det gentagnes musik* mit freundlicher Genehmigung des Schønbergske Forlag, Kopenhagen, übersetzt.

Rolf Jacobsen (1907 Kristiania, d. i. Oslo – 1994 Oslo)
Als einer der Wegbereiter des skandinavischen Modernismus ist Jacobsen vor allem mit Gedichten über die Welt der Großstadt, der Fabriken, Eisenbahnen und Schiffe berühmt geworden. In Deutschland liegen nur wenige Übersetzungen vor; die hier veröffentlichte, die der alte Jacobsen noch autorisiert hat, erscheint in diesem ›Raben‹ (»the Raven proudly presents«) zum ersten Mal. *Hafen* ist im Original dem Band *Samlede dikt* (Oslo, 1982) entnommen, was der Gyldendal Norsk Forlag freundlich genehmigt hat.

Are Kalvø (*1960; lebt in Oslo – für Kenner der Szene: im Ghetto Aust)
Kalvø arbeitet als Radiomann und Kolumnist des ›Arbeiderbladet‹, als Kabarettist und Schriftsteller. *Die Kunst, ein Neger in Norwegen zu sein* erschien erstmals 1996 im Osloer Verlag Det Norske Samlaget und erreichte innerhalb eines Jahres fünf Auflagen. Für diesen ›Raben‹ wurde ein Auszug aus dem Buch mit freundlicher Genehmigung des Autors erstmals ins Deutsche übersetzt.

Stephan Katz (*1970 in Bielefeld; lebt und arbeitet in Berlin)
Das *Björk-Blatt* wurde eigens für diesen ›Raben‹ ersonnen und gezeichnet und erscheint hier zusammen mit *Die beiden netten Homos in: Imprägnier deinen Fetisch* mit freundlicher Genehmigung von Katz & Goldt, die bei Jochen Enterprises bereits zwei Comic-Bände veröffentlicht haben: *Wenn Adoptierte den Tod ins Haus bringen* (1997) sowie *Koksen, um die Mäuse zu vergessen* (1998).

Birgitta Kicherer (*1939; lebt in Seeshaupt)
Die Übersetzerin von Inger Edelfeldt und Peter Pohl wurde in Stockholm geboren und ist als Literaturagentin ebenfalls zwischen ihrem Heimatland und dem deutschen Sprachraum tätig. Die Übersetzung wurde eigens für diesen ›Raben‹ angefertigt.

Rudi Klein (*1949 in Trebisacce, Cosenza; lebt als freier Cartoonist und ›Falter‹-Redakteur in Wien)
Die beiden Zeichnungen wurden eigens für diesen ›Raben‹ angefertigt. Abdruck mit freundlicher Genehmigung des Künstlers.

Volker Kriegel (*1943 in Darmstadt; lebt in Wiesbaden)
Die Umschlagzeichnung und die beiden Zeichnungen zu den Beiträgen von Gerhard Polt und Stephan Opitz wurden eigens für diesen ›Raben‹ gezeichnet und erscheinen mit freundlicher Genehmigung des Künstlers.

Thomas Krömmelbein (*1952; lebt in Pinneberg)
Der Sagaspezialist schrieb die kleine Erzählung vom Dichtermet eigens für diesen ›Raben‹; Erstveröffentlichung mit freundlicher Genehmigung des Skandinavisten, Germanisten und Herausgebers der international weithin geachteten Zeitschrift ›alvíssmál. Forschungen zur mittelalterlichen Kultur Skandinaviens‹.

Brigitte Kronauer (*1940 in Essen; lebt in Hamburg)
Die Erzählerin und Essayistin hat mit dem hier veröffentlichten Raben-Gedicht ihre schöne Sammlung *Die Lerche in der Luft und im Nest* mit Texten zur Literatur und Kunst beschlossen, der wir es mit freundlicher Genehmigung des Aufbau-Verlages entnehmen. Aufbau-Verlag Berlin GmbH 1995.

Per Landin (*1956; lebt in Stockholm)
Der Literaturwissenschaftler mit besonderem Interesse für schwedisch-deutsche Literaturbeziehungen studierte Germanistik in München und Göteborg. Nach *Sista tango i DDR* (1992, *Letzter Tango in der DDR*) erschien 1994 sein Buch *Münchhausens äventyrligheter,* das sich mit so schillernden Figuren wie Baron Freiherr von Münchhausen und Arnolt Bronnen befaßt. Per Landin arbeitet als Kulturkorrespondent und Deutschland-Spezialist für ›Dagens Nyheter‹.

Werner Lewerenz (*1947; lebt in Kiel)
Eigens für diesen ›Raben‹ angefertigte Erstübersetzungen mit freundlicher Genehmigung des Publizisten, Journalisten und Übersetzers aus dem Dänischen und Norwegischen.

Klaus Liedtke (*1950; lebt in Berlin)
Die Sjögren-Übersetzung wurde eigens für diesen ›Raben‹ angefertigt; Erstveröffentlichung mit freundlicher Genehmigung vom Sjögren-Statthalter in Deutschland.

Carl von Linné (1707 Råshult – 1778 Uppsala)
Den ästhetischen Reiz der anschaulich-trockenen Schreibweise, in der der Naturforscher, Begründer der Ökologie und Reiseschriftsteller seine Beobachtungen notierte, haben Dichter und Übersetzer wie H. C. Artmann entdeckt. Die hier wiedergegebenen Abschnitte aus dem frühen Reisebuch *Iter dalekarlicum: Reise nach Dalarna,* eine unverhoffte Zeitreise aus dem 18. Jahrhundert ins Industriezeitalter, hat Heinrich Detering zum ersten Mal adäquat ins Deutsche übersetzt.

Hans-Joachim Maass (*1937; lebt bei Buchholz)
Der Übersetzer aus dem Englischen, Schwedischen und Französischen, der langjährige Lektor der *stern*-Bücher, hat nicht nur das in diesem ›Raben‹ abgedruckte Kapitel des Romans von Göran Tunström übersetzt, sondern das ganze Buch: Es erscheint im Frühjahr 1998 bei Hanser. Vorauspublikation mit freundlicher Genehmigung des Übersetzers und des Hanser-Verlages.

Svend-Åge Madsen (*1939; lebt in Århus)
Das für diesen ›Raben‹ erstmals ins Deutsche übersetzte Kapitel stammt aus dem Roman *Die Laveran-Sippe,* den der postmoderne dänische Phantast und Genremixer 1988 veröffentlichte. Abdruck mit freundlicher Genehmigung des Forlaget Hovedland, Højbjerg.

Monty Python (i. e.: Graham Chapman, John Cleese, Terry Gilliam, Eric Idle, Terry Jones und Michael Palin)
Finland wurde *The Fairly incomplete & rather badly illustrated Monty Python Song Book* entnommen (Python Productions, London 1994). Im Haffmans Verlag erschienen sind *Monty Python's Flying Circus Bd. 1–5* und die Monty-Python-Drehbücher *Der Heilige*

Gral, Das Leben Brians und *Der Sinn des Lebens.* Von Michael Palin erscheint im Frühjahr 1998 im Haffmans Verlag sein großes Reisetagebuch *Rund um den Pazifik,* das Buch zur arte-Fernsehserie.

Carsten Nagel (*1956; lebt in Kopenhagen)
Der vielseitige Schriftsteller mit Schauspielerfahrung und Psychologiestudium wurde durch seine witzigen Beschreibungen der Kopenhagener Schwulenszene in Dänemark zum Kultautor. *Schwerkraft* stammt aus dem Band *Stuefugl i farver* und erscheint hier mit freundlicher Genehmigung des Verlags Tiderne Skifter.

Stephan Opitz (*1951; lebt und lehrt in Rendsburg, Kiel, Hamburg, Oslo)
Sämtliche Übersetzungen und Texte sind Erstveröffentlichungen, eigens für diesen ›Raben‹ vom Co-Herausgeber und Chef des Nordkollegs Rendsburg geschrieben.

Dirk von Petersdorff (*1966 in Kiel; lebt und lehrt in Saarbrücken)
Der Lyriker, Essayist und Literaturwissenschaftler, den die FAZ als den »Schelm unter den Postmodernen« empfiehlt und der 1998 den Kleist-Preis erhält, schrieb die finnischen Postkarten eigens für diesen ›Raben‹.

Gerhard Polt (*1942; lebt in Schliersee)
Erstveröffentlichungen mit freundlicher Genehmigung des Skandinavisten, Schauspielers, Filmemachers, Kabarettisten, Schriftstellers.

Wilhelm Raabe (1831 Eschershausen – 1910 Braunschweig)
Der erste der modernen deutschen Erzähler, aus dessen Antigeschichtsroman *Das Odfeld* (1888) unser Motto entnommen ist, hat seine literarische Laufbahn als Nordischer Raabe, nämlich unter dem sprechenden Pseudynom »Corvinus« begonnen und auch in der zitierten Szene mit dem eigenen Namen gespielt.

Tex Rubinowitz (*1965 in Perlemünde; lebt in Wien)
Der *Kleine Skandinavischsprachkurs* wurde zusammen mit Max Goldt eigens für diesen ›Raben‹ geschaffen. Abdruck mit freundlicher Genehmigung der Künstler.

Lutz Rühling (*1954; lebt und lehrt in Kiel)
Der Skandinavist, Literatur- und Übersetzungstheoretiker hat 1990 das maßgebliche Buch über *Modernität und Moderne im lyrischen Werk Gustaf Frödings* veröffentlicht: *Die Abwehr des ennui* (Göttingen 1990). Der abgedruckte Auszug erscheint mit freundlicher Genehmigung des Verlags Vandenhoeck & Ruprecht.

Peter Rühmkorf (*1929; lebt in Hamburg)
Erstveröffentlichungen mit freundlicher Genehmigung des großen Lyrikers und Essayisten, der schon vor Jahren völlig richtig behauptete, Carl Michael Bellman sei mit allen Haderswassern gewaschen. Die Rede auf Bellman hielt Rühmkorf im Oktober 1995 anläßlich des internationalen Bellman-Symposions im Nordkolleg Rendsburg, an dem u. a. auch Gunnar Hillbom, Gerhard Polt und Lars Gustafsson teilnahmen. Das *Oktoberfest* von Gerhard Polt, S. 91, wurde dort ebenfalls mündlich zum ersten Mal vorgetragen. Die Doppel-CD *Skål kameraten* (Live Records LCD-004/5) enthält u. a. Rühmkorfs Bellman-Rede und die Jazz&Lyrik-Interpretation der Epistel 27, weiterhin auch Polt über Bellman.

Margit Sandemo (*1924; lebt in Fagernes)
Die norwegische Autorin gelangte über verschiedene andere Kunstgattungen – Theater, Musik, Malerei und Bildhauerei – zunächst zum Schreiben von Zeitschriftenromanen, bevor sie in einer alten Wandmalerei den Stoff zu ihrem Hauptwerk, der Romanserie *Die Sage vom Eisvolk*, entdeckte. Aufgewachsen unter norwegischen Kleinbauern und auf einem schwedischen Herrensitz, haben diese Gegensätze ihre *Märchen für Erwachsene* (wie sie selbst sagt) oft inspiriert. Der hier abgedruckte Text ist ein Auszug aus *Hinter der Fassade (Die Sage vom Eisvolk*, Bd. 18) und erscheint mit freundlicher Genehmigung der Autorin.

Johann Elias Schlegel (1719 in Meißen – Sorø 1749)
Der wichtigste und witzigste deutschsprachige Dramatiker und Dramentheoretiker zwischen Gryphius und Lessing, Schüler Gottscheds, Freund Holbergs und Onkel von Friedrich und August Wilhelm, gab 1745 als »naturalisierter Däne« (Holberg) in Kopenhagen das aufgeklärte Wochenblatt ›Der Fremde‹ heraus, in dem er sich unter anderem für die Eigenheiten der dänischen Literatur interessierte und Dichter wie Arrebo (wieder-)entdeckte.

Barbara Sichtermann (*1943; lebt in Berlin und Boren)
Die schöne Frau Sichtermann schrieb die ins Vielfältige lappende Beantwortung der uns alle bewegenden Frage eigens für diesen ›Raben‹; Erstveröffentlichung mit freundlicher Genehmigung der Schriftstellerin und Publizistin.

Lennart Sjögren (*1930; lebt auf Öland)
Vor allem als Lyriker, aber auch als Erzähler realistischer Kurzprosa und als Maler ist der Dichter bekannt geworden. Das eigens für diesen ›Raben‹ übersetzte Gedicht erscheint hier mit freundlicher Genehmigung des Autors.

Jens Smærup Sørensen (*1946; lebt in Kopenhagen)
Der dänische Dichter, aus dessen Erzählungsband *Breve* der vorliegende Text – als überhaupt erster dieses Verfassers – für diesen ›Raben‹ ins Deutsche übersetzt worden ist, wurde für seine Romane, Erzählungen, Schau-, Hör- und Fernsehspiele 1990 mit dem Preis der Dänischen Akademie ausgezeichnet; er gilt der dänischen Kritik als »dänische Literatur der Exportklasse A« (Bjørn Bredal). Abdruck mit freundlicher Genehmigung des Autors.

Thomas Steinfeld (*1954 in Leverkusen; lebt bei Frankfurt)
Der Literaturchef der ›Frankfurter Allgemeinen Zeitung‹ schrieb den Essay über Gustav III. eigens für diesen ›Raben‹.

Astrid Surmatz (*1966; lebt in Göttingen)
Die Übersetzungsforscherin, die mit ihrer Dissertation über *Astrid Lindgren in Deutschland: Zur übersetzerischen Rezeption ihres Werks* für feuilletonweites Aufsehen gesorgt hat, schrieb den hier abgedruckten Text eigens für diesen ›Raben‹.

Thomas Thorild (1759 nahe Göteborg – 1808 Greifswald)
Der polyglotte schwedische Dichter, Theoretiker und Polemiker, der seine Heimat zeitweise seiner scharfen Zunge und spitzen Feder wegen verlassen mußte, war einer der hellsten Köpfe des nordischen achtzehnten Jahrhunderts. In Deutschland ist er trotz eines bedeutenden Buches, das Ernst Cassirer über ihn schrieb, unbe-

kannt geblieben. Den hier erstmals übersetzten Text hat August Strindberg, der es wirklich wissen mußte, »die Magna Charta des weiblichen Geschlechts« genannt.

Tomas Tranströmer (*1931 in Stockholm; lebt ebd.)
Mit einer »charakteristischen Mischung aus Sachlichkeit und Pathos, Analyse und Mystik« gilt der ausschließlich als Lyriker hervorgetretene Dichter mittlerweile auch bei deutschen Lyrik-Liebhabern als »der bedeutendste Vertreter des lyrischen Modernismus in der schwedischen Gegenwartsliteratur« (Lutz Rühling in Kindlers Literatur-Lexikon). Der eigens für diesen ›Raben‹ übersetzte Text ist seine Dankrede zum Empfang des Literaturpreises des Nordischen Rates (des ›kleinen Nobelpreises‹) in Reykjavík. Abdruck mit freundlicher Genehmigung des Autors.

Hans Traxler (*1939 in Herrlich, CSFR; lebt in Frankfurt a. M.)
Edvard Grieg inmitten heulender Nordmänner erscheint hier mit freundlicher Genehmigung des Künstlers.

Göran Tunström (*1937 in Karlstad; lebt in Sunne und in Stockholm)
Sagen- und märchenhafte Stoffe sind die Vorliebe des vielgelesenen värmländischen Erzählers, dessen Werke größtenteils ins Deutsche übersetzt wurden. Das mehrfach ausgezeichnete Hauptwerk *Juloratoriet* (1983; eg. *Weihnachtsoratorium,* dt. u. d. T. *Solveigs Vermächtnis*) war auch in der Verfilmung ein großer Erfolg. Tunströms Beitrag zum ›Raben‹ ist ein Auszug aus seinem neuen Roman *Skimmer,* der im Hanser-Verlag erscheinen wird. © für die deutschsprachige Ausgabe: 1996 Carl Hanser Verlag München Wien.

Richard Wagner (1813 Leipzig – 1883 Venedig)
Deutscher Tonsetzer, Schriftsteller, Ego- und Mythomane. Die zitierten Verse schimmern in der *Götterdämmerung.*

Henrik Wergeland (1808 Kristiansand – 1845 Kristiania, d. i. Oslo)
Vor allem mit seiner experimentierfreudigen Lyrik (die der von Heinrich Detering herausgegebene Band *Sujets,* 1995, in einer zweisprachigen Auswahl vorstellt) gehört der rastlose Dichter, Publizist, Politiker und Begründer der neuen norwegischen Literatur zu den Pionieren der europäischen Frühmoderne; nicht nur chronologisch war er ein früher Zeitgenosse Baudelaires und Whitmans. Das hier erstmals ins Deutsche übersetzte Kapitel steht in der Mitte des autobiographischen Buches *Hasel-Nüsse mit und ohne Kerne,* das der an Tuberkulose Erkrankte tatsächlich auf seinem Sterbebett schrieb.

Leif Zetterling (*1940; lebt und arbeitet in Stockholm)
Der Zeichner und Satiriker hat mehr als 4000 Bücher, Umschläge, Logos und Plakate entworfen. In der schwedischen Parlamentsbibliothek ist seinen Werken ein eigener Raum gewidmet, der *Zetterling Raum.* Er hat unter anderem Carl Gustaf XVI., König von Schweden, und den Premierminister Göran Persson porträtiert. Das ›Aftonbladet Sunday‹ veröffentlicht wöchentlich eine Zeichnung von ihm. Die hier abgedruckte *Berlin*-Zeichnung ist dem Band *Svenska Serie Tecknare* (hg. v. Nisse Larsson) entnommen und erscheint mit freundlicher Genehmigung des Künstlers.

Alle norwegischen Texte sind genehmigt durch NORLA, Norwegische Literatur im Ausland. Wir danken Andrine Pollen und Kristin Brudevoll für ihre freundliche Mitarbeit.

Raben-Impressum

›Der Rabe‹ wurde 1982 begründet und wird seitdem herausgegeben von Gerd Haffmans. Gast-Herausgeber dieses ›Raben‹: Stefan Opitz und Heinrich Detering. Redaktion: Heiko Arntz, Gerd Haffmans (v.i.S.d.P.) und Barbara Schmidt. Konzeption und Gestaltung: Urs Jakob. Herstellung: Nicolas Ditzler und Isabel Thalmann. Administration, Anzeigen, Rechte: Anja Nützi. Presse: Tini Zaubitzer. Honorare: Claudia Andri. Vertrieb: Herwig Bitsche und Daniela Badalamenti. Verlag: Haffmans Verlag AG, Rabenloft im Steinfels, CH-8037 Zürich, Postfach. Für unverlangt eingesandte Manuskripte kann keine Haftung übernommen werden. Bei Rücksendewunsch bitte internationale Antwortscheine in ausreichender Höhe beilegen. Redaktionsschluß war am 149. Geburtstag von August Strindberg.

Das Nordische-Raben-Rätsel

Vor langer Zeit, allerdings nach der Erfindung des Dampfschiffes, ereignete sich auf einem unter nicht näher benannter Flagge fahrenden Steamer eine Dschungel-Nemesis, in deren Verlauf ein Gorilla kurzfristig die Rolle des Maschinisten übernahm. Erzählt wurde die Geschichte von dem nach Carl Michael Bellman bekanntesten skandinavischen Troubadour, von dessen Werken allerdings nur eines bislang ins Deutsche übersetzt wurde. Der Titel dieses Werkes mahnt uns, maritime Treffen unter ruhigen äquatorialen Wetterverhältnissen zum Ausgangspunkt für Nachrichten- und Erzählungsaustausch zu machen.

Wo heuerte der die Geschichte vom Gorilla erzählende Seemann auf besagtem Steamer an?

Wer verschaffte ihm die Heuer?

Mit wem trank er Tee, nachdem er die Heuer verschafft bekommen hatte?

Aus welcher Stadt Skandinaviens schließlich stammt der Erzähler der gesamten Geschichte?

Für aufmerksame Leser dieses Literatur-Magazins dürfte die Beantwortung bei einer einigermaßen kursorischen Lektüre – zumal der eher nordisch-maritimen Ausgaben – kein Problem sein. Ein wertvolles Buch aus dem Hause Haffmans winkt als Belohnung für die vier richtigen Antworten, sofern sie bis zum 11. November 1998 eingesandt werden, dem 143. Todestag von Sören Kierkegaard.

Pech für die Einsender der Lösung des Vampir-Raben-Rätsels!

»Lestat« nennt sich sowohl eine Combo aus dem New-Gothic-Umfeld als auch der Frontman von »Wreckage«, der zudem behauptet, dem echten Lestat de Lioncourt begegnet zu sein. Außerdem wurde – das gilt auch für fast alle anderen Einsender – explizit nach Interpret und Song gefragt, die in der Best-of-Liste »Rock'n'Roll-Horror« fingiert wurden.

Eine, die's richtig gemacht hat, und die einzige, die's auch noch gewußt hat: Friederike Kussin aus Berlin. Sie bekommt selbstverständlich ein Exemplar von Kim Newmans *Anno Dracula.* Unverständlicherweise verzichtet sie auf einen Abend mit Robert Vito.

Die Lösung (»natürlich«): The Dark Brothers, »Don't Open the Window«. Die Dark Brothers sind eigentlich Gregory Dark und Walter Gernert alias Walter Dark, führende Vertreter der L. A.-Decadence (Greg nennt man auch den Salvador Dalí des Pornos). Und ein Fingerzeig auf den Songtitel war im letzten Satz von »Rock'n'Roll-Horror« untergebracht.

Wie man die korrumptive Schwelle der sonst gnadenlosen Raben-Jury zum Oszillieren bringt, hat Beau »Rumble« Schlippe bewiesen, der ein trostreiches Buch aus dem Hause Haffmans (mit einem n, aber es ist wie Fledermäuse nach Carfax tragen) erhält. Er weiß, wofür.